Quarante voleurs
en carence affective

BORIS CYRULNIK

Quarante voleurs en carence affective

Bagarres animales et guerres humaines

Odile Jacob

3, rue Auguste-Comte, 75006 Paris

www.odilejacob.fr

ISBN : 978-2-4150-0396-8

PROLOGUE

– *Quarante voleurs en carence affective.* C'est provocant, ça ne fait pas sérieux. Vous n'allez tout de même pas me dire qu'il suffirait d'aimer les voleurs pour diminuer la criminalité !

– C'est pourtant l'idée qui thématise ce livre en l'inscrivant dans la lignée des travaux fondateurs de René Spitz[1] et de John Bowlby[2], deux psychanalystes qui ont étayé la psychologie humaine sur des travaux en éthologie animale.

– Alors là ! vous exagérez. On ne peut tout de même pas établir un lien entre le monde de la pensée, des conflits intrapsychiques de Freud, et celui des chiens et des chats qui vivent à nos côtés !

– Quand Darwin, en plein XIXe siècle, a proposé cette idée[3], il a été ridiculisé et détesté par ceux qui

1. Spitz R. A., « Hospitalism : An inquiry into the genesis of psychiatric conditions in early childhood », *Psychoanalytic Study of the Child*, 1945, 1, p. 53-74.
2. Bowlby J., *Maternal Care and Mental Health*, Genève, World Health Organisation, 1951.
3. Darwin C., *On the Origin of Species by Means of Natural Selection*, 1859 ; traduction française : *L'Origine des espèces*, Paris, Flammarion, 1992.

préféraient continuer à penser dans le droit chemin des idées convenues. En observant les animaux et les hommes dans leur milieu naturel, il a révolutionné la biologie et bouleversé la place de l'homme dans le monde vivant.

Après la Seconde Guerre mondiale, quand la paix est revenue, il a fallu affronter l'énorme problème des millions d'orphelins qui survivaient en Europe. En Angleterre, Anna Freud et son amie Dorothy Burlingham ont réquisitionné quelques belles maisons de Hampstead dans la banlieue proche de Londres, les ont baptisées « nurseries » et ont tenté d'y secourir quatre-vingts enfants altérés par les bombardements et la perte de leurs parents. Comme ces petits ne savaient pas encore parler ou ne pouvaient plus s'exprimer à cause du trauma, elles ont intégré l'observation directe des comportements avec une interprétation psychanalytique. En s'associant avec René Spitz, ce travail a donné un merveilleux petit livre où ces grands noms de la psychanalyse ont étayé leurs observations sur vingt-neuf publications d'éthologie animale[1]. À la même époque, John Bowlby recevait une commande de l'OMS (Organisation mondiale de la santé) pour comprendre ce qu'il fallait faire pour aider ces enfants sans famille à reprendre un bon développement. Cet éducateur, devenu médecin et psychanalyste, s'est

1. Spitz R. A., *La Première Année de la vie de l'enfant*, préface d'Anna Freud, Paris, PUF, 1958.

inspiré lui aussi des données scientifiques issues du monde animal[1].

Pourquoi ai-je été attiré par ces publications ? J'étais encore au lycée, rêvant de devenir psychiatre, que déjà j'avais lu dans un petit « Que sais-je ? » les travaux de Harlow, ce primatologue qui démontrait qu'un petit singe privé de relations cessait de se développer[2]. Ce bébé macaque parlait de moi et la comparaison ne m'humiliait pas. Je ne me sentais pas « rabaissé au rang de l'animal » quand l'observation d'un singe m'aidait à comprendre qu'un être vivant altéré ne peut s'en sortir que grâce à d'autres êtres vivants.

Toute vision du monde est un aveu autobiographique. Pendant les années de guerre j'avais été souvent isolé, privé de toute relation. La claustration me protégeait des persécutions nazies et je me sentais en sécurité auprès des Justes qui m'accueillaient. Après la guerre, n'ayant pas retrouvé ma famille, j'ai été placé dans une institution glacée, près de Villard-de-Lans dans le Vercors. Dans les années d'après-guerre, un dogme circulait dans la culture : « Un enfant doit se taire. Il ne faut lui parler que pour lui apprendre à obéir. » Dans ce désert affectif, la plupart des enfants s'éteignaient, quelques-uns affrontaient et devenaient de petites brutes, j'ai fait partie de ceux qui ont réussi

1. Bowlby J., *Attachement et perte,* 3 tomes : *L'Attachement* ; *La Séparation. Angoisse et colère* ; *La Perte*, Paris, PUF, 1978, 1978, 1984.
2. Harlow H. F., « The nature of love », *Am. Psychol.*, 1958, 13 (12), p. 673-695.

à s'évader en découvrant les mondes animaux. À peine éveillé, je fonçais vers un rocher où j'avais découvert les mouvements de troupe des bataillons de fourmis, celles qui transportaient les œufs, les escadrilles de fourmis volantes qui décollaient d'une plateforme et les routes où elles transportaient les réserves de nourriture. Aucun film de science-fiction n'aurait pu me donner plus de passion pour découvrir leur monde. Puis, comme il n'y avait personne à rencontrer dans cette institution sans mots, je m'échappais par une déchirure du grillage pour aller parler au chien du voisin. Il m'accueillait avec joie et s'immobilisait attentivement quand je lui racontais mes malheurs. Ce chien m'a beaucoup aidé. Mes seules relations humaines, je les avais avec des bêtes. Est-ce la raison pour laquelle j'ai toujours pensé qu'en étudiant les animaux on pourrait mieux comprendre la condition humaine ? Je n'étais pas humilié quand Nikolaas Tinbergen expliquait que les goélands communiquaient au moyen d'une cinquantaine de cris et postures qui composaient une véritable grammaire comportementale[1] et qu'ils avaient une vision bien supérieure à la mienne. Quand j'apprends que les mères dauphins émettent une variation de clics sonores qui apprennent au petit une sorte de langue maternelle, ça ne me rabaisse pas, ça m'émerveille et

1. Tinbergen N., *L'Univers du goéland argenté*, Paris, Elsevier Séquoia, 1975 (prix Nobel de Médecine en 1973 avec Konrad Lorenz et Karl Frisch).

ça me fait comprendre que le langage humain est à nul autre pareil.

Pendant un court séjour à l'Institut de psychologie, j'ai eu la chance de côtoyer Rémy Chauvin et d'échanger avec lui au cours de séminaires organisés à l'École des hautes études par Léon Chertok et Isabelle Stengers. Dès les années 1960, Chauvin enseignait l'épigénétique chez les abeilles et nous expliquait qu'il ne fallait pas extrapoler : « Ce qui vaut dans une espèce animale ne vaut peut-être rien dans l'espèce humaine », mais le monde animal nous offre un trésor d'hypothèses et une méthode scientifique proche de la clinique humaine où l'on va sur le terrain, au lit du malade, pour y faire une observation que l'on pourra préciser avec l'aide du laboratoire.

Je ne suis pas un vrai éthologue, je suis neuropsychiatre, mais, comme René Spitz, John Bowlby et bien d'autres praticiens chercheurs, le monde animal m'a aidé à comprendre la condition humaine.

La période la plus fertile de ma formation m'a été offerte dans les années 1970 quand Jacques Cosnier, Hubert Montagner et Jacques Gervet m'ont invité à travailler avec eux lors de réunions organisées par le CNRS et l'Inserm. Mon identité de « psychiatre qui s'intéresse à l'éthologie animale » a paru étonnante et même amusante, puis a connu un début de reconnaissance quand les professeurs Sutter, Tatossian et Soulayrol m'ont accordé un petit poste d'enseignant complémentaire à la faculté de médecine de Marseille, ce qui m'a autorisé à enseigner l'éthologie aux étudiants en médecine. Les éthologues animaliers m'ont encouragé à organiser une éthologie humaine inspirée par leurs travaux[1]. Les grands noms de la psychiatrie des années 1980, Serge Lebovici et Michel Soulé, intéressés par cette démarche marginale, ont parrainé mon sentier de chèvre[2] aujourd'hui devenu autoroute avec une énorme circulation de publications sur l'attachement.

Une bifurcation importante a été réalisée au congrès des Embiez, près de Toulon, organisé par Jacques Petit et Pierre Pascal[3]. Dans cette jolie petite île ont été rassemblés en 1985 des éthologues animaliers, des biologistes, des universitaires (Soulayrol, Rufo) et des praticiens qui ont tenté de préciser ce que Spitz et Anna Freud avaient écrit en 1945 : la construction de l'appareil à voir le monde (le cerveau et la sensorialité) commence pendant la vie utérine, quand le futur bébé reçoit l'empreinte du corps de sa mère et de ses relations avec son entourage affectif et social. La notion d'individu serait-elle une illusion de la pensée occidentale ? Le développement du cerveau et de l'âme du

1. Cyrulnik B., « Éthologie clinique », *Psychologie médicale*, 1984, 16 (2). Et Cyrulnik B., « Éthologie humaine et clinique », *Encycl. méd. chir. psychiatrie*, 1987, 37877 (Albert Demaret, Jean Denis Delanoy, Pierre Guarigues participaient à ces réunions).
2. Soulé M., Cyrulnik B., *L'Intelligence avant la parole*, Paris, ESF, 1998.
3. Petit J., Pascal P., *Bulletin officiel de la Société française de psycho-prophylaxie obstétricale*, 1987, 109 et 110.

fœtus est tutorisé par trois niches écologiques : le ventre de sa mère, le foyer parental et l'entourage verbal.

Nous partageons avec les animaux les deux premières niches sensorielles, même si chaque espèce vit dans un monde qui lui est propre. Mais, quand les humains débarquent dans la noosphère, ce monde fondé sur la pensée abstraite, ils deviennent capables de créativité autant que de délire. La créativité consiste à mettre au monde quelque chose qui n'y était pas, rendant ainsi possible l'évolution des idées. Alors que le délire met au monde quelque chose qui n'y est pas, une représentation sans rapport avec le réel, que pourtant des hommes habitent avec conviction, rendant ainsi possible les guerres de croyances.

Les animaux, qui vivent dans un monde sensoriel plus contextuel que le nôtre, sont moins soumis au délire. Ils se bagarrent pour défendre leur territoire, leurs petits ou leurs aliments, mais ils ne savent pas organiser une armée de tueurs chargés d'éliminer ceux qui ne pensent pas comme eux. La merveille de la parole peut mener aussi à l'horreur des guerres de religion et des génocides.

Ce livre est le résultat d'un long cheminement fondé sur une expérience clinique et de nombreuses rencontres entre disciplines différentes, associées dans une démarche écosystémique.

Les animaux se bagarrent pour survivre. Leurs rituels d'interaction limitent la violence, ce que savent faire les hommes. Mais grâce à leur intelligence technique et verbale, ils peuvent aussi fabriquer des cathédrales ou des récits merveilleux, autant que des outils pour faire la guerre afin d'imposer leurs idées et leurs croyances, jusqu'au génocide ou à la destruction de la planète.

Ça, les animaux ne savent pas le faire.

CHAPITRE 1

« L'INDIVIDU ANIMAL OU HUMAIN EST SCULPTÉ PAR SON ENVIRONNEMENT »

Pourquoi la guerre ?

En 1926, Freud rencontre Einstein à Berlin. Les deux grands hommes échangent des lettres que la Société des Nations publie en 1933[1]. Pensée prémonitoire ? Quinze jours après la sortie de ce petit livre, Hitler est démocratiquement élu au poste de chancelier et commence à préparer la conquête des pays voisins et l'expansion de ses idées. Einstein écrit que la guerre est due à un appétit de pouvoir qui provoque la pulsion de haine. Freud répond qu'il s'agit d'une pulsion de mort d'origine organique. Ces explications ne m'ont rien expliqué. Au Moyen Âge, on déclarait qu'un corps tombait parce qu'il avait une vertu tombante et qu'un

1. Einstein A., Freud S., *Pourquoi la guerre ?*, Paris, Payot et Rivages, « Rivages Poche », 2005.

gaz montait parce qu'il avait une vertu montante. Voilà, c'était simple et incontestable.

Les études récentes sur le développement des animaux et des humains apportent un éclairage artisanal, clinique et scientifique. La violence caractérise le monde vivant. Le simple fait d'être au monde est un miracle qui nécessite de se nourrir de la vie des autres. Physiquement, nous ne sommes pas des animaux terribles. Nos dents déchirent mal, nos ongles sont mous, nos poings sont dérisoires. Par quel prodige l'espèce humaine a-t-elle pu survivre au point d'envahir la planète et de modifier la biosphère ? C'est notre faiblesse physique qui nous a contraints à l'artifice. Nous avons dû inventer des prothèses, des outils pour agir sur la matière et des armes pour donner la mort. Pour ne plus être soumis aux pressions du milieu, ballottés par les variations climatiques, emportés par les catastrophes naturelles, nous avons dû apprendre à dominer la nature, construire des abris, planter des graines, enfermer les animaux pour les faire travailler et les manger ensuite. Tragique victoire ! En nous nourrissant des autres, en dominant tout ce qui bouge, nous détruisons ce qui nous fait vivre.

Nous subissons les mêmes pressions du réel que les plantes, les animaux et les autres humains. Seulement voilà, nous ne savons pas ce qu'est le réel. Nous ne pouvons le découvrir que grâce à la méthode scientifique qui extorque des brins de réel. Ce que nous voyons, ce qui nous donne à penser, est déjà une représentation mentale construite à partir du matériau sensoriel que notre cerveau perçoit et que nous appelons « réalité ». Chaque être vivant, plante, animal ou humain, vit dans son monde à nul autre pareil, qu'il extrait de son milieu[1]. Pour compliquer le tout, les humains voient ce qu'ils pensent. Leur esprit produit un monde noétique impossible à percevoir et pourtant fortement ressenti. Le monde qu'on imagine, de l'autre côté de la montagne ou après notre mort, éveille en nous l'espoir et la crainte, le Paradis et l'Enfer. Nous sommes à la fois physiques et métaphysiques, c'est dans notre corps que nous ressentons les pressions du réel autant que celles de l'imaginaire. Les animaux peuvent nous aider à comprendre l'effet que le réel produit sur notre corps. Quelle que soit l'espèce, un monde riche en sensorialités stimule et fortifie l'organisme, alors qu'un monde pauvre l'appauvrit. Mais, quand notre cerveau nous donne accès à un monde de représentations coupées du réel, nous habitons le monde que nous inventons, nous y sommes heureux, nous en souffrons et nous voulons l'imposer aux autres.

Grâce à l'intelligence géométrique qui agence les représentations spatiales, les humains fabriquent des objets techniques qui agissent sur le monde et modifient

1. Uexküll J. von, *Mondes animaux et monde humain suivi de Théorie de la signification*, Paris, Denoël, 1956.

l'imaginaire. Nous, hommes naturels vivant parmi les animaux, devenons surnaturels grâce à notre aptitude à fabriquer des outils et des récits. Les machines que nous inventons modifient l'environnement qui sculpte notre cerveau. Les histoires que nous racontons créent un monde de mots qui donnent forme à des croyances qui gouvernent les sociétés. L'élan vers l'autre, l'amour, la haine, la solidarité et les guerres construisent nos identités individuelles et nationales. Une telle aptitude à l'artifice nécessite un cerveau décontextualisateur, capable de concevoir ce qu'il ne peut percevoir. Un silex taillé nous a rendus capables de blesser à mort une antilope ou de pénétrer dans le cœur d'un mammouth. Un objet rond autour d'un axe n'existe pas dans la nature, c'est une représentation mentale qui, il y a quatre mille ans dans l'empire Sumer, a conçu et fabriqué la roue[1]. Aussitôt, les transports ont facilité les rapports commerciaux. À l'âge du bronze, il y a trois mille ans, la fabrication des épées a augmenté la puissance des hommes violents qui n'ont pas hésité à s'en servir pour protéger leur groupe et imposer leurs lois. Nous inventions des histoires pour légitimer ces mises à mort. Par la technologie et par les récits nous avons institué les rapports de domination sur la nature, sur les animaux et sur les êtres humains moins armés et moins violents. Aujourd'hui, dans les pays en paix,

1. Gehlen A., *Anthropologie et psychologie sociale*, Paris, PUF, 1990, p. 175.

une nouvelle hiérarchie s'établit autour du diplôme qui organise de nouvelles classes sociales. Les femmes prennent leur place dans cet accès au pouvoir. Sauront-elles éviter de nouveaux rapports de domination ?

Quand les animaux fabriquent un nid, cassent une huître avec une pierre ou coopèrent pour la chasse, ils transmettent leur technique au corps-à-corps. Les petits apprennent en observant les grands. Nos enfants font de même quand ils nous imitent mais, vers la troisième année, quand ils arrivent à l'âge de la parole, le pouvoir évocateur des mots renforce leurs apprentissages. Ce n'est qu'à l'âge des récits, vers la sixième année, que les enfants apprendront les justifications des guerres, des massacres et des persécutions : « Il fallait récupérer l'Alsace et la Lorraine que les Allemands nous avaient volées… Il fallait jeter la bombe à Hiroshima pour mettre fin à la guerre… » Les interlocuteurs ne peuvent que croire ou rejeter ces récits qui désignent des phénomènes qui ne sont plus dans le contexte. « Ce qui frappe c'est l'intellectualisation des domaines spirituels, des arts, des sciences qui entraîne la perte du concret[1]. » On peut donner cohérence au chaos en expliquant qu'il a été provoqué par les envahisseurs, par la conjonction des astres, ou par une punition divine. Dans tous ces cas, les récits ont entraîné la « perte du concret ». Ils sont faits par des historiens à la recherche d'archives,

1. *Ibid.*, p. 194.

par des politiciens qui défendent leurs théories ou par des victimes qui tentent de témoigner.

Nous partageons avec les animaux l'intelligence géométrique et l'agencement de représentations spatiales. Les singes sont capables de construire des échelles, les oiseaux savent migrer, et les abeilles désignent avec les mouvements de leur corps l'orientation, la distance et le volume de la miellée[1]. À cette intelligence mathématique du monde les Humains ajoutent les représentations verbales qui désignent des objets qui ne sont pas dans le contexte.

Quand tuer un enfant n'est pas un crime

Nous sommes probablement les seuls êtres vivants capables de produire des récits qui désignent des événements qui ont été réels, qui arriveront plus tard ou d'évoquer des faits délirants, coupés du réel et qui pourtant donnent cohérence au monde qu'on ressent : « Je me sens mal parce que mon voisin m'a ensorcelé », « Je vais mourir, mais je suis heureuse parce que je vais enfin savoir ce qu'il y a après la mort[2] ».

1. Frisch K. von, *Vie et mœurs des abeilles*, Paris, Albin Michel, 2011.
2. Témoignage personnel de sœur Emmanuelle quelques jours avant sa mort, à Callian, Var, 2008.

Les progrès techniques sont tellement stupéfiants qu'ils renforcent l'esprit magique en donnant à voir, réellement, une image de ce qui se passe en Chine ou sur la planète Mars. La moindre invention technique bouleverse la culture. La maîtrise de la fécondité a changé les rapports entre les hommes et les femmes et a induit le vieillissement de la population puisqu'il y a moins d'enfants. Les miracles technologiques viennent de modifier l'échelle de nos valeurs morales. Dans les générations anciennes, il a fallu entraver les femmes pour les consacrer au mari et aux enfants, tandis que les récits héroïsaient les hommes pour les encourager à la violence des guerres et au travail-torture au fond des mines. Les machines que nous inventons, bien plus fortes que nous, travaillent sans cesse, ce qui libère du temps pour se consacrer au bien-être. C'est ainsi que le travail a perdu sa valeur sacrée pour devenir un empêchement à jouir[1]. Aujourd'hui, c'est le développement personnel qui est devenu la valeur primordiale qui donne sens à la vie.

Konrad Lorenz décrit comment les animaux se menacent et se bagarrent pour manger, pour défendre leur territoire ou accéder à une femelle[2]. Mais il explique aussi comment leur agressivité, contrôlée par les rituels d'interactions, empêche la violence

1. Viard J., *Le Triomphe d'une utopie. Vacances, loisirs, voyages, la révolution du temps libre*, La Tour-d'Aigues, Éditions de l'Aube, 2015.
2. Lorenz K., *L'Agression. Une histoire naturelle du mal*, Paris, Flammarion, 1969.

destructrice. Les hommes connaissent cette dimension ritualisée des conflits agressifs, mais ils peuvent aussi se faire la guerre uniquement pour un récit. L'histoire désigne parfois un fait qui a été réel, mais qui souvent donne forme à une croyance coupée de tout réel. C'est en son nom qu'on légitime la violence et qu'on détruit un peuple avec un sentiment d'euphorie ou même de morale. Rien ne peut freiner un délire logique.

La langue est décidément la pire et la meilleure des choses. Depuis Ésope jusqu'à l'intelligence artificielle, c'est ainsi que vivent les hommes. « Tuer un enfant n'est pas un crime... c'est une pratique usuelle, parfaitement légale[1]. » Un père n'accouche pas, mais c'est lui qui met l'enfant au monde quand il le ramasse par terre et le prend dans ses bras. Il l'élève à la condition humaine... à condition que cet enfant lui convienne. Si le nouveau-né est malformé, chétif ou s'il arrive lors d'une période difficile de la vie du père, il suffit de ne pas le ramasser. Il faudra le noyer ou l'exposer sur un tas d'ordures où des éleveurs professionnels le recueilleront pour en faire un esclave, une prostituée ou le mutileront pour en faire un mendiant rentable.

C'est ainsi qu'on accueillait les bébés dans la magnifique civilisation des premiers siècles à Rome. Ça ne veut pas dire qu'il n'y avait pas de mères, de nourrices

---

1. Veyne P., « Du ventre maternel au testament », *in* P. Ariès, G. Duby (dir.), *Histoire de la vie privée*, t. 1 : *De l'Empire romain à l'an mil*, Paris, Seuil, 1985, p. 23.

ou d'hommes désireux de s'occuper de ces enfants, ça veut dire que la vie des autres ne vaut pas grand-chose quand la priorité est accordée à la construction d'une société. Dans une telle culture, la vie d'un homme ne vaut que par sa capacité à faire la guerre, à construire des routes et à transformer les armes en œuvres d'art. Un corps d'homme ne valait que par sa force physique et par sa violence, qui lui permettaient de donner la mort sans culpabilité en obéissant à un chef qui le menait à la victoire. Un corps de femme ne valait que par son sexe, qui donne du plaisir, et par son ventre, qui donne des enfants. Elles organisaient la *domus*, la maison, où le propriétaire établissait sa légitime domination sur les femmes, les enfants et les esclaves qui y habitaient. L'architecture privée prenait ainsi une dimension idéologique[1]. Pas besoin d'amour dans une telle culture, ce sentiment n'avait pas de fonction socialisante. Au contraire même, un soldat amoureux était ridiculisé parce qu'il préférait sa femme au champ de bataille.

Quand les parents s'attachaient aux enfants et les protégeaient, ces comportements quotidiens n'étaient pas mis en lumière par les récits sociaux donc, culturellement, ils n'existaient pas. Comment voulez-vous, dans un tel contexte, que la vie d'un nouveau-né

1. Thébert Y., « Nature de l'architecture domestique des classes dirigeantes », *in ibid.*, p. 313.

provoque une émotion ? Un garçon, d'accord, on en fera un soldat. Une fille, à la rigueur, pour jouir de son sexe et lui faire porter un petit mâle. Cette manière de fabriquer des rapports sociaux a donné pendant les deux premiers siècles de notre ère la « Pax Romana », la Paix romaine, qui a diminué les guerres civiles dans les pays conquis et a créé un magnifique empire autour de la Méditerranée. Les hommes ne valaient que par leurs bras et les femmes par leur ventre. Les bébés n'étaient pas pensés, si bien que, lorsque Hérode, roi de Judée, a appris qu'un roi des Juifs nommé Jésus venait de naître à Bethléem, il a donné l'ordre de tuer tous les bébés de moins de 2 ans. Ce carnage a beaucoup existé dans les récits collectifs et dans les peintures, probablement plus que dans le réel, mais, en provoquant l'indignation, ce mythe a solidarisé ceux qui y croyaient et galvanisé leur juste colère.

Pas facile d'être un enfant. On commence notre existence par une période de dépendance, où notre état est enchaîné à celui de notre mère. Étonnamment tôt, le devenir d'un enfant est gouverné par les récits sociaux et les préjugés qui structurent la société. Pendant des millénaires, les méthodes éducatives ont été d'une incroyable brutalité. Les Chaldéens, les Phéniciens sacrifiaient un grand nombre d'enfants pour séduire leurs dieux. À Sparte, c'est un groupe d'hommes qui examinait le bébé et décidait, s'il était difforme ou chétif, de l'exposer dans un désert ou de le jeter dans un précipice. À Thèbes, on pouvait vendre son bébé afin que l'acheteur en fasse un esclave. Les parents qui étaient effrayés par une telle brutalité plaçaient le nouveau-né dans un vase en terre cuite ou dans une corbeille qu'ils lançaient au fil de l'eau. C'est ainsi qu'Œdipe, Moïse, Romulus et Rémus ont commencé leur navigation dans la société : « L'exposition, l'infanticide ou la mutilation des enfants (pour en faire des mendiants) n'est pas considérée comme un crime[1]. »

Dans un tel courant d'idées, certains parents s'opposent : « Abandonner un nouveau-né, c'est le propre des hommes pervers », « Tout être formé dans le sein de sa mère a reçu de Dieu une âme ». Montaigne affirme, à propos des enfants malformés, que « ceux que nous appelons monstres ne le sont pas à Dieu… Notre principal gouvernement est entre les mains des nourrices… La coutume est si forte qu'on ne change pas aisément une loi reçue[2] ». En 1580, le philosophe expose une situation qui existe encore aujourd'hui : certains adultes désireux de se consacrer à l'enfance éprouvent du plaisir à protéger les petits et à les éduquer[3]. Saint Vincent de Paul, au XVIIe siècle, parvient à améliorer le destin tragique des enfants trouvés. Mais, dans une même culture, d'autres adultes profitent de la

1. Capul M., *Abandon et marginalité*, Toulouse, Privat, 1989, p. 19-26.
2. Onfray M., « Préface », *in* Montaigne, *Les Essais*, Paris/Bordeaux, Robert Laffont/Mollat, 2019, p. XXIX.
3. Montaigne M., *Les Essais*, *op. cit.*, p. 83.

dépendance des petits pour les faire travailler à mort, les transformer en jouets sexuels ou en faire des enfants soldats. En période de guerre, où la violence est une valeur adaptative, il n'est pas difficile de tuer les enfants : « À chaque prise de ville, les vainqueurs passaient par le fil de l'épée tous ceux qui "pouvaient pisser contre la muraille" et réduisaient en esclavage domestique ou sexuel les filles[1]. » Cette attitude des adultes n'a pas tellement changé : on bat les garçons, on les envoie à la mort dans les combats ou au fond des mines et on réduit les filles à un esclavage moderne domestique et sexuel. Pendant la guerre de 14-18, le gouvernement français n'a pas hésité à faire mourir et à mutiler un million et demi d'adolescents qui n'avaient pas encore le droit de vote. En 1944, l'armée allemande a envoyé au massacre des bataillons de petits garçons fanatisés par les Jeunesses hitlériennes et aujourd'hui, dans les « conflits armés » en Afrique, au Proche-Orient et en Amérique du Sud, des centaines de milliers d'enfants sont utilisés pour faire la guerre.

---

1. Rouche M., « Le corps et le cœur », *in* P. Ariès, G. Duby (dir.), *Histoire de la vie privée*, *op. cit.*, p. 444.

La viande et la domination

Dans la vie quotidienne, la violence était éducative. Presque toutes les familles achetaient des martinets aux longues lanières de cuir pour fouetter les enfants et l'on riait beaucoup au cinéma en regardant les petits garçons se bagarrer dans *La Guerre des boutons*[1]. En entendant Petit-Gibus, 8-9 ans, tout nu, vaincu, s'exclamer : « Si j'aurais su, j'aurais pas venu », les spectateurs se réjouissaient. Les enfants étaient mignons, les adultes sympathiques, même quand les pères retroussaient leurs manches pour « filer une raclée » bien méritée à l'enfant. C'était la fin d'une époque, on commençait à se demander si vraiment la violence était nécessaire à l'éducation.

Un enfant ne peut grandir que là où la vie l'a mis au monde. Quand il débarque dans une culture effondrée par la guerre ou par une catastrophe naturelle, quand il apprend à vivre dans un pays en cours de construction industrielle, les garçons sont encouragés à la violence et les filles sont contraintes de les seconder. Mais, dans un contexte en paix, la violence n'est que destruction et la soumission devient une entrave à l'épanouissement personnel, une privation de liberté.

---

1. Robert Y., film *La Guerre des boutons*, 1962.

Deux types d'événements nous gouvernent à notre insu et provoquent un changement de manière de voir le monde et de nous y adapter. La première circonstance, c'est que nous inventons des objets qui changent l'idée que nous nous faisons de nous-mêmes. La deuxième occasion se présente quand un humain ose penser en dehors des autoroutes intellectuelles et nous entraîne dans une nouvelle vision du monde. Le silex taillé, le feu, les énergies fossiles, la pilule et l'ordinateur, chaque trouvaille a changé la condition humaine. Nous n'avons plus peur des animaux la nuit depuis qu'un être humain a domestiqué le feu, il y a cinq cent mille ans. Nous pensons la maternité comme un choix depuis que nous avons commercialisé la pilule.

Au XIXe siècle, Darwin a osé penser en dehors de la doxa, quand il nous a montré l'évolution des plantes, des animaux et des êtres humains. Depuis cette époque, ceux qui se plaisent à vivre dans un monde de remaniements incessants s'opposent aux fixistes qui ont besoin de vivre dans un monde immobile. Quand Monsieur et Madame Sapiens sont arrivés en Europe il y a quarante mille ans, ils n'étaient pas différents de nous, mais le contexte écologique et social provoquait des existences dissemblables. En petites bandes de quarante à cinquante individus, ils se déplaçaient pour chasser et pêcher et, l'hiver, ils bâtissaient des abris. Ils commerçaient avec les bandes voisines pour échanger des coquillages et des armes. Le corps des animaux tués était transformé en atelier, les fémurs et tibias donnaient des propulseurs[1], les petits os pointus devenaient des aiguilles pour coudre les peaux et les os plats servaient de cadre où ils gravaient des œuvres d'art. On peut se demander pourquoi, parmi tous les hominidés qui existaient il y a sept millions d'années, nous sommes la seule espèce à ne pas avoir disparu. Notre anatomie nous a été favorable, la bipédie a permis de ne plus consacrer nos pattes antérieures à la marche, nos mains et leur capacité à opposer le pouce et l'index pour en faire une pince nous ont fourni un outil de précision, capable de saisir une brindille épineuse pour épingler un ver de terre ou pour coudre une peau. Nous pouvions fabriquer un outil extérieur à notre corps pour racler une charogne. Un caillou tranchant nous permettait de gratter la viande et de briser les os, là où d'autres mammifères devaient se servir de leurs dents.

« Le régime omnivore apparu très tôt, il y a 3,5 millions d'années, fut probablement un des catalyseurs de l'humanisation[2]. » Les grands singes frugivores ne dédaignent pas la viande. Ils jouent avec un petit singe cercopithèque ou avec une gazelle et soudain saisissent le compagnon de jeu, le brisent en deux morceaux et mangent sa chair encore chaude. Chez eux aussi, la chasse est un organisateur social. Trois ou quatre singes

1. Beaune S. A. de, *L'Homme et l'Outil*, Paris, CNRS Éditions, 2019.
2. Patou-Mathis M., « Notre lignée a montré sa capacité de résilience », *in L'Histoire de l'homme*, hors-série *La Vie / Le Monde*, 2017, p. 20-21.

traquent un gibier qui, affolé, se jette dans les mains d'un autre singe à l'affût. Le partage de la proie structure le groupe. Quand un étranger de même espèce s'approche pour quémander l'aliment, il est vivement repoussé. En se coordonnant pour la chasse, les chimpanzés communiquent par gestes. Contrairement à leurs habitudes, ils se déplacent en silence afin de surprendre la proie. Le partage de la viande se fait selon les rituels d'interaction qui caractérisent chaque groupe : le quémandeur tend la paume vers le haut en direction du dominant, qui lui accorde sa part. Ce geste peut être différent dans un autre groupe, ce qui amène certains éthologues à parler de « proto-culture[1] ».

Les humains, n'ayant ni crocs ni griffes, ont dû inventer des outils pour manger de la viande. Ils ont réussi à dévorer des éléphants et des hippopotames, il y a deux millions d'années, avant d'avoir fabriqué les armes capables de les tuer et de les découper. Le groupe entier, hommes, femmes et enfants affolaient des troupeaux de chevaux en faisant un tintamarre qui les poussait vers le précipice où ils tombaient. Pendant des millénaires, des petits hommes ont creusé de grandes fosses hérissées de pieux, puis ils allaient provoquer la colère des éléphants qui, en les chargeant, tombaient dans ces pièges où ils s'empalaient.

1. Lestel D., *Les Origines animales de la culture*, Paris, Flammarion, « Champs Essais », 2015.

Après chaque période glaciaire, quand les récoltes et les arbres fruitiers ne permettaient plus de nourrir le groupe, la viande prenait une signification de survie, à condition d'inventer les armes et la technique de mise à mort du gibier[1]. Ce n'était donc pas pour grandir que les humains mangeaient de la viande, c'était pour ne pas mourir. Mais, pour donner la mort, ils devaient se coordonner en groupe de chasseurs équipés d'armes perfectionnées. C'est ainsi que la viande a pris une signification de puissance, de richesse et de domination. Le peuple mange des feuilles et, s'il est pauvre et affamé, il devra se contenter des racines qui descendent vers l'enfer. Le seigneur, lui, se fera servir des viandes diverses chaudes, froides ou en croûte[2] parce qu'il sait tuer, manier les armes et structurer la société en engageant des soldats et des serviteurs.

La viande, en invitant à tuer pour ne pas mourir, a instauré les rapports de domination. Les singes, les mammifères et certains oiseaux apprennent à se coordonner pour chasser. Quand un chaton voit sa mère s'aplatir et avancer à pas lents avant de bondir sur sa proie, il joue à faire de même, il s'aplatit, se met à l'affût et bondit sur la queue ou le museau de sa mère. Un chaton placé en isolement sensoriel, accidentel ou expérimental, n'apprend pas ce comportement de chasse.

1. Ramade F., *Éléments d'écologie*, Paris, Édiscience, 1994.
2. Ariès P., *Une histoire politique de l'alimentation. Du paléolithique à nos jours*, Paris, Max Milo, 2017, p. 286.

Un chat reste un chat bien sûr, c'est un prédateur rapide, silencieux et élégant qui bondit gracieusement sur tout ce qui bouge. Mais s'il est isolé, s'il n'y a pas autour de lui un modèle de chat en train de chasser, il développera un comportement de chasse altéré. Un chat a besoin d'un autre chat pour devenir chat lui-même. Or, depuis que les chats vivent dans des civilisations où le sprint est une caractéristique, leur environnement sensoriel affolé affole le petit chat, rompt les rythmes d'alternance d'action et de repos, de chasse et d'apaisement et provoque des troubles du comportement, une agressivité sans frein, une agitation incessante ou une énorme obésité qui n'existe pas en milieu naturel[1]. Tiens ? Il y aurait donc un programme commun, une influence réciproque, un partage de mondes entre les hommes et les animaux ? Notre civilisation affolée par la vitesse et les performances de nos objets techniques modifie l'expression d'un programme génétique de chat au point de l'affoler à son tour. Nous vivons ensemble, l'homme n'est pas au-dessus de la nature, il vit dans la nature, parmi d'autres êtres vivants, et quand notre civilisation technique rend malades les animaux, nous souffrons de leurs souffrances et les zoonoses nous font mourir avec eux.

Les animaux prédateurs doivent se coordonner pour chasser en groupe. Pourquoi les chimpanzés

1. Béata C., *La Folie des chats*, Paris, Odile Jacob, 2022.

marchent-ils en silence avant d'attaquer une proie ? Leur silence veut dire : « Ceci n'est pas une promenade. » Le silence des mâles est un mode de communication orienté vers un but : surprendre la proie. Quand il ne chasse pas, le groupe se déplace, mené par une femelle qui donne l'orientation tandis que suivent bruyamment les jeunes mâles et les autres femelles avec leurs petits.

Le cri, la parole et l'outil

Nos cousins les chimpanzés, les gorilles et orangs-outans ne parlent pas. Ils n'ont ni l'appareil phonatoire ni le cerveau qui permettraient cette performance. Ils ont pourtant les prérequis du langage, le syrinx équivalent au larynx humain grâce auquel ils modulent des sons. Non seulement ils expriment des émotions intimes, mais en plus ils émettent des signaux qui désignent avec précision des dangers différents. Quand un aigle tournoie dans le ciel, le singe guetteur émet un cri qui désigne que le danger vient du haut. Quand le danger vient des branches horizontales, un autre cri désigne le léopard, ennemi héréditaire des singes. Et quand un serpent monte du sol, un cri autrement structuré renseigne sur l'origine basse du danger. Les singes alertés par ces cris différents répondent par des comportements adaptés à l'information. Ils plongent vers le sol quand le cri désigne un aigle ou grimpent dans l'arbre quand il signale un serpent[1]. Le cri structuré vient à la place du danger et les singes répondent à l'information et non pas à l'objet qu'ils n'ont pas vu. C'est ainsi qu'on définit le symbole quand l'objet perçu vient à la place d'un autre objet imperçu. Mais ce cri n'est pas l'arbitraire du signe qui permettrait de fabriquer un mot. Un singe qui aurait appris à parler français aurait articulé « ser… pent » ou « léo… pard ». Dans un monde de singe, il se contente d'un cri signifiant qui désigne un signifié non perçu.

On a longtemps dit que les animaux ne fabriquaient pas d'outils et qu'ils n'en utilisaient que par hasard. Le stéréotype disait : « Un jour un singe ou une loutre ont tapé avec une pierre sur un coquillage qui s'est ouvert, laissant voir sa chair comestible. » Cette forme d'intelligence cognitive préverbale existe, l'animal pressent qu'en tapant avec une pierre il pourra casser la coquille. Jusqu'au jour où le simple fait de vivre parmi les chimpanzés a permis à Jane Goodall de décrire une vie sociale et intellectuelle qu'aucun chercheur n'aurait pu voir dans un laboratoire[2]. Elle a vu que des singes ébranchaient une tige pour en faire une sorte de canne à pêche pour attraper les termites,

1. Cheney D. M., Seyfarth R. M., *How Monkeys See the World. Inside the Mind of Another Species*, Chicago, Chicago University Press, 1990.
2. Goodall J., *Les Chimpanzés et moi*, Paris, Stock, 1971.

elle a observé comment une mère apprenait à son petit à se servir d'une pierre pour ouvrir une noix de cola. Elle s'est étonnée de la coordination des animaux qui partaient à la chasse, elle a analysé les rituels d'interaction du partage de la nourriture, elle a assisté à des combats mortels entre communautés voisines et parfois même au lynchage d'un animal familier qui avait provoqué l'hostilité d'un singe dominant. Elle s'est aussi étonnée de l'extrême rareté des actes sexuels entre les mères et leur fils, les frères et les sœurs. Cette inhibition de la motivation sexuelle entre animaux attachés ne permet pas de parler d'interdit de l'inceste au sens humain du terme, mais ce constat pose le problème de l'inhibition émotionnelle préverbale d'un comportement sexuel facilement réalisé par ailleurs avec des partenaires non attachés[1]. Ces acquisitions comportementales techniques, communicantes et sexuelles varient d'un groupe à l'autre, soulevant l'hypothèse d'une transmission culturelle[2].

L'imagerie cérébrale propose une autre explication : la fabrication des outils, la mise au point des modes de communication reposent sur les mêmes circuits cérébraux[3]. L'aire de Broca – zone du cortex frontal

1. Bischof N., « The biological foundation of the incest taboo », *Social Science Information*, 1973, 11 (6), p. 7-36 ; et « Éthologie comparative de la prévention de l'inceste », *in* R. Fox (dir.), *Anthropologie biosociale*, Bruxelles, Complexe, 1978.
2. Whitten A., Goodall J. *et al.*, « Cultures in chimpanzees », *Nature*, 1999, 399, p. 682-685.
3. Chaminade T., « Parler comme on taille un silex », *La Recherche*, 2015, 476, p. 60-63.

inférieur gauche considérée comme aire du langage chez l'homme – est stimulée au cours du développement de l'enfant par des jeux avec des outils autant que par l'articulation des mots. Chez les mammifères supérieurs, cette zone, très réduite, ne possède pas l'aptitude à articuler les sons, mais acquiert facilement la communication gestuelle pour fabriquer des outils et structurer la communication non verbale. Chez l'enfant humain, « l'apprentissage du langage se déroule en même temps que l'apprentissage de la manipulation des objets[1] ». Les régions du cerveau impliquées dans cette fonction sont proches l'une de l'autre dans l'aire de Broca de l'hémisphère gauche : contrôler la main, c'est contrôler l'articulation des sons. Est-ce la raison pour laquelle nous avons tendance à gestuer avec les mains quand nous parlons avec les mots[2] ?

Chez les singes macaques, il existe sur la frontale ascendante gauche une zone F5 analogue à l'aire de Broca, socle neurologique de l'articulation des mots chez l'homme. Quand cette zone est stimulée chez les singes, elle ne provoque pas l'articulation de mots, mais réagit vivement aux gestes des autres. Si un homme tend la main vers un fruit, l'aire F5 du singe observateur s'active. Ses neurones dégagent de l'énergie comme s'ils préparaient le singe à faire le même geste. Chez les

1. Greenfield G., *Behavioral and Brain Sciences*, cité *in* T. Chaminade, « Parler comme on taille un silex », art. cit.
2. Cosnier J., *Décrire la conversation*, Lyon, Presses universitaires de Lyon, 1987.

êtres humains, les neurones miroirs sont encore plus réactifs. Si vous voyez quelqu'un vomir, la partie antérieure de votre insula gauche, activée par cette vision, va vous donner la nausée[1] alors que c'est l'autre qui est malade. Quand un touriste s'arrête pour prendre en photo un joli point de vue, il est régulièrement suivi par d'autres touristes qui sont amenés à prendre la même photo. Si quelqu'un vous sourit, il est difficile de ne pas lui sourire en retour, et si un ami vous parle, il active les neurones de votre aire temporale gauche qui prépare l'articulation des mots. Est-ce ainsi que nous apprenons notre langue maternelle ? Nous faisons écho à des mimiques faciales et nous nous préparons à reproduire des sonorités verbales avec une précision qui va nous donner l'accent qui caractérise notre région[2].

L'homme a découvert le feu il y a un million d'années, mais il ne le domestique que depuis cinq cent mille ans, quand il s'en sert pour cuire ses aliments et fabriquer des outils. Dès lors, il fallait apprendre à cuisiner et montrer comment les os des animaux, en fondant à la chaleur, donnaient une colle qui fixait un silex sur un long manche en bois ainsi transformé en épieu. L'apprentissage, la transmission du savoir se faisaient par l'observation visuelle et par l'expression

1. Fontenelle L. F., Oliveira-Souza R. de, Moll J., « The rise of moral emotions in neuropsychiatry », *Dialogues in Clinical Neuroscience*, 2015, 17 (4), p. 411-420.
2. Boysson-Bardies B. de, « Ontogeny of language specific syllabic production », *Developmental Neurocognition. Speech and Face Processing in the First Year of Life*, Kluwer, Dordrecht Academic Publisher, 1993, p. 353-363.

verbale : « L'observateur imite intérieurement les gestes de la main et les sons de la bouche de celui qu'il regarde[1]. » Ainsi fonctionnent les neurones miroirs où l'élève observateur se prépare à faire les mêmes gestes de la main pour manipuler ou de la bouche pour articuler[2]. Cette interaction-miroir constitue le socle physiologique de la transmission culturelle[3]. Alors, le processus évolutif ne résulte plus seulement des pressions extérieures sur un organisme, il provient aussi de l'esprit collectif de ceux qui ont appris une méthode pour fabriquer un outil et le faire savoir.

Lent développement, prolongation des apprentissages

Désormais, la force de survie change de nature. Elle ne vient plus seulement de la force physique qui permet de courir ou de se battre, elle provient de la transmission d'un savoir collectif. L'être humain en apprenant la fabrication des outils et l'agencement des mots pour faire un récit échappe à l'immédiateté du contexte pour habiter un monde de représentations. Il répond à des informations impossibles à percevoir

1. Chaminade T., « Parler comme on taille un silex », art. cit.
2. Rizzolatti G., Sinigaglia C., *Les Neurones miroirs*, Paris, Odile Jacob, 2008.
3. Tomasello M., *Aux origines de la cognition humaine*, Paris, Retz, 2004.

parce qu'elles ne sont plus dans le milieu, n'y sont pas encore ou n'y seront jamais. Chez les animaux, la rapidité de développement est un bénéfice adaptatif qui permet la survie. Les jeunes ont beaucoup d'accidents, ils sont des proies faciles pour les prédateurs, ils ont intérêt à vieillir vite pour combattre ou s'enfuir. Alors que chez les humains, la néoténie, la persistance chez l'adulte de caractères juvéniles, la lenteur de développement rendent possible la persistance des apprentissages pendant toute la vie[1]. Un animal a besoin d'être jeune pour se reproduire, la vieillesse est brève en milieu naturel car elle n'a pas de bénéfice adaptatif. Mais, tant qu'un être humain est capable de jouer, il éprouve du plaisir à vivre et à faire l'effort d'apprendre. Il est habituel de voir des âgés jouer aux cartes, regarder des films de fiction, s'amuser, s'étonner ou s'indigner de la nouvelle culture que les adolescents inventent à chaque génération. La lenteur du développement humain nous donne la capacité à poursuivre des apprentissages[2]. Un animal a intérêt à se développer rapidement pour s'adapter à son milieu dès sa naissance. Il titube, apprend à marcher, à suivre sa mère, à s'en nourrir et à en recevoir l'empreinte. Presque aussitôt, son monde devient catégorisé en « familier »,

1. Chapouthier G., Policar A., « La néoténie humaine, une idée à relancer », *Pour la Science*, 2015, 452.
2. Hublin J.-J., « La langue des premiers hommes », *in* J.-M. Hombert (dir.), *Aux origines de la langue et du langage*, Paris, Fayard, 2005, p. 112-115.

où le petit poursuit son développement, et en « non familier » où toute information est une alerte. Très tôt, le petit animal s'inscrit dans son milieu et quand il ne le peut pas sa probabilité d'élimination est grande.

Ce n'est pas le cas d'un petit humain qui commence son développement dans l'utérus. Il reçoit des informations sensorielles venues de sa mère et de l'extérieur : sonorité, toucher, olfacto-gustation et substances du stress maternel qui participent à la sculpture de son cerveau[1]. Ce développement précoce est particulièrement long puisqu'un cerveau humain cesse de croître à l'âge de 25 ans. Alors qu'un jeune animal consacre les premières semaines de son existence à prendre sa place dans son milieu, un jeune humain consacre le tiers de son existence à développer son cerveau et à construire son appareil à voir le monde. Après l'âge de 25 ans, il continue à s'instruire si son milieu le lui permet, mais désormais, ce qui détermine ses apprentissages, ce sont ses relations affectives et culturelles, et non plus seulement ses neurones. Après la puberté, un animal n'a plus rien à apprendre, il s'est plus ou moins bien développé, il exprime ses émotions plus ou moins fortement, il sait courtiser, s'accoupler, transmettre ses gènes et n'a plus rien à faire dans un monde animal. Les saumons meurent après l'accouplement, mais la

1. Smith J. (dir.), *Le Grand Livre des 1 000 premiers jours de la vie*, Paris, Dunod, 2021.

plupart des mammifères continuent une vie pépère jusqu'à leur brève vieillesse.

Ce n'est pas du tout le cas des êtres humains qui, grâce à leur néoténie, la lenteur de leur développement, restent longtemps juvéniles, gourmands d'apprendre et de jouer. La juvénilisation du cerveau se termine vers l'âge de 25 ans, mais le plaisir d'apprendre se maintient à l'âge adulte et même dans la vieillesse. Notre lenteur neurologique nous a dotés d'une aptitude typiquement humaine : la représentation du temps ! Quand les neurones préfrontaux, socles de l'anticipation, se connectent avec les neurones limbiques, socles de la mémoire, nous devenons capables de créer une représentation d'événements totalement absents du contexte. Nous répondons émotionnellement, non seulement à ce que nous percevons, mais aussi à la représentation que nous venons de créer, comme un rêve d'avenir ou la mémoire d'une blessure passée. Les animaux aussi ont une mémoire qui leur permet d'apprendre et d'anticiper à condition que leur cerveau possède un petit lobe préfrontal. Mais « les deux dimensions fondamentales du langage humain, l'expression du temps et l'usage des modalités, font défaut aux primates[1] » et aux animaux moins frontalisés. Ils ont des traces mnésiques mais, ayant peu de lobe préfrontal, ils accèdent

1. Lestel P., « Comportement animal, communication animale et langage », *in* J.-M. Hombert (dir.), *Aux origines des langues et du langage*, *op. cit.*, p. 77.

moins que nous à la capacité d'aller chercher des souvenirs, ils ont une mémoire sans souvenirs.

Quand l'enfant acquiert la capacité de se souvenir, de faire revenir intentionnellement dans sa mémoire des scénarios passés et d'en imaginer d'autres, il devient capable de faire un récit. Cette aptitude neurologique se repère dans la syntaxe quand le petit raconteur enchaîne les séquences d'images et de mots, met dans ses phrases des pronoms de relation ou intercale le détour d'une incise, une circonlocution, une petite phrase surajoutée qui s'insère dans le sens d'une proposition. Mais quand la maturation cérébrale s'est mal faite à cause d'un appauvrissement de stimulations sensorielles, la dysfonction cérébrale acquise sous l'effet d'un environnement défaillant entraîne une difficulté à planifier les comportements et à s'exprimer avec des mots. Cette dysfonction neurologique s'observe dans les comportements précipités et s'entend dans la manière de parler saccadée.

La neuro-imagerie peut photographier les effets d'un appauvrissement sensoriel du milieu qui stimule mal le cerveau. On voit sans difficulté l'atrophie bifrontale, l'atrophie limbique et l'hypertrophie de l'amygdale rhinencéphalique et du striatum[1]. Quand le lobe préfrontal fonctionne peu, le sujet a du mal à planifier

1. Fried I., « Syndrome E : Cognitive fracture in our midst », *in* I. Fried, A. Berthoz, G. Mirdal (dir.), *The Brains that Pull the Triggers*, Paris, Odile Jacob Publishing, 2020, p. 36.

ses actions et à agencer de longues phrases. Quand le système limbique est atrophié, il a des difficultés de mémoire et d'émotions. Et quand le lobe préfrontal est atrophié, il perd sa fonction d'inhibition de l'amygdale, socle neurologique des émotions insupportables. La personne ainsi altérée par un appauvrissement du milieu ne peut pas contrôler la violence de ses rages et de ses désespoirs. Quand le striatum n'est plus freiné, il s'hypertrophie lui aussi et, comme il constitue la plaque tournante du circuit de la récompense, il sécrète beaucoup de dopamine, neurohormone du plaisir de l'acte, de la nourriture et du sexe. Cette dysfonction acquise à cause d'une défaillance environnementale (affective ou éducative) explique le choquant plaisir qu'éprouvent les psychopathes quand ils volent ou se bagarrent. Pour eux, c'est une forme d'érotisme ! Assez curieusement l'hyperstimulation du cerveau devient aussi un appauvrissement, un engourdissement quand, constamment stimulé, il n'y a plus de variation. Une stimulation qui est toujours la même finit par ne plus stimuler. La conscience du temps naît de la différence de deux perceptions, il faut des moments de ralentissement pour, plus tard, sentir l'accélération. C'est pourquoi les enfants autistes, dont le cerveau synaptise trop tôt et trop vite, sont bombardés d'informations qu'ils ne peuvent pas traiter. Trop de signaux les font vivre dans un monde de bruits et non pas de formes sonores. Il ne s'agit pas d'un déficit, mais plutôt d'un excès d'informations difficile à traiter[1] car il faut réduire pour avoir des idées claires. Le socle neurophysiologique de la vision du monde explique pourquoi un appauvrissement sensoriel provoque une dysfonction cérébrale de type psychopathique et pourquoi un excès d'informations du cerveau des autistes les empêche de voir le monde et d'avoir des idées claires.

Le circuitage du cerveau sous l'effet des pressions du milieu se fait au cours de l'ontogenèse, « l'évolution de tout être vivant depuis la fécondation jusqu'à la mort[2]. » Ce phénomène est particulièrement sensible au cours des 1 000 premiers jours où le cerveau du bébé, encore vierge de traces, est imprégné par son milieu. À partir de la troisième année, en accédant à la parole, l'enfant prend l'empreinte des mots qui l'entourent. Lors de l'adolescence, l'élagage synaptique rend le cerveau capable de fonctionner plus vite avec moins de dépense d'énergie, puisque désormais les circuits cérébraux sont clairs et bien tracés[3]. Cet élagage, qui se fait chez tous les mammifères, commence dans la petite enfance et connaît un maximum à la puberté. Il se fait mal chez les autistes, dont les neurones bouillonnants traitent trop d'informations, même celles qui sont inutiles, brouillant ainsi la perception du monde

1. Mottron L., *L'Autisme : une autre intelligence*, Bruxelles, Mardaga, 2006.
2. Immelmann K., *Dictionnaire de l'éthologie*, Bruxelles, Mardaga, 1990, p. 172.
3. Fossati P., *Imagerie cérébrale en psychiatrie*, Paris, Lavoisier, 2015.

ou la réalisation d'un acte moteur[1]. Lorsqu'il n'y a rien à percevoir dans le monde extérieur, comme lors des isolements sensoriels, le cerveau non circuité ne fait rien voir du monde. À l'inverse, lorsque les neurones bouillonnent, ils traitent trop d'informations et donnent à voir un monde confus. Ce constat neurodéveloppemental nous invite à penser que nous avons intérêt à simplifier le monde pour le voir et le comprendre. Entre le désert et la confusion, une forme apparaît que nous appelons « réalité ».

Devenir garçon, devenir fille

Ce raisonnement évolutif nous indique que le point de départ de tout développement est forcément génétique puisque la rencontre d'un spermatozoïde d'homme avec un ovule de femme ne peut donner qu'un être humain. Mais, quand la sexualité apparaît dans le monde vivant, elle dispose de deux variants, les mâles et les femelles qui, ontogénétiquement, vont suivre des chemins différents. La pensée paresseuse nous entraîne à dire que le développement des garçons est plus facile que celui des filles. Peut-être devrions-nous dire que les garçons avaient plus de possibilités d'épanouissement

1. Frith U., *L'Énigme de l'autisme*, Paris, Odile Jacob, 2010.

socioculturel mais que leur développement n'est pas plus facile. « La maturation des garçons est plus affectée par le stress environnemental précoce que celui des filles[1]. » La maturation cérébrale, plus lente chez les garçons, implique une vulnérabilité[2] qui se manifeste dans les consultations de pédopsychiatrie, où les garçons expriment des difficultés émotionnelles et comportementales plus intenses et plus fréquentes que les filles[3]. Dans les troubles du spectre autistique, les schizophrénies précoces et les agitations motrices avec troubles de l'attention, les garçons composent 80 % des consultations. Les filles apparaissent plus tard, après la puberté, quand elles deviennent anxieuses, déprimées et plus anorexiques que les garçons. La précocité de maturation cérébrale des petites filles explique probablement la phrase qu'elles prononcent souvent : « Ils sont bêtes, ces garçons. » À l'adolescence, les filles changent d'idée et choisissent un partenaire un peu plus âgé, afin d'établir une sorte de parité neurodéveloppementale.

La différence d'ontogenèse des garçons et des filles commence dans l'utérus, quand la sécrétion de

1. Schore A., « Neurobiologie et neuro-endocrinologie développementale des garçons à risques », *in* J. Smith (dir.), *Le Grand Livre des 1 000 premiers jours de la vie*, *op. cit.*, p. 125-165.
2. Zahn-Waxler C., Shirtcliff E. A., Marceau K., « Disorders of childhood and adolescence : Gender and psychopathology », *Annual Review of Clinical Psychology*, 2008, 4, p. 275-303.
3. Kigar S. L., Auger A. P., « Epigenetic mechanisms may underlie aetiology of sex differences in mental health, *Journal of Neuroendocrinology*, 2013, 25 (11), p. 1147-1150.

testostérone plus marquée chez les garçons fait sortir les testicules de l'abdomen, alors que l'œstradiol des filles fixe les ovaires à l'intérieur. Chez les animaux, la testostérone joue un rôle majeur dans la mise en place de certains comportements et l'agressivité des mâles[1]. Chez les oiseaux, dont seuls les mâles chantent, le circuit limbique des femelles est à peine dessiné, mais quand les mâles sont isolés et n'ont pas l'occasion d'entendre les chants de leur espèce, ce circuit est aussi atrophié. Cependant, en replaçant les mâles dans un milieu où ils peuvent entendre des chants, d'autres neurones se différencient, révélant ainsi une résilience neuronale[2].

Le fait qu'un déterminant génétique existe n'exclut pas les déterminants environnementaux. La testostérone qui gouverne le développement des fœtus « joue un rôle fondamental dans les processus de différenciation sexuelle[3] » et du façonnement cérébral. Chez les mâles, le volume de l'amygdale rhinencéphalique droite augmente, ce qui oriente les informations vers l'hémisphère analogique. Chez eux, la perception du monde deviendra globale. Chez les femelles, c'est l'amygdale gauche qui augmente et oriente les informations vers le cortex gauche, plus analytique. La neurologie donne

1. Stoléru S., *Un cerveau nommé désir*, Paris, Odile Jacob, 2016.
2. Nottebohm F., « The discovery of replaceable neurons », *in* A. P. Ziegler, P. Marler (dir.), *The Neuroscience of Birding*, Cambridge, Cambridge University Press, 2008.
3. Darmaillacq A. S., Levy F., *Éthologie animale. Une approche biologique du comportement*, Bruxelles, De Boeck, 2019, p. 60.

donc à voir le contraire de ce que les stéréotypes culturels donnent à entendre : ce sont les femmes qui sont plus rationnelles et les hommes plus intuitifs. À partir de la deuxième année, les petites filles sont déjà plus sensibles aux pressions linguistiques du milieu, comme si leur cerveau les rendait très tôt aptes à l'usage des mots. « Les nouveau-nés masculins sont moins sensibles aux stimuli auditifs et sociaux, et moins capables de maintenir un contact visuel que les nouveau-nés féminins. [...] ils éprouvent plus de difficultés à obtenir une régulation affective[1]. » La lenteur de développement des cortex des garçons explique leur difficulté à inhiber leurs pulsions. Le lobe préfrontal, plus lentement circuité par les pressions éducatives, freine moins les passages à l'acte, ce qui explique les bagarres plus faciles à déclencher chez les petits mâles, animaux et humains.

Lorsqu'un appauvrissement sensoriel, affectif ou verbal du milieu aggrave le retard des garçons, leur lobe préfrontal ne parvient plus à freiner les réactions de l'amygdale, et l'enfant explose pour un rien. Ce qui revient à dire qu'une désorganisation sociale de la mère (précarité, guerre et surtout isolement affectif) appauvrit la niche sensorielle d'un nouveau-né, et que les garçons, plus sensibles que les filles, acquièrent une dysfonction cérébrale qui va provoquer des difficultés de

1. Tronick E., *The Neurobehavioral and Social Emotional Development of Infants and Children*, New York, Norton, 2007. Et Smith J. (dir.), *Le Grand Livre des 1 000 premiers jours de la vie, op. cit.*, p. 129.

l'attachement et de la socialisation[1]. La sécrétion de testostérone chez le petit garçon connaît un pic avant la naissance, puis une énorme sécrétion après la naissance (presque autant que chez l'adulte). À la puberté, la production de testostérone remonte et décroît quand le jeune homme devient père surtout quand il s'occupe de ses enfants. Puis la diminution sera régulière avec l'âge, quand les hommes se calment. Le cycle de la testostérone chez les femmes est différent : très faible autour de la naissance, encore plus faible à la puberté sauf en cas de maladie des surrénales, il augmente lentement avec l'âge. Décidément, les hommes et les femmes ont tendance à croiser leurs courbes de développement plutôt qu'à les synchroniser. Un même fait n'aura donc pas le même impact sur les organismes selon leur mode de développement : un nouveau-né masculin séparé de sa mère sécrète plus de cortisol qu'une petite fille dans la même situation. Cette substance d'alerte exacerbe l'expression des émotions et trouble les interactions en incitant le bébé à crier, à jeter furieusement ses objets, frapper ses figures d'attachement ou se frapper lui-même. L'attachement désorganisé, symptôme d'un développement difficile, est « surreprésenté chez les nourrissons de sexe masculin[2] ». Si l'on n'intervient pas pour réguler la niche familiale et

---

1. Gudsnik K., Champagne F. A., « Epigenetic influences of stress and the social environment », *Ilar Journal*, 2012, 53, p. 279-388.
2. Beebe B., Lachmann F. M. *et al.*, « On the origins of disorganized attachment and internal working models », *Psychoanalytic Dialogue*, 2012, 22, p. 352-374.

sécuriser le bébé, cette relation difficile va sculpter un cerveau masculin facilitant les explosions émotionnelles de l'adolescence. Les garçons ainsi façonnés passent facilement à l'acte de violence physique ou de transgression sociale. Les jeunes filles dont l'attachement précoce a été confus-désorienté par une difficulté de l'existence sont beaucoup moins nombreuses que les garçons et expriment leurs troubles différemment. Elles dépriment plus, s'autoagressent ou manifestent des troubles de conduite alimentaire[1]. « La maturation plus lente expose le cerveau masculin en cours de développement à des niveaux de testostérone et de corticoïdes altérés par le stress lors de périodes critiques[2]. » Le jeune homme ainsi façonné a acquis une plus grande probabilité d'explosion à l'adolescence et d'effondrement à l'âge adulte, une « fenêtre de vulnérabilité » plus fréquente que chez les filles.

Quand la culture modifie la construction du sexe

Quand un foyer parental est stable, il propose à l'enfant une figure d'attachement secondaire, un deuxième parent nommé « père, beau-père, grand-mère

1. Moffit T. E., « Adolescence-limited and life-course-persistent antisocial behavior : A developmental taxonomy », *Psychological Review*, 1993, 100, p. 674-701.
2. Smith J. (dir.), *Le Grand Livre des 1 000 premiers jours de la vie*, *op. cit.*, p. 140.

ou métier de la petite enfance ». Un attachement désorganisé peut alors s'apaiser et faire disparaître les troubles. Mais quand on confie un enfant désorganisé à une institution désorganisée, déserte, violente ou anomique, les troubles s'inscrivent dans la mémoire et provoquent une tendance à la socialisation tragique. C'est ce qui se passe dans un pays en guerre ou dans une culture du sprint qui empêche de proposer une niche sensorielle apaisante. Aujourd'hui, aux États-Unis, 20 % des tout-petits souffrent de troubles émotionnels : « Cette forte augmentation de la psychopathologie infantile aux États-Unis est directement liée à l'entrée des enfants de notre culture dans des crèches de mauvaise qualité dès l'âge de 6 semaines… et à l'absence d'une politique nationale de congé parental[1]. » Cette enquête américaine est valable pour un grand nombre de pays en effondrement économique autant que pour les cultures qui privilégient l'aventure sociale des parents au point de confier les petits à des institutions surchargées et à des gardiennes sans formation professionnelle. Les empreintes précoces ainsi désorganisées par la culture font souffrir les bébés filles et augmentent leur aptitude à l'angoisse et à la dépression. Quant aux bébés garçons, plus vulnérables, plus sensibles à la séparation, ils souffrent encore plus et

1. Narvaez D., Panksepp J., Schore A. N., Gleason T. R., *Evolution, Early Experience and Human Development : From Research to Practise and Policy*, Oxford, Oxford University Press, 2015.

acquièrent un cerveau dysfonctionnel qui en fera des hommes violents. Dans les cultures où les tout-petits sont confiés à des garderies surpeuplées vaguement surveillées par des femmes sans formation, on note un effondrement de l'attachement sécure qui initie aux relations faciles et une augmentation de l'attachement insécure qui, sans être pathologique, crée une distance affective[1]. Pour que la première niche sensorielle soit sécurisante et fortifiante, il suffit que les congés de maternité et de paternité soient longs et que les métiers de la petite enfance reçoivent une formation théorique et pratique adaptée. C'est faisable, une forte majorité de parents et de professionnels le souhaite.

Notre civilisation technique a inventé des perturbateurs endocriniens (phtalates, bisphénol, pesticides) dont l'effet antiandrogène altère le développement des garçons, bien plus que celui des filles. Ces substances sont abondantes dans les quartiers pauvres pollués où les garçons se développent tant bien que mal. Leur niche sensorielle altérée par les difficultés des parents, leur précarité sociale, le chômage et leur logement indigne influent sur le développement des garçons. Est-ce cela qui explique la cartographie des quartiers difficiles où les garçons impulsifs, mauvais élèves, opposants et bagarreurs ont pour seule fierté le courage du

1. Konrath S. H., Chopik W. J. *et al.*, « Changes in adult attachment styles in American college students over time : A meta-analysis », *Personality and Social Psychology Review*, 2014, 18 (4), p. 326-348.

passage à l'acte et de la transgression sociale ? Leur seule dignité, c'est leur force physique facile à repérer dans ces bandes de garçons qui se bousculent en riant, en criant des mots vulgaires et en se bagarrant. Cette manière de bouger et de parler leur donne une illusion de domination.

La descente du larynx chez les garçons est une spécificité humaine. Chez les autres mammifères et chez les chimpanzés, la descente est modérée, ce qui modifie peu la voix et la structuration des cris. Alors que dans l'espèce humaine la mue qui modifie le timbre et enrichit la voix avec des basses fréquences est un repère très net du dimorphisme sexuel. Les petits garçons qui avaient le même timbre de voix que les filles, avec un développement neuropsychologique « en retard en moyenne de deux ans sur celui des filles[1] », grandissent en quelques mois, élargissent leurs épaules et se mettent à parler avec une voix grave. « On observe en effet un net dimorphisme sexuel dans le développement du larynx qui se stabilise chez la femme après la puberté, alors qu'il continue à s'allonger chez l'adolescent mâle jusqu'à l'âge adulte[2]. » Un phénomène nouveau est apparu en une seule génération : les femmes ont beaucoup grandi, elles aussi s'élargissent et leur

1. Prado-Martinez C., « La puberté : une période de crise », *in* C. Susanne, E. Rebato, B. Chiarelli (dir.), *Anthropologie biologique. Évolution et biologie humaine*, Bruxelles, De Boeck, 2003, p. 303.
2. Hublin J.-J., « La langue des premiers hommes », art. cit., p. 107.

larynx s'allonge plus que celui de leur mère, si bien qu'aujourd'hui les voix de femmes sont de plus en plus graves[1]. Elles peuvent prendre la grosse voix et devenir impressionnantes. Est-ce l'annonce de la fin du dimorphisme sexuel ?

Chez tous les mammifères, une voix forte et grave favorise les comportements d'intimidation. Les cris d'alerte sont intenses et riches en hautes fréquences. Quand un mâle veut en imposer, il émet des cris intenses, graves comme le tonnerre et lance des objets. Les chimpanzés jettent des cailloux et des feuilles, les hommes tapent sur la table, cassent des objets et parfois la figure de celui (de celle) qui est à ses côtés.

La civilisation technique améliore les conditions matérielles du développement. L'hygiène et la stabilité physique imposée par l'école abaissent l'âge des premières règles. « En 1860, les ménarches apparaissaient vers 16-17 ans, en 1960 elles arrivent à 13 ans et même avant[2]. » La puberté précoce n'est pas un avantage. Les filles ont une poussée de croissance qui s'arrête dix-huit à vingt-quatre mois après les premières règles[3]. Quand le désir sexuel étonnamment précoce chez les petites filles les pousse à accepter

1. Abitbol J., *Voix de femmes*, Paris, Odile Jacob, 2019.
2. Vercauteren M., « Évolution séculaire au xxᵉ siècle », *in* C. Susanne, E. Rebato, B. Chiarelli (dir.), *Anthropologie biologique*, *op. cit.*, p. 543.
3. Bouvattier C., Pienkowski C., *Puberté précoce*, Springer, 2014.

une relation, elles éprouvent le sentiment qu'elles n'étaient pas prêtes, pas vraiment consentantes. Les garçons démarrent leur puberté plus tard, ils grandissent plus longtemps et, surtout, ils se juvénilisent. À 17-18 ans, au moment du bac, ils sont en pleine fatigue de croissance, ce qui est un handicap scolaire, mais ils gardent le plaisir de jouer. Quand ils vivent dans un milieu sécurisant, la lenteur de leur développement leur permet de « corticaliser leurs pulsions sexuelles[1] ». Capables de maîtriser leurs pulsions, ils apprennent à courtiser une fille en tenant compte de ses craintes et de ses désirs. À l'inverse, les garçons dont le cerveau a été sculpté par un appauvrissement sensoriel précoce n'ont pas acquis la possibilité de freiner leurs pulsions sexuelles ni leur réactivité pour la bagarre. Ils passent à l'acte facilement puisque leur dysfonction préfrontale ne peut pas inhiber leur amygdale : « Quand ça me prend, rien ne peut m'arrêter… je me fiche de la loi et des réactions de la fille », disent-ils souvent.

Dans un contexte de guerre ou dans une culture où l'agressivité est un mode habituel de relation, cette vulnérabilité masculine peut constituer un bénéfice adaptatif. Les garçons, toujours en alerte, passent à l'acte comme dans un réflexe, sans tenir compte des

1. Susanne C., « Biologie des populations humaines », *in* C. Susanne, E. Rebato, B. Chiarelli (dir.), *Anthropologie biologique*, *op. cit.*, p. 303.

émotions ou des raisons des autres, ce qui constitue un mécanisme de défense rapide. Mais, dans un contexte de paix, leurs réactions vives et dépourvues d'empathie ont un effet désocialisant. C'est pourquoi les psychopathes sont décorés en temps de guerre et emprisonnés en temps de paix.

Les filles dont le développement est plus rapide et harmonieux s'adaptent plus facilement à la famille et à l'école. À l'adolescence, lors de la période des orientations scolaires et sociales, ce sont des jeunes femmes qui ont terminé leur fatigue de croissance, elles savent ce qu'elles veulent et ce dont elles sont capables. En temps de paix, cette maturité est un énorme bénéfice. Elles trichent peu, vont rarement en prison et même leur délinquance routière est modérée. Mais, en temps de guerre ou dans les sociétés où la violence est socialisante, leurs réactions mesurées, leurs charges de famille et leur grande empathie deviennent des facteurs de vulnérabilité.

Violence civilisatrice

Toutes les sociétés se sont construites dans la violence : « La gestion de la violence masculine se met en place à partir de la fin du Moyen Âge [...]. Elle s'impose sans inhiber le potentiel agressif des garçons, nécessaire aux guerres "justes" d'une civilisation conquérante[1]. » C'est à la force physique des hommes qu'on attribue le succès des « conquêtes civilisatrices ». Toutes les politiques coloniales ont utilisé cet argument qui expliquait et légitimait la domination des hommes sur la nature, les femmes, les enfants et les hommes faibles. « Avant de se trouver lentement monopolisée par l'État et la nation, la violence façonne la personnalité masculine sur le modèle noble de la virilité et de la virtuosité dans l'usage des armes exigée de tout aristocrate [...] par opposition au modèle de la femme faible[2]. » Même s'il est vrai que les hommes sont plus grands, plus musclés et plus vifs dans l'usage de la force, la fluctuation de ce comportement n'exclut pas les déterminismes culturels. Depuis la réforme du congé de paternité, passé aujourd'hui à vingt-huit jours, les jeunes hommes qui participent aux soins précoces du bébé améliorent les relations de couple, renforcent les facteurs de protection de leurs enfants et... sécrètent moins de testostérone[3] ! Ce qui n'empêche que, dans la même culture, la forte majorité des homicides et des actes violents sont commis par des jeunes hommes âgés de 20 à 29 ans. Pourquoi se calment-ils après la trentaine ? Pourquoi l'âge de la violence masculine s'est-il abaissé

1. Muchembled R., *Une histoire de la violence*, Paris, Seuil, 2008, p. 11-12.
2. *Ibid.*, p. 16.
3. Booth A., Dabbs J. M., « Testosterone and men's marriages », *Social Forces*, 1993, 72, p. 463-477.

ces dernières années où l'on voit des grands garçons âgés de 12 à 15 ans prendre les armes et affronter physiquement des adultes ? Pour répondre à ces questions, il faut renoncer aux explications linéaires où une seule cause provoque un seul effet. Il vaut mieux s'entraîner à raisonner en termes systémiques, comme en clinique, où plusieurs sources convergent pour provoquer un comportement bénéfique ou maléfique qui dépend de son adaptation à son contexte climatique ou culturel[1]. À l'époque des guerres de survie entre cités-États du Péloponnèse (VIIIe siècle avant notre ère), quand les vivres venaient à manquer, le gouvernement, avec l'accord entier des hommes et des femmes, galvanisait le courage et la violence de quelques jeunes hommes pour en faire des guerriers qui devaient s'emparer des vivres et des biens de la cité voisine. La colonisation, qui vient tout juste de cesser à la fin du XXe siècle, donnait aux jeunes hommes la mission de se battre et de s'emparer de la terre et des biens du pays à coloniser. La moindre défaillance provoquait la honte des proches et le mépris des non-apparentés qui ressentaient la non-violence des hommes comme une lâcheté ou une trahison.

Avec le temps, la fureur de survivre, qui avait encouragé la violence virile, devenait une valeur du groupe

1. Biggs R., Schlüter M., Schoon M. (dir.), *Principles for Building Resilience : Sustaining Ecosystem Services in Social-Ecological Systems*, Cambridge, Cambridge University Press, 2015.

qui se transmettait à travers les générations… jusqu'à l'absurde ! Un homme, pour être estimé, devait sans cesse prouver qu'il était capable de violence : « Viens te battre, si t'es un homme. » Pendant des siècles, en Occident, le duel a tué un grand nombre de jeunes aristocrates et assassiné des gens du peuple qui n'avaient pas appris à tenir une épée. Quand Louis XIV a entrepris d'interdire ces massacres, on lui a reproché d'empêcher les hommes de défendre leur honneur, ce qui aujourd'hui paraît ridicule. Mais, dans certains quartiers déculturés d'Europe ou dans les favelas d'Amérique du Sud, la bagarre est encore une source de fierté. Il n'est pas rare que, dans les fêtes, les bals populaires ou même les mariages, les invités s'empoignent pour de simples divergences d'opinions, invitant les femmes à pousser des cris aigus et à se précipiter dans la mêlée pour séparer les combattants. La violence virile qui avait une fonction de protection de la famille à l'époque des invasions, quand des bandes d'hommes désocialisés entraient dans les fermes pour piller et violer, a évolué vers des rituels insensés. Le sommet de la violence stupide se manifeste lors des bagarres de supporters de football. Sans haine et sans raison, des jeunes hommes s'affrontent avec une extrême violence, juste pour le plaisir de la bagarre, pour l'érotisme de la violence. Quand les combattants n'ont pas été trop amochés, ils sont euphorisés pendant les jours qui suivent. Et quand ils racontent leurs batailles, les mauvais coups qu'ils ont donnés et ceux qu'ils ont reçus, le simple fait d'en parler fait revenir la jouissance.

Il y a peut-être une explication neurobiologique à ces comportements absurdes : le cerveau de ces jeunes hommes sécrète beaucoup de dopamine, la neurohormone qui donne le plaisir de l'action et qui est dense dans le striatum, noyau du circuit de la récompense. Lorsqu'on y adjoint le cortisol et l'adrénaline du stress, le mélange de ces substances produit l'endorphine, morphine naturelle que fabrique notre corps. Ce métabolisme explique le besoin d'action, la nécessité du sport et le bien-être qui s'ensuit pour un jeune organisme trop longtemps immobile. Après la bagarre, quand le garçon raconte l'événement, la mémoire fait revenir le sentiment d'euphorie. Alors la descente de ski trop rapide, le contre-pied qui a feinté le trois-quarts aile de l'équipe adverse de rugby, la riposte verbale qui a sonné celui qui avait voulu nous rabaisser ajoutent le plaisir de dire au plaisir d'avoir fait. Est-ce la raison pour laquelle nous allons voir des films d'horreur, dont nous sortons en souriant ? Quel bon moment nous avons passé en regardant des images de passagers affolés parce que leur avion était en train de plonger vers la mer, ou la terrifiante beauté des forêts en flammes en Gironde ou en Californie. L'horreur est belle comme un opéra. Ça fait du bien de se sentir extérieur à la catastrophe. Nous réagissons dans la vie quotidienne comme ces bagarreurs à l'occasion d'un match de football et nous exprimons des émotions de joie comme les animaux qui gambadent après avoir échappé à un prédateur. Chez les êtres humains, il faut ajouter l'agencement des mots et les mises en scène qui permettent d'agir sur l'âme des autres. Dans ces stratégies interactionnelles, ce ne sont pas les costauds qui prennent le pouvoir. Au contraire, ils sont envoyés au casse-pipe par celui qui sait les subjuguer en induisant chez eux une servitude amoureuse ou une récitation niaise. Les grands tyrans comme Napoléon, Hitler ou Staline ont été adorés par le peuple qui désirait consacrer ses forces à faire triompher celui qui avait su les enthousiasmer. Pour que les costauds soient heureux de mourir pour leur chef, il suffisait de les héroïser de façon à les pousser au sacrifice. Lors de toutes les guerres, des jeunes gens en pleine possession de leurs moyens ont été envoyés dans les tranchées ou en première ligne pour défendre les intérêts d'un aristocrate, le programme politique d'un gouvernement ou les croyances d'un chef religieux. L'accès au pouvoir n'est pas dû à la force musculaire mais à l'art d'imposer ses idées en envoyant les jeunes au sacrifice. La domination vient de l'expression des émotions, des mimiques, des gestes, de la mise en scène groupale et de l'agencement des mots qui vont justifier l'invasion d'un pays, la colonisation ou la mise à mort de ceux qui s'opposent aux intérêts du chef ou à sa vision du monde. Pour prendre le pouvoir, il faut organiser une coalition et trouver des raisons qui légitiment l'élimination de ceux qui ne pensent pas comme il faut, c'est-à-dire comme nous.

Au XIXe siècle, la violence est venue de l'organisation industrielle qui pillait la nature et asservissait les prolétaires qui n'avaient pour tout moyen de production que leurs bras d'ouvriers ou leur sexe de prostituées. Il a fallu des lois pour que cet ordre règne, puis il a fallu trouver des arguments moraux pour consacrer les femmes à la maternité et pour utiliser la force virile à l'armée et à l'usine.

Aux déterminismes naturels, climatiques, hormonaux et physiologiques que nous partageons avec les animaux, les cultures ont ajouté les déterminismes noétiques où l'acte de penser repose sur la verbalité et sur l'intelligence abstraite, parfois même au point de se couper de la réalité sensible. La pensée noétique peut prendre alors la forme d'un délire logique, comme dans l'exemple suivant : si on supprime l'esclavage, le prix du sucre va augmenter, c'est logique. Et c'est délirant, car ce petit bénéfice repose sur l'incroyable pillage du continent africain et sur la destruction humiliante de plusieurs millions de personnes.

La force ne mène pas au pouvoir

La domination dite « naturelle » attribuée à la force physique des mâles et à la craintivité des femelles n'est pas si évidente que cela. Les mâles paraissent prendre le pouvoir parce que, chez la plupart des mammifères, ils sont gros et menaçants. Mais, chez les oiseaux, le dimorphisme est discret, les mâles se distinguent plutôt par la couleur de leurs plumes et par leurs chants qui attirent les femelles. Les comportements sexuels doivent être différents pour être harmonisés et aboutir à l'acte fécondant. Il n'est pas rare, chez les insectes, que les femelles soient cent fois plus grosses que les mâles. Et, chez les humains, la vulnérabilité des petits mâles et leur impulsivité sont récupérées par les puissants, les vrais, ceux qui, pour gouverner, utilisent la force des costauds. Dans l'espèce humaine, l'arme de l'autorité, c'est l'apparence physique et une élaboration noétique où la pensée raconte une histoire qui légitime la domination. Cette production conceptuelle s'inspire de lois naturelles qui résultent d'un biais d'observation que nous aimons tous faire : partant d'un fait partiellement vrai (les mâles de notre espèce sont plus gros et plus agressifs que les femelles), nous allons observer chez les animaux les faits qui confirment notre première impression. Si l'on veut prouver que les mâles ont des raisons naturelles de dominer les femelles, on ira observer les babouins plus lourds, plus agressifs, avec d'immenses canines et des mauvaises manières. Mais si l'on veut démontrer que les femelles peuvent dominer les mâles en organisant des coalitions agressives, on verra que les femelles macaques s'associent pour terroriser les mâles, car elles ont certainement calculé que cinq femelles de 10 kilos sont plus lourdes et plus fortes qu'un mâle de 40 kilos. Et si l'on veut rendre évident que les femelles savent désarmer l'agressivité des mâles et les rendre obéissants, on ira visiter les bonobos où les femelles apaisent les conflits en proposant une sexualité toujours disponible[1]. Quand une femelle humaine de 50 kilos se trouve face à un mâle de 90 kilos brutal et mal élevé, on pensera qu'elle a raison de se faire protéger. Mais ce qui organise une société, ce n'est pas le poids des hommes, c'est l'art de s'exprimer par des comportements et des mots, où les femmes sont excellentes.

On peut donc proposer une histoire naturelle de la violence et se méfier des contresens entre espèces. La lionne qui mange une gazelle encore vivante n'est pas plus violente que la femme qui déguste un steak tartare, puisque les deux savourent un simple plat. Pourtant, la violence humaine est spécifique puisqu'elle répond

1. Waal F. de, *Différents. Le genre vu par un primatologue*, Paris, Les Liens qui libèrent, 2022.

à un déterminisme noétique, comme dans l'exemple de l'esclavage, où l'on a pu détruire des millions d'êtres humains pour économiser un peu de monnaie sur le prix du sucre.

L'éthologie animale fait une nette différence entre l'agression et la violence. L'agression est un comportement physiologique qui permet la structuration d'un groupe. *Adgredior* signifie : « Je vais dans le territoire péricorporel de l'autre pour lui faire comprendre qu'il doit quitter ma zone alimentaire ou la proximité de mon petit. Ma démonstration de force va le faire fuir ou le soumettre, ce qui va instantanément arrêter mon agression. » Ainsi pourrait penser la hyène quand elle exprime des comportements ritualisés de menace pour chasser une autre hyène.

La violence animale n'est pas rare entre espèces différentes quand les antilopes sabres, habituellement mangées par les tigres, attaquent et transpercent les petits tigrons qui passent à portée de leurs cornes effilées. Les hippopotames qui ne s'entre-tuent jamais causent chaque année la mort de cinq cents hommes. Chez les chimpanzés, il arrive qu'un mâle dominant attaque soudain un rival et provoque son lynchage par tous les mâles du groupe. La violence létale apparaît chez les animaux territoriaux (0,3 % des mammifères). Elle augmente chez les primates (1,8 % des grands singes) et, chez les hommes, elle varie selon les organisations sociales : « Les homicides civils [...]

en Angleterre et en Suisse sont passés de 100 homicides pour 100 000 habitants au XIVe siècle [...] à 1 pour 100 000 au début du XXe siècle[1]. » La source de la violence humaine est parfois d'origine développementale, quand un homme se laisse embarquer par une rage qu'il ne peut contrôler. La violence d'un groupe est plutôt territoriale, quand il s'agit de défendre ou de s'emparer d'une terre fertile, d'un point d'eau, ou de voler les femmes d'un groupe voisin. Mais la violence d'État est la plus terrible quand, au nom d'une croyance sacrée, idéologique ou économique, elle n'hésite pas à tuer cinquante millions d'êtres humains, comme au cours de la Seconde Guerre mondiale.

Le cannibalisme de nos ancêtres n'était pas violent puisque ce rituel guerrier était une preuve d'estime quand on mangeait le cœur d'un ennemi courageux pour l'incorporer. Avec l'âge du bronze (il y a cinq mille ans) est apparue une forme de violence aristocratique réalisée par des hommes qui apprenaient à manipuler les armes afin de conquérir des territoires et d'imposer leurs conceptions. Cette forme patriarcale de violence créatrice n'excluait pas la violence personnelle, ni même la violence morale, quand un père de famille devait tuer un vagabond qui entrait dans sa maison pour la piller. La famille ou le village étaient pleins de gratitude pour

1. Bègue-Shankland L. *et al.* (dir.), *Histoire naturelle de la violence*, Paris, Reliefs, « Manifeste du Muséum », 2021, p. 18.

ce jeune villageois qui, donnant la mort à un envahisseur ou à un mécréant, n'était pas considéré comme un assassin. Plus les sociétés s'organisent, plus la violence est déconsidérée. En temps de paix, les populations sont désarmées et la violence des jeunes hommes est criminalisée. Mais en temps de guerre, quand la violence d'État s'impose comme une morale, les jeunes hommes sont armés et héroïsés afin de sauver le peuple en difficulté.

La violence parle de la désintégration du corps et de l'âme d'un autre, alors que l'agression vise à l'affronter de façon à se répartir l'espace et à établir de nouvelles relations. Le contexte donne des significations différentes : la violence patriarcale hiérarchise le prestige d'un homme, alors que la violence d'un groupe opprimé est libératrice. La violence de celui qui détruit une femme pour satisfaire sa pulsion est criminelle. La violence d'une classe sociale qui exploite celui (celle) qui ne possède ni terre ni appareil de production est sociale, et la violence d'un État voisin qui cherche à s'emparer de nos terres est colonisatrice. L'acte violent est le même quel que soit le contexte, mais l'interprétation du fait, sa connotation affective et le sens qu'on lui attribue dépendent de la structure du milieu.

Tout se complique quand les violentés ne se plaignent pas. Les grands dictateurs provoquent des passions amoureuses, les serfs de la Russie de 1917 ont pris la défense de leur patron propriétaire et, dans les années 1960, j'ai rencontré des paysans qui enlevaient leur casquette, baissaient les yeux et murmuraient : « Bonjour notre maître » quand arrivait le propriétaire de la vigne. Ils n'étaient pas humiliés par leur condition de dominés, ils éprouvaient même un certain plaisir à admirer leur dominateur. Un tel renoncement à l'épanouissement de soi est un grand tranquillisant. En acceptant d'être privées de liberté, certaines personnes ne ressentent plus l'angoisse du choix. Quand on n'a jamais eu d'espoir, on ne souffre pas de sa perte, on se résigne, c'est tout.

Aux violences d'État répondent régulièrement des violences contre l'État. Au Moyen Âge, les paysans vivaient « dans l'angoisse des famines (1316) et la recrudescence des épidémies (1348) où 40 à 70 % d'une population pouvaient mourir en quelques mois[1] ». Le spectacle de la mort était hiérarchisé. Le corps des pauvres pourrissait par terre, était jeté dans des fosses communes ou brûlé avec la paille sur laquelle on l'avait déposé. Le corps des riches était mis en scène lors de funérailles « biens et honorablement[2] ». Dans un contexte d'effondrement culturel, la moindre réforme administrative pouvait déclencher une violence de désespoir aussitôt suivie par une contre-violence d'État. Les paysans exaspérés par une réforme minuscule, comme une taxe de transport ou un timbre fiscal, déclenchaient une jacquerie, violence immédiate, sans

1. Deregnaucourt J.-P., *La Mort au Moyen Âge*, Quintin, Éditions Gisserot, 2019, p. 5-16.
2. *Ibid.*, p. 38-39.

espoir de victoire puisqu'elle n'avait ni programme ni parti pour l'appliquer. Les gendarmes y répondaient en pendant des dizaines de paysans à des branches d'arbres. Chacun, se sentant en légitime défense, ne percevait que la violence de l'autre.

Cette violence sociale est émotionnelle. En milieu naturel, le vieux mouflon qui vient de perdre un combat hiérarchique contre un jeune se retrouve seul, désocialisé (au sens mouflon du terme). Errant hors du groupe, stressé par un combat perdu, son attention est mauvaise, il rate le bond sur un rocher qu'il réussissait avant sa défaite, et tombe. Les observateurs humains parlent d'accident. Mais cet accident n'est pas accidentel puisque c'est la règle chez les animaux. Il n'y a pas de vieillesse en milieu naturel. La vieillesse est un produit de la civilisation, un bénéfice qu'il faut payer.

Quand la coopération dans le clan mène à la haine de l'étranger

Les conflits territoriaux sont habituels chez les êtres vivants qui vivent en groupes coopérants. Ils se coordonnent autour d'une proie pour la chasser et la manger. Alors, quand arrive un étranger, même s'il est de la même espèce, il sera attaqué puisqu'il n'est pas familier. La coopération est associée à l'exclusion pour structurer un groupe. Lorsque les hommes se rassemblent pour entretenir une terre ou profiter d'un point d'eau, ils considèrent que tout nouvel arrivant est un intrus qu'il faut repousser. « C'est à moi, j'étais là le premier. » Ce sentiment archaïque permet de structurer un groupe sécurisant en expulsant les derniers arrivants. Quand un explorateur plante le drapeau de son pays sur la terre qu'il vient de découvrir, il symbolise : « Ce territoire appartient au groupe auquel j'appartiens, désormais tout nouvel arrivant d'un autre pays sera considéré comme un étranger. » Cette socialisation primitive correspond au besoin fondamental de vivre en sécurité au milieu de familiers qui pensent et se comportent comme tout le monde. Le sentiment de familiarité sécurisante s'oppose à celui d'« inquiétante étrangeté ».

Les chimpanzés possèdent un cerveau capable d'effectuer cette différenciation, ce qui explique leurs incessantes bagarres avec des groupes étrangers, au point que deux tiers d'entre eux finissent leur existence tués par un mâle d'un autre groupe[1]. J'ai eu l'occasion d'observer comment une petite communauté de chimpanzés s'est ruée vers d'autres singes non familiers qui passaient par là sans intention agressive. Un petit mâle s'était placé au-devant d'un gros mâle de son groupe et criait de toutes ses forces, en agitant des branches

1. Mast S., « Primatologue », *in* Bègue-Shankland L. *et al.* (dir.), *Histoire naturelle de la violence*, *op. cit.*, p. 26.

et en sautant sur place pour augmenter l'expression de sa colère. De temps en temps, il se retournait vers le mâle, comme pour se rassurer et lui signifier : « Tu as vu comme je sais chasser les intrus… » Bien sûr, j'anthropomorphise, mais je crois que si un mâle du groupe étranger avait attaqué le petit, ça aurait provoqué une rixe mortelle.

Nous, primates humains, sommes sensibles à ce déterminisme émotionnel du « familier sécurisant » opposé à l'« inconnu angoissant ». Ce couple d'opposés structure notre vision du monde et sa catégorie enfantine du « gentil » opposé au « méchant ». Ce constat mille fois vérifié par la clinique et le laboratoire constitue le socle de la théorie de l'attachement[1]. Mais nous, êtres humains, pouvons souffrir deux fois : une première fois dans l'immédiat, nous pouvons donner des coups et en recevoir, perdre un enfant et tuer celui d'un autre, comme dans toutes les guerres où les enfants sont « passés au fil de l'épée » ou écrasés sous les bombes. Puis nous souffrons une deuxième fois de la représentation de ce qui s'est passé. Nous faisons le deuil de nos enfants et nous sommes indifférents d'avoir donné la mort aux enfants de l'ennemi, trouvons vite une raison pour ne pas être honteux : « Ne vous laissez pas attendrir par les enfants. Quand ils

1. Bowlby J., *Attachement et perte,* 3 tomes : *L'Attachement* ; *La Séparation. Angoisse et colère* ; *La Perte,* Paris, PUF, 1978, 1978, 1984.

deviendront adultes vous les retrouverez face à vous, avec une kalachnikov. » Tous les génocidaires ont utilisé cet argument qui empêche la culpabilité en évoquant la légitime défense, même en tuant un enfant.

Comme tout être vivant, nous subissons les contraintes du réel, mais nous avons du mal à en prendre conscience. Il a fallu un énorme travail clinique et biologique pour découvrir à quel point notre corps et notre cerveau sont façonnés par le contexte climatique, sensoriel et social[1]. Puis il faut une élaboration noétique, philosophique, littéraire et historique pour graver dans la conscience le souvenir d'événements qui ont été réels, mais dont la représentation est modifiée par le temps et par les récits collectifs[2].

Toutes les cultures utilisent la violence des petits mâles et l'empathie des femelles

La violence des mâles – et parfois celle des femelles – est déterminée par des causes de sources différentes. Rarement génétique, comme dans le syndrome de

1. Susanne C., Rebato E., Chiarelli B. (dir.), *Anthropologie biologique*, *op. cit.*
2. Peschanski D. (dir.), *Mémoire et mémorialisation*, t. 1 : *De l'absence à la représentation*, Paris, Hermann, 2013. Et Eustache F. (dir.), *La Mémoire, entre sciences et société*, Paris, Le Pommier, 2019.

Lesch-Nyhan (1 naissance sur 140 000) où une anomalie sur le chromosome X des petits garçons empêche la synthèse de la sérotonine et la dégradation de l'acide urique qui, en excès, empoisonne le cerveau et déclenche des accès de rage. L'enfant agresse violemment tout ce qui bouge, les autres et lui-même. Le chromosome Y est fragile et souvent porteur d'anomalies. Dans l'immense majorité des cas, la violence des mâles est provoquée par des troubles neurodéveloppementaux qui altèrent le fonctionnement du cerveau et la synthèse des neurohormones. Le plus souvent, ces troubles proviennent de l'appauvrissement sensoriel d'un milieu que les mâles supportent mal. Leur cerveau acquiert une dysfonction à cause de la défaillance des stimulations durant les petites années. Cette carence peut venir d'un héritage familial[1] lorsque les parents sont hébétés par un accident traumatique aigu, ou par un traumatisme développemental chronique, lorsqu'un enfant a souffert d'avoir à vivre dans des circonstances adverses telles qu'un conflit affectif, une précarité sociale et lorsqu'une guerre ou une catastrophe naturelle ont détruit la société. Dans certains pays, c'est la politique qui traumatise les enfants[2]. Dans les mégapoles,

1. Héritage n'est pas héréditaire. Dans l'héritage, le patrimoine social ou affectif a été acquis par les ancêtres. Alors que dans l'hérédité le patrimoine génétique est transmis par les chromosomes parentaux.
2. Rutter M., O'Connor T., « Implications of attachment. Theory for child care policies », *in* J. Cassidy, P. R. Shaver (dir.), *Handbook of Attachment*, New York, The Guilford Press, 1999, p. 823-843.

l'appauvrissement éducatif est flagrant dans certains quartiers, alors que les structures éducatives sont excellentes dans le faubourg voisin, participant ainsi à l'injustice sociale. Les troubles de l'expression des émotions paraissent endogènes, venant du sujet lui-même, alors qu'ils proviennent d'un milieu défaillant imprégné dans la mémoire du sujet. Comme d'habitude, il faut souligner que les garçons sont plus sensibles que les filles à une carence éducative. Le chromosome Y des garçons se fragmente facilement, exprimant ainsi la moindre anomalie, alors que si le chromosome X d'une fille porte une anomalie, elle sera compensée par l'autre chromosome X qui ne la porte pas. Cette difficulté chez un garçon s'exprimera fréquemment, alors que la fille porteuse de la même anomalie génétique ne s'en rendra même pas compte. C'est ce qui explique que, à l'âge de 2 ans, 5 % des garçons manifestent des comportements agressifs contre seulement 1 % des filles. Pour que l'apaisement apparaisse dès la deuxième année, il faut que les garçons et les filles soient entourés d'une niche affective stable aux comportements apaisants, mais il faut aussi que tous les enfants accèdent à la parole, qui permet d'atténuer les pulsions agressives, ce que les filles font plus rapidement et mieux que les garçons. Quand les parents, à cause d'un malheur de leur existence, sont effrayés par la vie, ils ne sont plus sécurisants et peuvent même devenir effrayants pour leurs enfants, qui acquièrent ainsi un « attachement désorganisé-confus ». Ces enfants, en forte majorité des garçons, agressent et s'autoagressent en réponse à des situations crispantes, inévitables dans la vie quotidienne[1]. Mordre un enfant qui mord, c'est donc lui apprendre à mordre puisqu'on l'insécurise et qu'on lui sert de modèle. Ces évolutions sont exacerbées par la manière dont le milieu parental interprète l'expression des émotions des enfants. En cas de séparation, les filles s'adaptent en cherchant des substituts affectifs qu'elles savent même susciter. Alors que, dans la même situation, les garçons se désorganisent et perdent le contrôle de leurs émotions[2]. Une éducation qui accepte les stéréotypes de genre accentue en toute sincérité ces caractéristiques sexuelles : « Les filles sont plus douces, et les garçons ont la force d'exprimer leur mauvais caractère. » Les attitudes prosociales des filles, leur empathie, leur goût pour le soin et le souci des autres s'enracinent probablement dans la biologie puisque toutes les femelles mammifères en bonne santé s'occupent de leurs petits. Cette tendance biologique a été utilisée par toutes les cultures pour affirmer que les femmes doivent se consacrer à servir leur mari et leurs enfants.

---

1. Lyons-Ruth K., Jacobvitz D., « Attachment disorganization : Unresolved loss, relational violence, and lapses in behavioral attentional strategies », *in* J. Cassidy, P. R. Shaver (dir.), *Handbook of Attachment, op. cit.*, p. 538.
2. Carlson V., Cicchetti D. *et al.*, « Finding order in disorganization : Lessons from research on maltreated infant's attachment to their caregivers », in D. Cicchetti, V. Carlson (dir.), *Child Maltreatment : Theory and Research on the Causes and Consequences of Child Abuse and Neglect*, New York, Cambridge University Press, 1989, p. 494-528.

La vulnérabilité émotionnelle des mâles, elle aussi, a été utilisée par toutes les cultures pour en faire un bénéfice adaptatif. Puisque les petits mâles manifestent des réactions de défense et d'agression exacerbées, on va les consacrer au combat. Presque toutes les cultures ont préparé les petits garçons à la bagarre et à la guerre. À Sparte, chez les Scythes et les Mongols, les garçons ne faisaient que s'entraîner au combat, tandis que les filles, moins lourdes et moins agressives, se consacraient aux activités « secondaires », comme faire des enfants, soigner tout le monde et gérer la société. Aujourd'hui encore, quand une guerre réapparaît ou quand les circonstances redeviennent adverses, les hommes sont envoyés au front, tandis que les femmes renforcent les liens et gèrent la société[1].

Les pays nordiques attribuent une valeur socialisante aux aptitudes relationnelles plus qu'à la force brutale. Alors que les pays hispanophones favorisent la confiance en soi et l'affirmation personnelle dans des mises en scène esthétiques et machistes[2]. Il faut nuancer cette remarque en précisant que les données biologiques sont des tendances qui évoluent différemment selon les pressions du milieu. Les organismes se modifient selon les structures écologiques et sociales

1. Taylor S. E., Klein L. C. *et al.*, « Biobehavioral responses to stress in females : Tend-and-befriend, not fight-or-flight », *Psychological Review*, 2000, 107, p. 411-429.
2. Laurence A., *Représentation de la femme dans le théâtre espagnol contemporain*, thèse de doctorat, Université de Poitiers/Université de Grenade, 2019.

environnantes : taille, poids, puberté et métabolismes hormonaux varient selon les contextes[1]. Les psychismes sont soumis aux pressions bouillonnantes des récits, des débats, des œuvres d'art et des lois qui bouleversent les représentations intimes. C'est pourquoi les données scientifiques, sociales et psychologiques ne nous offrent que des vérités momentanées.

Depuis que les forêts africaines sont rasées, la pollution atmosphérique augmente, la lumière arrive jusqu'au sol où vivent les Pygmées dont la taille vient d'augmenter. Ces dernières années les comportements brutaux réapparaissent en Europe du Nord, alors que les pays hispaniques découvrent le bonheur des relations paritaires. Les femmes se pensent différemment depuis que la pilule les rend maîtresses de leur fécondité et depuis que l'école devient un nouvel organisateur de la hiérarchie sociale. Et les hommes découvrent le bonheur paisible de l'attachement et le bien-être de vivre dans un corps qui n'est plus mutilé par la guerre ou le travail-torture.

1. Susanne C., Rebato E., Chiarelli B. (dir.), *Anthropologie biologique*, *op. cit.*

Destins culturels des traumatismes individuels

Une personne traumatisée réagit différemment selon la structure de son contexte culturel. Sa personnalité se clive quand la culture la fait taire et redevient entière quand elle lui redonne la parole. Le trauma a pourtant laissé une trace dans la matière cérébrale[1]. La poursuite de l'existence ajoute d'autres traces, qui modifient la mémoire. Quand un deuxième trauma survient, le blessé garde en mémoire la trace du premier et y ajoute la mémoire des réactions familiales et culturelles. Quand, lors d'un premier trauma, il a été soutenu affectivement et socialement, la représentation qu'il se fait de ce qui lui est arrivé pourrait se dire : « Je reçois encore un coup, je souffre, mais je garde espoir puisque par le passé j'ai appris que j'allais être secouru. » L'observateur objectif risque de conclure que les traumatismes en série aguerrissent les blessés. Mais, quand le malheureux a été laissé seul ou contraint à se taire, l'enchaînement des coups l'amène à penser : « Je suis voué aux traumas, abandonné sans rescousse. » La réaction émotionnelle ainsi rationalisée explique la revictimisation des personnes qui n'ont pas eu la

1. Lejeune A., Delage M., *La Mémoire sans souvenir*, Paris, Odile Jacob, 2017.

possibilité d'apprendre à se défendre. L'observateur objectif pense alors : « La succession de traumas vulnérabilise les blessés[1]. »

Pour éviter les divergences, il faut s'entraîner aux raisonnements évolutifs.

- Si une personne traumatisée a acquis dans sa petite enfance des facteurs de protection qui lui donnent confiance en soi, elle affrontera mieux l'épreuve, on parlera de résistance. Si le trauma est aigu et que le blessé est rapidement soutenu, il reprendra facilement une nouvelle évolution, on parlera de résilience.
- Si une personne traumatisée a acquis dans sa petite enfance des facteurs de vulnérabilité, l'affrontement de l'épreuve sera difficile, la résistance sera douloureuse. Si le trauma est développemental, moins conscient, insidieux, les mécanismes de défense seront plutôt névrotiques, adaptés au malheur chronique. Quand un blessé n'a pas été soutenu, quand il a été laissé seul sans présence affective, verbale ou sociale, la résilience sera difficile. La tentative de reprise développementale fragile et facile à déconstruire amène certains chercheurs à parler de désilience[2].

1. Fossion P., Leys C., Kempenaers C., Braun S., Verbanck P., Linkowski P., « Depression, anxiety and loss of resilience after multiple traumas : An illustration of a mediated moderation model of sensitization in a group of children who survived the Nazi Holocaust », *Journal of Affective Disorders*, 2013, 151 (3), p. 973-979.
2. Pourtois J.-P., Desmet H., *Au cœur de la résilience. Quinze approches conceptuelles*, Paris, Odile Jacob, 2022.

Il est donc impossible de déduire que la résilience résulte d'un catalogue de qualités puisqu'un défaut, maléfique dans un contexte, peut devenir bénéfique dans un autre. Beaucoup d'enfants maltraités cherchent à se rendre indifférents pour moins souffrir. « Je m'en fous pas mal », disent-ils, alors qu'ils souffrent énormément. D'autres se réfugient dans la rêverie pour arracher quelques instants de bonheur dans un milieu où il n'y a que du malheur. L'indifférence et la rêverie, qui les protégeaient dans un contexte où le malheur était quotidien, deviennent des troubles relationnels quand le milieu ne les agresse plus.

La violence, preuve de vulnérabilité, est utilisée par toute culture défaillante qui doit affronter une adversité. Les hommes, plus doués que les femmes pour acquérir cette malheureuse qualité, sont facilement héroïsés, donc envoyés au casse-pipe. Certaines armées encouragent la violence puisque l'intention politique est la destruction de l'ennemi. Les crimes de guerre s'ensuivent : abattre sans raison un passant, bombarder des enfants, creuser des fosses communes pour villageois sans armes et violer les femmes pour les désespérer. Les hommes formés pour obéir à de tels ordres ne ressentent aucune culpabilité, ils n'ont aucune conscience de crime puisqu'ils répondent à une injonction verbale, un récit qui leur explique la nécessité de ces massacres, les glorifie et même les moralise. Les génocidaires de tous les pays se présentent en victimes afin de légitimer leur violence sans frein. Depuis quelques décennies, d'autres armées forment les soldats à une réflexion éthique. La pédagogie de l'empathie est un frein moral puisque la représentation du monde de l'autre les empêche de se permettre n'importe quoi. Ce frein à la violence est-il un frein à la victoire ? Les armées qui mitraillent les écoles et mettent le feu au village ne gagnent pas plus de guerres, mais leur victoire momentanée plante la haine chez le vaincu qui rêve de revanche. Les Français, écrasés en 1870, ont enseigné dans les écoles la haine des Boches pour préparer la Première Guerre mondiale (1914-1918). Les Allemands, brisés et ruinés, ont créé les Jeunesses hitlériennes (Baldur von Schirach, 1922), qui ont rendu les enfants heureux de s'entraîner pour la Seconde Guerre mondiale (1939-1945). Aujourd'hui, les jeunes Allemands et Français ignorent pourquoi il fallait se haïr. Les Vietnamiens ont manifesté un courage incroyable en écrasant l'armée française à Diên Biên Phu (1954) et en chassant les Américains (1975). Leurs enfants aujourd'hui apprennent l'anglais et rêvent de travailler aux États-Unis, tandis que leurs parents commémorent encore la victoire du communisme. Chaque génération invente une nouvelle culture, à condition que les récits collectifs n'emprisonnent pas les jeunes dans la haine des crimes passés.

C'est une cascade de causalités qui produit un effet observable, rarement une seule cause. La lenteur du développement des garçons les rend vulnérables à la séparation puisqu'ils dépendent plus longtemps que les filles de leur entourage affectif. Leur violence peut détruire une famille, écraser un peuple étranger ou affronter courageusement des circonstances adverses. Ce mode de raisonnement amène à voir et à comprendre différemment des phénomènes que l'on croit « naturels ». Quand l'espérance de vie des femmes était plus brève que celle des hommes, on disait que c'était normal puisqu'elles étaient du sexe faible. Il n'était pas rare qu'un homme connaisse trois couples dans sa vie, sans jamais avoir divorcé. Les découvertes génétiques ont amené à penser que les femmes bénéficient de l'effet protecteur du double X. Lorsqu'elles meurent jeunes avant les hommes, c'est que la société a mal fait son travail. Quand le développement des petites filles est entravé, quand la maternité n'est pas soutenue, un tel contexte social ne convient pas à l'épanouissement des femmes. Le bénéfice du double X n'est pas suffisant pour tout expliquer, il n'est qu'une part de la protection. Chez les mammifères, en contexte paisible, le double X est très bénéfique. Chez les oiseaux, ce sont les mâles qui vivent plus longtemps parce qu'ils portent un double Z alors que les femelles, qui sont ZW, se retrouvent dans la situation de vulnérabilité des mâles mammifères XY. Mais le bénéfice du double X des mammifères ne peut pas non plus tout expliquer. Les jeunes mâles humains à l'adolescence prennent plus de risques que les femelles, ce qui crée un pic d'accidents entre 20 et 25 ans. Ils boivent, fument, se droguent plus que les jeunes femmes et prennent moins soin de leur alimentation, ce qui produit un autre pic d'élimination des hommes vers 60 à 65 ans. Dans cette ontogenèse, les femmes après 70 ans vivent plus longtemps que les hommes et consomment plus de soins médicaux. Mais ce n'est pas suffisant pour tout expliquer. Les découvertes récentes en épigénétique mesurent comment les œstrogènes protègent les télomères, l'extrémité des chromosomes dont la longueur est un indicateur d'espérance de vie. En contexte paisible, les femelles mammifères vivent plus longtemps que les mâles, mais quand le contexte familial ou social les agresse, les substances du stress (cortisol, catécholamines) raccourcissent les télomères et font vieillir les femmes précocement[1]. Quand les conditions éducatives des enfants étaient d'une grande brutalité, quand les femmes étaient mariées très jeune et quand la mortalité enfantine était terrible jusqu'à la fin du XIXe siècle, il leur fallait treize grossesses pour mettre au monde sept enfants, dont quatre parvenaient à l'âge adulte. Quand la technologie était modeste, elles travaillaient aux champs et à la ferme avec leurs muscles, comme les hommes. Les femmes costaudes étaient estimées,

1. Blackburn E., Epel E., *L'Effet télomère. Une approche révolutionnaire pour allonger sa vie et ralentir les effets du vieillissement*, Paris, Trédaniel, 2017, p. 98-101.

comme en témoigne Maupassant[1]. On était condescendant envers les femmes fragiles et méprisant pour les freluquets, ces hommes sans muscles qui n'avaient pas les moyens d'être brutaux. La faiblesse physique d'une femme n'était valorisée que chez les aristocrates, où il était mal vu de travailler, il y avait des serviteurs pour ça, c'est le nombre de valets qui indiquait la force du maître. Le muscle, valeur de prolétaire, sans terre ni instrument de production, n'était qu'un outil. Les hommes aristocrates tiraient leur force et leur domination de leur entraînement à la manipulation des armes et des mots. Les costauds rustiques étaient utilisés pour travailler dans les champs et à l'usine, sans possibilité d'épanouissement personnel. Le stress était constant quand la famine menaçait. Les épidémies répétées, les guerres entre seigneurs, les invasions par des armées étrangères, les bandes d'hommes errants qui entraient dans les maisons pour piller et violer faisaient régner la terreur au quotidien[2]. Dans un tel contexte, la force physique des hommes, le courage des femmes prenaient un effet sécurisant et organisaient la « famille triomphante[3] ». Dans de telles conditions de vie, les télomères devaient être bien courts, rongés par une existence difficile. Les corps étaient vieux dès l'âge de 40 ans, comme

1. Maupassant G. de, *Contes normands*, Paris, Hachette, 1982.
2. Lannoy F. de, *Pestes et épidémies au Moyen Âge*, Rennes, Éditions Ouest-France, 2022.
3. Perrot M. « La famille triomphante », *in* P. Ariès, G. Duby (dir.), *Histoire de la vie privée*, t. 4 : *De la Révolution à la Grande Guerre*, Paris, Seuil, 1985, p. 93-103.

on peut le voir sur les photos de famille du début du xxe siècle. Les femmes de 40-50 ans sont petites, lourdes avec un visage fripé, alors qu'aujourd'hui les femmes de 60 ans travaillent, jouent au tennis, courent le monde et ont parfois des amants. L'apparition récente du continent des vieux est un marqueur de civilisation où les femmes s'adaptent plus facilement.

Mais, là encore, ça ne peut pas tout expliquer. Comme je l'ai déjà écrit, quand les 1 000 premiers jours ont été ratés parce que le milieu était défaillant, les garçons et les filles ont acquis des facteurs de vulnérabilité. Toute information, pour eux, fait l'effet d'un stress puisque leur cerveau dysfonctionnel et leur faible stock de mots ne leur permettent pas de maîtriser l'expression de leurs émotions, ce qui altère leurs relations. Quand l'appareil à voir le monde est ainsi construit par un milieu défaillant, tout événement est un stress : « Les pensées négatives [sont] associées au plus faible taux de télomérase[1] », ce qui revient à dire que mal vivre fait vieillir et diminue l'espérance de vie. Dans les pays en guerre ou en effondrement économique, les femmes ont une espérance de vie inférieure à 50 ans, alors que dans les pays en paix, elles approchent les 100 ans. Les principales causes du malheur de vivre proviennent parfois d'une anomalie génétique ou d'une maladie cérébrale. La plupart du temps, c'est une défaillance

1. Blackburn E., Epel E., *L'Effet télomère*, *op. cit.*, p. 134.

du milieu précoce qui a circuité le cerveau vers les « zones de la punition » et donné au monde un goût de désespoir. Les personnes dont le cerveau a été ainsi sculpté tiennent le coup en temps de paix, mais quand survient une désorganisation familiale ou sociale les filles, plus souvent que les garçons, ont des idées suicidaires[1]. Les garçons passent à l'acte plus facilement, que ce soit pour la délinquance, la bagarre ou le suicide. Les filles pensent plus au suicide mais y aboutissent moins que les garçons. Une minorité de filles impulsives peut parfois manifester des accès de violence extrême. J'ai dû accompagner quelques femmes violentes qui ont accepté de venir réfléchir avec moi à leurs explosions de colère incoercibles. Au cours des entretiens, « Jac... » était calme et attentive, cherchant à découvrir les raisons de ses déchaînements. Ce qui l'inquiétait surtout, c'est que son compagnon envisageait de la quitter après chaque bouffée de colère et de coups. L'entretien s'était bien déroulé. Comme d'habitude, « Jac... » m'avait expliqué son désir de ne plus passer à l'acte. Dans la salle d'attente, son ami l'attendait sagement assis. Elle a sursauté en le voyant et en poussant un cri elle s'est jetée sur lui pour le frapper. Comme il était plus grand qu'elle, il la tenait à distance avec sa main, repoussant son visage, si bien que les coups de pied et les coups de poing de sa femme ne l'atteignaient pas. Après quelques

1. Courtet P., *Suicides et tentatives de suicide*, Paris, Flammarion/Médecine, 2010.

minutes d'agression maintenue à distance, le garçon qui était venu pour accompagner sa compagne lui a envoyé une immense gifle. Elle a volé contre le mur et a glissé sur le sol, sonnée. Il est parti sans un mot. Elle a repris ses esprits, s'est levée et est allée au commissariat pour déposer plainte. Cette jeune femme, née en Afrique pendant la guerre, avait passé son enfance dans une ferme isolée. Plusieurs employés avaient été égorgés devant elle et la petite fille avait appris à tirer au fusil. Dans une famille qui parlait peu, encerclée dans l'attente de la mort, la violence avait pris une fonction de protection. L'amour qu'elle éprouvait pour son ami déclenchait une angoisse de perte à laquelle elle réagissait comme son milieu le lui avait appris. Il n'est pas rare qu'un sentiment amoureux soit associé à l'hostilité, ce qui ne rend pas la vie de couple paisible. Les garçons vulnérables à la perte réagissent souvent ainsi, mais quand les filles s'y mettent !...

La cause de l'alerte qui provoque la violence n'est pas toujours évidente. La densité d'une foule provoque une crispation, un stress insidieux mal conscient, qui peut déclencher un sentiment facilitant la violence. Chez les animaux, la surpopulation augmente l'agressivité des individus quand l'espace restreint les empêche d'effectuer leurs rituels d'interaction apaisants[1]. Chez

1. Calhoun J.-B., « Population density and social pathology », *Scientific American*, 1962, 206 (2), p. 139-149.

les humains, la surstimulation de l'hyperdensité modifie la manière de ressentir la foule. Se promener par un matin frais sur un marché provençal ne provoque pas de stress, même quand il y a foule. On n'a pas besoin de rituels apaisants puisque l'hyperstimulation est agréable. Ce n'est pas le cas des animaux entassés dans des élevages surpeuplés qui se cognent et se bousculent à la moindre stimulation, ce qui déclenche menaces et morsures. Ce n'est pas le cas non plus pour des voyageurs humains écrasés dans des wagons ou dans une foule anonyme où les contacts brutaux agressent les passagers. Dans les prisons, la simple présence d'un autre est une agression. Tout est violence quand on est vulnérable[1]. L'urbanisme peut aussi expliquer pourquoi certains quartiers sont plus violents que d'autres. En 1950, New York était la seule mégapole de plus de dix millions d'habitants. Aujourd'hui, vingt-huit villes dépassent ce chiffre, surtout en Asie. Dans les quartiers structurés par l'histoire, les beaux bâtiments et les promenades, le fait d'être dans la foule déclenche un sentiment de fête et non pas d'hostilité. Mais dans les quartiers périphériques, où les derniers arrivants sont entassés dans des espaces restreints, bruyants et inconfortables, l'anomie empêche la structuration des groupes. Dans ces situations sociales où les individus

1. Boetsch G., « Surpopulation », *in* C. Susanne, E. Rebato, B. Chiarelli (dir.), *Anthropologie biologique*, *op. cit.*, p. 419.

se côtoient sans savoir pourquoi, les processus de socialisation archaïques émergent rapidement. La loi du plus fort se met en place en quelques jours quand un jeune homme prend le pouvoir et impose sa volonté à un groupe terrorisé. La violence de ce jeune chef est renforcée par l'admiration de quelques lieutenants subjugués et de quelques jeunes femmes amoureuses de ce mauvais garçon.

Quand les rituels d'interaction donnent forme à la pulsion

Quand l'espacement est suffisant pour permettre aux animaux d'effectuer leurs rituels, l'agressivité nécessaire pour oser aller vers l'autre est facilement maîtrisée. Les chiens, en se précipitant pour faire connaissance, entrent dans l'espace de protection de l'autre, ce qui déclenche l'impression d'être agressé. Mais, en effectuant leurs rituels de présentation, en se reniflant le sexe et l'anus, en se soumettant ou en se chevauchant, ils contrôlent l'agression et deviennent copains. Quand le maître, pour protéger son chien, empêche ce rituel en le soulevant, les animaux se bagarrent.

Ces rituels d'interaction existent chez les humains. On ne peut pas s'approcher de l'autre n'importe comment. Il faut sourire, détourner le regard pour ne pas importuner celui (celle) vers qui on avance, il faut présenter son sexe avec des mots (monsieur ou madame), se situer socialement (docteur ou maçon) et raconter son histoire : « Je viens d'arriver dans cette ville… Je suis un ami de notre hôte. » Ce petit récit donne sens à la rencontre et permet désormais de se côtoyer en toute tranquillité.

Quand la rencontre sexuelle n'est pas ritualisée par des gestes d'approche, l'interaction est brutale. Quand la pulsion n'est pas structurée par des regards, des sourires et des mots, l'orientation sur l'objet sexuel convoité sera appelée « harcèlement ». Quand le premier motivé impose sa pulsion sexuelle sans tenir compte des émotions de l'autre, on parlera de viol. Chez les animaux, il est nécessaire que les comportements de parade qui mènent à l'acte sexuel soient harmonisés. Quand ils ne le sont pas, le partenariat échoue et les animaux se bagarrent ou s'enfuient. Chez les oiseaux, les danses nuptiales nous charment avec leurs gestes étranges et le chatoiement des couleurs. Quand les femelles mammifères sont prêtes pour la sexualité, leur corps émet des signaux. Les vapeurs phéromonales pénètrent les circuits olfactifs du mâle et alertent son cerveau, tandis que les callosités fessières des femelles gonflent et se colorent en rose sous l'effet des hormones, comme chez les babouins. Chez les poissons, le ventre des femelles se ballonne et, quand les mâles sont prêts pour la sexualité, ils perçoivent ces signaux visuels et s'orientent vers eux. Pour les deux sexes, la préparation des corps résulte de transactions incessantes entre le développement des organismes sous l'effet des pressions écologiques. Chez les poissons épinoches, quand la lumière du jour augmente et quand la température ambiante s'adoucit, ces stimulus écologiques agissent sur le diencéphale, la cupule à la base du cerveau qui recueille les sécrétions de gonadotrophines, et les testicules deviennent énormes au point de remplir parfois la moitié de l'abdomen. L'animal ainsi préparé par les pressions du milieu devient hypersensible aux informations émises par le corps des femelles, dont le ventre gonflé est un supersignal. Le mâle s'oriente vers celle qui est devenue un objet sexuel attirant, et son propre comportement devient à son tour un stimulus sexuel pour la femelle. Quand le mâle tourne autour de la femelle il déclenche une réaction à suivre. Alors, il l'entraîne vers un petit tunnel qu'il a creusé au fond de l'eau où la femelle introduit sa tête. Le mâle en frottant son museau contre l'abdomen de la femelle provoque l'éjection d'une grappe d'œufs qu'il arrose de son sperme[1]. La fécondation a lieu dans l'eau, à l'extérieur du corps de la femelle, alors que chez les mammifères, elle a lieu dans les fluides sécrétés à l'intérieur du corps. Dans tous les cas, l'harmonisation de la danse sexuelle a été réalisée

1. Tinbergen N., *The Study of Instinct*, Oxford, Clarendon Press, 1951 (prix Nobel de physiologie en 1973). Et Lacan J., *Le Séminaire*, livre 1 : *Les Écrits techniques de Freud, 1953-1954*, Paris, Seuil, 1975, p. 157-159.

par l'échange de substances et de comportements où chacun a servi de stimulus à l'autre. Le comportement de l'un a modifié les sécrétions hormonales de l'autre, ce qui a induit la séquence comportementale suivante : les signaux émis par la femelle ont attiré le mâle qui, en tournant autour d'elle, a augmenté sa sécrétion de prolactine et de progestérone[1]. Cette interaction évolutive, cette danse comportemento-hormonale, s'observe chez les goélands, où le mâle fait cadeau à la femelle d'un poisson, ce qui facilite le passage à la séquence sexuelle suivante. Chez le martin-pêcheur, le futur géniteur dépose sur le sol, devant la femelle, des petits fruits et des morceaux de plastique colorés qui dessinent un chemin vers le nid où l'accouplement aura lieu.

Quand le protocole biologique se déroule sans obstacle, il ne peut pas y avoir de viol. Ça marche ou ça ne marche pas, on se rencontre ou on ne se rencontre pas. Le problème se pose quand les mâles entrent en compétition pour être accueillis par une femelle. Quand un cerf brame, l'expression de son émotion sexuelle informe une femelle éventuellement consentante. Mais quand un autre mâle brame tout autant, la femelle ne pourra en accueillir qu'un seul. Il y aura donc combat et le mâle vaincu s'en ira sans protester puisque sa défaite aura éteint toute émotion sexuelle.

1. Hinde R. A., *Animal Behavior : A Synthesis of Ethology and Comparative Psychology*, Londres, McGraw-Hill, 1966.

L'ordre règne, régulé par l'agressivité des mâles. Chez les singes, c'est la femelle qui souvent prend l'initiative des rencontres et sollicite tous les mâles du groupe. Et même chez les espèces où un mâle dominant s'approprie une femelle, l'ADN des petits fait découvrir que tous les enfants ne sont pas nés de lui, révélant ainsi les « aventures extraconjugales » de la mère[1]. Chez les bonobos, le sexe règle les conflits politiques. Les femelles « désarment » les mâles en les invitant à une rencontre sexuelle et apaisent les rivalités entre femelles en se frottant le pubis l'une contre l'autre. Chez les dauphins, les ours et les ongulés, les mâles n'ont pas de bonnes manières. Quand la femelle moins motivée ne s'immobilise pas assez vite pour accueillir le mâle, il arrive qu'il la blesse ou l'éventre en voulant la mettre en posture d'accueil. On ne peut pas parler de viol, il s'agit plutôt de la brutale maladresse d'un mâle pressé. « Les orangs-outans de Bornéo font preuve d'agressivité dans 90 % de leurs coïts, y compris lorsque les femelles ne résistent pas[2]. » Les canards mâles pourchassent les femelles et, quand ils les attrapent, ils leur pincent le cou au point de les déplumer.

De cette accumulation de données pittoresques et hétérogènes émerge une constante : la sexualité nécessite une pénétration dans le territoire de l'autre, puis

1. Waal F. de, *Différents. Le genre vu par un primatologue*, *op. cit.*
2. Bègue-Shankland L. *et al.*, *Histoire naturelle de la violence*, *op. cit.*, p. 28.

dans son corps. Cette stratégie interactive et hormonale requiert une agressivité physiologique. Pour que cette ardeur ne se transforme pas en violence, il faut la maîtriser par un rituel. Les interactions harmonisées permettent l'approche corporelle et donnent forme à la pulsion orientée vers l'objet sexuel.

Chez les humains, ce rituel corporel se déroule dans le cadre d'un rituel culturel. On peint le visage du jeune roi sur de précieux médaillons qu'on envoie à la fiancée choisie par son père pour des raisons politiques. Le peuple organise des bals sur la place du village où l'on danse pour exciter l'autre, où l'on boit et on se bagarre, confirmant ainsi la proximité du désir sexuel et de l'agressivité. Et les grands bourgeois organisent des soirées dansantes comme le bal des Débutantes, où les jeunes gens bien éduqués ont la possibilité de tomber amoureux de jeunes filles bien nées. Cette liberté apparente, ce choix émotionnel ont été gouvernés par les parents, les mères souvent, qui ont orienté leurs enfants vers un tout petit choix de beaux partis.

Il arrive qu'un animal ou un être humain n'ait pas acquis l'agressivité nécessaire pour s'orienter vers l'autre et désirer pénétrer son espace et son corps. La faiblesse d'une pulsion fondamentale résulte souvent de l'appauvrissement du milieu sensoriel précoce. Le cerveau non stimulé n'a pas donné à l'organisme la force et le plaisir d'aller dans le territoire de l'autre sans craindre d'éventuelles rebuffades. L'anhédonie qui en résulte, la perte du plaisir de vivre et de rencontrer, provient d'un isolement prolongé lors d'une période sensible du développement. On observe la même extinction de tout plaisir lors des mélancolies pathologiques où le sujet sans force s'isole de lui-même, se privant ainsi de la stimulation physiologique des circuits de la dopamine et des endorphines, ces substances sécrétées par l'organisme qui donnent le plaisir de l'action et la joie de vivre[1].

Un animal privé de la présence d'un autre finit par se mettre en boule, museau contre le mur. Un être humain privé d'altérité finit par se replier sur lui-même et augmente ses comportements autocentrés de balancements et d'autoagression. Il ne pense à rien puisqu'il n'y a rien à penser dans un monde sans rencontres et sans événements. Les êtres vivants devenus anhédoniques ne sont pas tentés par une aventure sexuelle, ça ne les intéresse pas. Ils ne sont pas frustrés puisqu'ils ne sont pas motivés. Ils n'en souffrent pas puisque c'est sans intérêt pour eux, ils avouent même qu'ils se sentent tranquilles, libérés d'une pulsion qui nécessite une agressivité et en même temps le contrôle de cette agressivité. La pulsion vient du corps, mais sa maîtrise s'enracine dans le milieu extérieur. L'orientation vers l'autre est aisément contrôlable quand l'amygdale rhinencéphalique « flambe » moins. Quand les codes

1. Loas G., « Anhédonie », *in* P. Brenot (dir.), *Dictionnaire de la sexualité humaine*, Bordeaux, L'Esprit du temps, 2004, p. 79-81.

culturels et éducatifs apprennent à la personne à exprimer ses émotions sexuelles en tenant compte des émotions de l'autre se met en place une harmonie relationnelle où la violence n'a pas lieu d'être.

Ce mode de raisonnement justifié par des observations en milieu naturel et par des expériences en laboratoire n'empêche pas de se méfier de l'analogisme. Ce qu'on constate chez un animal n'est pas forcément validé chez un être humain. L'extrapolation est un piège de la pensée. Quand un mâle orang-outang force une femelle qui ne s'y oppose pas[1], on ne peut pas parler de viol. La femelle se sent attrapée et immobilisée comme cela lui arrivait au cours des jeux avec les mâles quand elle était petite. À l'âge adulte, la pénétration complète ce jeu comme une bousculade amicale. Cette contrainte relationnelle n'est pas un traumatisme pour elle, c'est pourquoi elle reste auprès du mâle qui vient de la forcer. Chez les ours et les dauphins, les femelles ne quittent pas les mâles qui ont pourtant de bien mauvaises manières. Ce n'est pas le cas des êtres humains : quand une femme est attrapée, immobilisée, battue, effrayée et pénétrée par un homme qui ne tient compte ni de ses émotions, ni des conséquences physiques et mentales, la représentation qu'elle se fait d'elle-même lui donne honte d'avoir été forcée par un homme qui la dégoûte et la rabaisse en la considérant

1. Bègue-Shankland L. *et al.*, *Histoire naturelle de la violence*, *op. cit.*, p. 28.

comme un jouet sexuel. Quand, avant l'agression, ces femmes ont acquis une confiance en elle et quand après le viol elles sont soutenues par leurs proches et la culture, elles ont moins de difficulté à parler au commissariat ou en public d'une telle agression intime. La pénétration forcée d'une femelle orang-outan n'est pas un traumatisme puisque cet acte prend pour elle la signification d'une bousculade enjouée. Ce n'est pas le cas d'une femme, pour qui le même acte de sexualité forcée prend la signification d'une négation de sa volonté.

Pour comprendre les fondements biologiques, affectifs et socioculturels de l'âme humaine, il importe de réfléchir à notre manière de recueillir les données. Deux pensées extrêmes sont à éviter : l'une qui postule que les animaux n'ont rien à nous apprendre puisque nous sommes des êtres surnaturels, et l'autre qui nous fait croire que ce qui est vrai pour un animal est forcément vrai pour un être humain. J'espère vous surprendre en disant que celui qui a le mieux utilisé ces pensées extrêmes s'appelle Jacques Lacan, le psychanalyste. Il s'est servi de l'éthologie animale pour étayer sa théorie de l'articulation du réel et de l'imaginaire et son concept du stade du miroir, les deux piliers fondamentaux de l'analyse lacanienne. Il dit : Le « maître de la pulsion », où est-il ? « À l'intérieur, à l'extérieur ? Il est toujours à la fois à l'intérieur et à l'extérieur… on a pu mettre en valeur le rôle fondamental que joue l'image dans le rapport des animaux à leurs semblables. La partie dorsale de l'épinoche prend au moment de la parade une certaine couleur [...] qui déclenche chez l'autre le cycle de comportements qui permet leur rapprochement final, [...] ce point limitrophe entre éros et la relation agressive [...]. L'épinoche a en effet un territoire quand arrive sa période de parade [...] il s'agit d'abord de charmer la femelle puis de l'induire doucement à se laisser faire [...]. Ce déplacement, qui n'a pas manqué de frapper l'éthologiste, n'est pas du tout spécial à l'épinoche. Il est très fréquent chez les oiseaux qu'un combat s'arrête brusquement, et qu'un oiseau se mette à lisser ses plumes éperdument, comme il le fait d'habitude quand il s'agit de plaire à la femelle[1]. » Ce qui est formulé en langage lacanien avec quelques approximations s'inspire des travaux éthologiques en milieu naturel et en laboratoire. Lors des parades sexuelles, il faut de l'agressivité pour oser s'orienter vers l'autre et pénétrer dans son territoire. Il faut en même temps maîtriser cette agressivité pour que l'autre ne s'enfuie pas ou ne soit pas détruit. L'ajustement comportemental, la « danse », le « maître de la pulsion », « le point limitrophe entre l'éros et la relation agressive », provoque une tension que le mâle apaise grâce à des réactions de déplacement. En plein combat, en pleine

1. Lacan J., *Le Séminaire*, livre 3 : *Les Psychoses. 1955-1956*, Paris, Seuil, 1981, p. 107-110.

parade, le mâle soudain fait sa toilette ou s'oriente vers un objet proche qui n'a rien à voir avec la bagarre ou la tentative de charmer la femelle. « Des coqs combattants sont inhibés dans leur attaque [...] et commencent à picorer le sol [...], des mouvements de toilette (lisser les plumes, aiguiser le bec, gratter le sol) apparaissent comme des activités de dérivation[1]. » Le mâle épinoche en pleine parade fait des trous sur le sol au fond de l'eau, ce qui évoque à Lacan la phénoménologie du trou dans *L'Être et le Néant* de Jean-Paul Sartre, où le bourgeois se distrait sur la plage en faisant des trous dans le sable[2]. La psychanalyse qui a marqué la culture française et sud-américaine s'inspire aussi de l'éthologie animale, notamment pour le stade du miroir[3] où Lacan insiste sur « l'assomption triomphante de l'image avec la mimique jubilatoire qui l'accompagne et la complaisance ludique dans le contrôle de l'identification spéculaire. [...] [ces] données empruntées à l'éthologie animale montrent certains effets de maturation et de structuration biologiques opérées par la seule perception visuelle du semblable[4] ».

---

1. Eibl-Eibesfeldt I., *Éthologie. Biologie du comportement*, Jouy-en-Josas, Éditions scientifique, 1972, p. 186.
2. Lacan J., *Le Séminaire*, livre 3 : *Les Psychoses. 1955-1956*, *op. cit.*, p. 109.
3. Lacan J., « Le stade du miroir comme formateur de la fonction de Je, telle qu'elle nous est révélée dans l'expérience psychanalytique », *Revue française de psychanalyse*, 1949, 13 (4), p. 449-455.
4. Lacan J., « Propos sur la causalité psychique », *in L'Évolution psychiatrique*, 1947, cité *in* J. Laplanche et J.-B. Pontalis, *Vocabulaire de la psychanalyse*, Paris, PUF, 1973, p. 452-453.

CHAPITRE 2

« CONSTRUCTION DE L'APPAREIL À VOIR LE MONDE »

Psychanalyse, éthologie et sciences naturelles

Lacan a été vénéré et récité par les lacaniens, mais je me demande pourquoi ils ont tellement ignoré l'inspiration éthologique du maître. Dans les années 1970, la moindre référence animale provoquait leur colère et leurs sarcasmes contre la « ridicule éthologie ». Il convenait à cette époque de dire que la psychanalyse et les sciences humaines n'avaient rien à voir avec la biologie : « La psychanalyse ne saurait être en aucune manière une science naturelle[1]. » Ce postulat organisait les rencontres professionnelles et les publications dans des revues spécialisées. Ces réunions structuraient des clans de pensée où l'on adorait ceux qui pensaient

1. Widlöcher D., *Les Nouvelles Cartes de la psychanalyse*, Paris, Odile Jacob, 1996, p. 179.

pareil et où l'on haïssait ceux qui ne pensaient pas pareil. Les leaders de la pensée psychanalytique avaient beau orienter les réflexions vers l'éthologie et le cerveau, la troupe des psychanalystes continuait à haïr les « sciences naturelles ». Ceux qui participaient aux comités de lecture des éditions universitaires s'étaient même opposés à la traduction des livres de John Bowlby[1], le père de l'attachement. Ils avaient oublié que René Spitz et Anna Freud avaient publié, à l'occasion d'une conférence faite au Congrès des psychanalystes de langues romanes à Rome, en 1953, un petit livre de psychanalyse fortement étayé sur vingt-neuf publications d'éthologie animale[2].

Daniel Widlöcher, président de l'Association psychanalytique internationale, avait voulu devenir éthologue, comme il me l'a confié quand il m'a demandé de donner des cours d'éthologie dans son service de psychiatrie à la Salpêtrière à Paris. Mais, dans les années 1980, l'éthologie était éparpillée, et Widlöcher a préféré se former auprès de Jenny Aubry, Donald Winnicott et Jacques Lacan, qu'il savait proches de l'éthologie humaine[3]. Celui qui a le plus nettement modifié la culture psy des années 1970, c'est René Zazzo, un psychologue marxiste qui a fait entrer l'attachement

---

1. Bowlby J., *Attachement et perte*, 3 tomes : *L'Attachement* ; *La Séparation. Angoisse et colère* ; *La Perte*, Paris, PUF, 1978, 1978, 1984.
2. Spitz R. A., *La Première Année de la vie de l'enfant*, préface d'Anna Freud, Paris, PUF, 1958.
3. Cyrulnik B., « Éthologie clinique », *Psychologie médicale*, 1984, 16 (2).

dans les universités. Il a organisé un colloque épistolaire où des vétérinaires, des éthologues, des neurologues et des psychanalystes ont échangé des lettres. Ce colloque a soulevé des problèmes inattendus, une nouvelle manière de penser le psychisme[1]. Ce petit livre a connu un tel succès auprès des étudiants que les éditeurs et de nombreux enseignants ne se sont plus laissé influencer par les psychanalystes opposés à Bowlby, ils ont traduit les trois tomes d'*Attachement et perte.* Serge Lebovici, d'abord réticent envers l'éthologie animale, s'est laissé convaincre par Jacques Cosnier, Hubert Montagner et votre serviteur qu'il y avait quelque chose de nouveau à penser. Il a organisé à l'hôpital de Bobigny un séminaire de psychanalyse auquel ont participé les éthologues, ce qui a produit son livre sur les interactions précoces[2]. Le processus était lancé, chaque publication a soulevé de nouveaux problèmes. Ce fut une cascade de congrès, de travaux scientifiques et de livres sur l'attachement. Finie l'époque où l'on enseignait que « tant qu'un enfant ne parle pas, il ne peut rien comprendre ». En associant ces disciplines différentes, on découvrait au contraire qu'il y avait une intelligence préverbale[3], une compréhension cognitive à laquelle la parole pouvait ensuite donner forme. Les psychanalystes, pendant un

1. Zazzo R. (dir.), *L'Attachement*, Neuchâtel, Delachaux et Niestlé, 1974.
2. Lebovici S., Stoléru S. (dir.), *Le Nourrisson, la Mère et le Psychanalyste. Les interactions précoces*, Paris, Le Centurion, 1983.
3. Soulé M., Cyrulnik B., *L'Intelligence avant la parole. Nouvelles approches originales du bébé*, Paris, ESF, 1998.

siècle, n'ont pas reconnu l'importance du *Projet pour une psychologie scientifique* (1895), où Freud invitait à réfléchir sur les liens entre le psychisme, le cerveau et la biologie[1]. Ce livre est resté à l'ombre des publications, jusqu'à ce que, en 1967, Laplanche et Pontalis le mettent en lumière[2]. On découvrit alors un Freud biologiste et darwinien[3], mais c'est Widlöcher qui a le plus encouragé l'orientation des recherches vers les liens entre le cerveau et l'appareil psychique[4] en dirigeant des thèses de psychanalystes intéressés par la neurologie[5]. Aujourd'hui, grâce à la neuro-imagerie, beaucoup de jeunes neurologues, psychologues et psychanalystes confirment qu'il est possible d'intégrer ces disciplines différentes pour mieux comprendre le psychisme.

On peut alors se demander pourquoi la psychanalyse a éprouvé une telle haine des sciences naturelles, du cerveau et de l'éthologie. Je crois que ce n'est pas dans la rationalité que nous trouverons une réponse, c'est dans la sensibilité face au monde. Certains aiment les idées nouvelles et acceptent avec plaisir les données

---

1. Freud S., *Esquisse d'une psychologie scientifique*, Paris, PUF, 1956, p. 307-396. Et Freud S., *Projet de psychologie scientifique pour un nouveau regard*, Paris, PUF, 1986.
2. Laplanche J., Pontalis J.-B., « Préface », *in Vocabulaire de la psychanalyse*, Paris, PUF, 1973, p. VII.
3. Sulloway F., *Freud Biologist of the Mind : Beyond the Psychoanalytic Legend*, New York, Basic Books, 1979. Et Ritvo L., *L'Ascendant de Darwin sur Freud*, Paris, Gallimard, 1992.
4. Widlöcher D., *Les Nouvelles Cartes de la psychanalyse*, *op. cit.*, p. 209.
5. Pommier G., *Comment les neurosciences démontrent la psychanalyse*, Paris, Flammarion, « Champs Essais », 2007.

évolutives, alors que d'autres, ayant besoin de certitudes, s'accrochent à la voix du maître et pétrifient sa pensée. Cette divergence, plus émotionnelle que rationnelle, a commencé au XVIIIe siècle par les bagarres entre ceux qui découvraient une théorie de l'évolution balbutiante et ceux qui préféraient leurs claires convictions. Les progrès techniques du XVIIIe siècle avaient facilité l'exploration de la planète d'où les globe-trotteurs rapportaient des plantes nouvelles, des squelettes d'animaux étranges et des récits de cultures différentes. La lumière venait de leurs connaissances de terrain et d'archives inattendues comme le *Journal des voyages*. La clarté ne venait plus d'une illumination divine, d'une rencontre avec un maître qui révèle la vérité. La connaissance n'est plus un péché, c'est un plaisir trivial, un travail artisanal qui fait voir le monde. La démarche scientifique extrait de l'obscurité un segment de vérité momentanée, alors que la Révélation donne à voir une vérité cachée. L'éclairage scientifique est tremblotant, la lumière change quand change le monde, alors que l'illumination de l'obscurantisme est soudaine, abusive clarté incritiquable puisqu'elle vient de Dieu ou du chef qui sait tout. Ces stratégies de la connaissance sont incompatibles, même quand il arrive qu'elles soient associées dans l'intellect d'un vrai scientifique qui découvre l'astrologie ou entre dans une secte. Ces personnalités clivées se caractérisent par « la coexistence au sein du moi, ou deux attitudes psychiques… l'une qui tient compte de la réalité, l'autre qui la dénie et met à sa place l'expression de son désir[1] ». La lumière tremblotante des scientifiques donne à voir des mondes radicalement différents de l'illumination des vérités révélées.

Voir ou ne pas voir l'évolution

L'attitude évolutionniste tente de décrire un phénomène qui se déroule dans le réel, sous nos yeux, mais que nous ne savons pas voir tant il est insidieux. L'attitude fixiste est plus confortable, parce que nous pouvons tous voir, de nos yeux voir, que chaque nuit les étoiles reprennent leur place dans le ciel et que les plantes et les animaux autour de nous sont toujours les mêmes depuis que nous sommes au monde. Pour être évolutionniste, il faut penser le changement. Un fixiste voit bien que la Terre est plate et que le Soleil tourne autour, c'est évident mais c'est faux. Le simple fait de voyager, de se décentrer de la doxa fait voir que les plantes, les animaux et les valeurs culturelles changent d'un continent à l'autre, alors pourquoi n'y aurait-il pas de changement d'un siècle à l'autre, d'une génération à l'autre ?

1. Laplanche J., Pontalis J.-B., *Vocabulaire de la psychanalyse*, *op. cit.*, p. 67.

Au siècle des Lumières (XVIIIe siècle), la notion de variation des mondes a été pressentie. Au XIXe siècle, cette idée est devenue un concept repérable anatomiquement. « Charles Darwin [...] est le biologiste le plus influent qui ait jamais vécu. Non content de changer le cours de la biologie, il a irrémédiablement changé la manière dont les philosophes et les théologiens [...] conçoivent la place de l'homme dans la nature[1]. »

Charles Darwin, né en 1809 dans une famille aisée et cultivée, perd sa mère à l'âge de 8 ans. L'année suivante, on le met en pension, comme cela se faisait pour les garçons dans les bonnes familles. John Bowlby pense que cette perte affective, suivie d'une éducation « à la dure », peut expliquer les troubles physiques et psychiques dont Darwin a souffert toute sa vie. Sa biographie souligne deux traits de personnalité qui révèlent les qualités intellectuelles qui vont le mettre sur le chemin de l'évolution : son goût pour les collections et « son seul espoir : voyager et s'adonner à des recherches scientifiques[2] ». Après des études de médecine ratées à Édimbourg, le jeune Darwin trouve une mission sur un petit bateau, le *Beagle*, chargé d'hydrographier les côtes de l'Amérique du Sud. Pendant plus de quatre ans, Darwin a navigué dans des conditions parfois très dures. À chaque escale, il chevauche pendant des jours

1. Bowlby J., *Charles Darwin. Une nouvelle biographie*, Paris, PUF, 1990, prologue, p. XI.
2. *Ibid.*, p. XIII.

entiers, il chasse, il escalade des pentes raides, il ramasse des pierres, des spécimens de poissons, d'oiseaux, de mammifères, de plantes et des fossiles d'animaux inconnus. Cet amateur n'avait pas de grands diplômes, mais il avait par contre un talent d'observateur. Il expédiait ses collectes à des scientifiques à Cambridge. C'est à son retour en Angleterre qu'il a appris que ses échantillons géologiques et ses commentaires, dans des lettres adressées à Henslow, professeur de botanique, avaient provoqué des remous dans les milieux scientifiques. Dès son retour, on lui attribua les moyens financiers nécessaires à la poursuite de ses réflexions. Son père et le père de sa femme ayant attribué au couple des pensions confortables, Charles Darwin à cause de ses ennuis de santé fut contraint à une vie sédentaire. Il travaillait tous les jours de la semaine pour élaborer une théorie qui tentait d'expliquer pourquoi le monde naturel avait pris des formes incroyablement différentes. Sa méthode de collectionneur consistait à rapprocher des objets différents qui partagent un programme commun : « […] la façon dont Darwin relie les faits géologiques aux faits géographiques et aux faits biologiques, impliquant l'examen et la répartition des espèces dans l'espace et le temps, lui est propre […]. Il y a sur l'archipel volcanique des Galápagos une série de petits oiseaux dont l'examen montre que chaque île se distingue par l'adaptation évidente du bec à des régimes alimentaires différents[1]. » Darwin associe une observation géologique, la fragmentation des îles de l'archipel, à une observation anatomique : le bec des pinsons tisserands est trapu sur une île, effilé sur une autre. Le comportement de recherche des aliments n'est pas le même : sur l'île où les pinsons se nourrissent de fleurs de cactées, ils ont le bec fin, alors que sur l'île où les fruits ont une coque dure, leur bec est trapu. Par cette collection de données hétérogènes et associées – on dirait aujourd'hui « multidisciplinaire » –, Darwin pressent le phénomène de l'évolution. « Si les espèces se modifient au cours du temps, c'est qu'elles possèdent la capacité de varier. […] il entreprend de collecter selon les principes de Francis Bacon (1561-1626), sans idées préconçues, tous les faits relatifs à la variation des plantes et des animaux[2]. » Dès 1838, soit deux ans après le retour du *Beagle*, Darwin a défini les grands traits de la théorie de l'évolution : certaines variations des organismes s'adaptent aux variations du milieu, tandis que d'autres espèces ne peuvent pas survivre dans ce nouvel environnement et sont éliminées. Ce fait d'évolution naturelle correspond à ce que l'économiste Thomas Malthus (1766-1834) avait développé dans une optique populationnelle[3]. Quand le nombre

1. Lecointre G., Tort P. (dir.), *Le Monde de Darwin*, Paris, La Martinière, 2015, p. 51.
2. *Ibid.*, p. 54.
3. Malthus T. R., *Essai sur le principe de population* [1798], Paris, Flammarion, 1992.

des êtres humains excède les ressources du territoire sur lequel ils vivent, il s'ensuit des guerres, des disparitions de groupes et des changements culturels. Ce mode de raisonnement évolutionniste où l'apparition d'un phénomène s'explique par la convergence de causes hétérogènes est radicalement opposé à l'explication par une causalité linéaire qui caractérise le fixisme, où ce que l'on voit prouve le dessein divin. Ces deux manières de voir le monde sont incompatibles et expliquent les débats spectaculaires et stupides qui ont explosé après la publication de *L'Origine des espèces* (1859). Darwin n'était pas universitaire, ses raisonnements inhabituels et les conclusions qu'il obtenait paraissaient scandaleux tellement ils se situaient en dehors de la doxa qui structurait la culture du XIXe siècle.

Darwin publiait énormément dans des revues de référence mais aussi lors de réunions confidentielles. Ses idées fondées sur les collections de fossiles et ses observations de terrain ont été mises en ordre dans *L'Origine des espèces*, qui a bouleversé notre manière de voir et de penser le monde. Couvert d'honneurs et de reconnaissances scientifiques, il a provoqué une intense controverse qui n'est pas terminée aujourd'hui. Le gentil Darwin, sans cesse malade, vulnérable et peu doué pour les conflits, a été défendu par de jeunes bagarreurs comme Huxley. Les fixistes étaient indignés que l'on puisse penser que l'œuvre de Dieu n'était pas parfaite d'emblée et pouvait subir l'influence du milieu. Ils préféraient défendre un postulat religieux et les valeurs morales de l'Angleterre puritaine de la fin du XIXe siècle. La même réaction existe encore aujourd'hui aux États-Unis, en Russie et dans les pays arabes ou le mot « évolution » est interdit dans certaines écoles. Les chercheurs de terrain, les laboureurs, provoquent encore l'hostilité de ceux qui se servent de leur savoir pour accéder au pouvoir : « Les nouvelles institutions scientifiques françaises du XIXe siècle, parmi lesquelles l'Académie des sciences et le Muséum national d'histoire naturelle [...], favorisent la spécialisation, le professionnalisme et l'autoritarisme des doctrines scientifiques[1]. » On peut accumuler les connaissances pour mieux comprendre, mieux éduquer, ou mieux soigner, mais on peut aussi acquérir un savoir pour établir des relations de hiérarchie et faire taire ceux qui n'ont pas assez de diplômes.

Robert FitzRoy, le commandant du *Beagle*, partageait la même cabine que Darwin, voyait les mêmes collections de pierres, de plantes et de fossiles, il entendait les arguments que le naturaliste échangeait avec son jeune serviteur-assistant, mais il aboutissait aux conclusions inverses : rien ne change dans la nature, le monde est parfait puisque c'est ainsi que Dieu

---

1. Grimoult C., *Évolutionnisme et fixisme en France. Histoire d'un combat. 1800-1802*, Paris, CNRS Éditions, 1998, p. 28.

l'a créé. Darwin écrit : « Au début du voyage [en mars 1832], à Bahia au Brésil, il [FitzRoy] fit l'éloge de l'esclavage que j'exécrais [...], il avait demandé aux esclaves [...] s'ils désiraient être libres : à quoi tous ont répondu "non". Je lui demandai [...] s'il pensait que les réponses des esclaves, en présence de leur maître, valaient quelque chose. Cela le mit dans une colère extrême[1]. » Robert FitzRoy croyait au déterminisme héréditaire inexorable, puisqu'il ne parvenait pas à voir et à penser un monde changeant. « C'est écrit, c'est la volonté divine, c'est la nature, c'est leur sort », disent ceux qui se résignent à une vision fixe du monde. « Je suis constamment malheureux, je ne peux rien y faire, c'est mon destin », aurait pu dire FitzRoy, qui ne cessait d'être dépressif. Pendant les quatre ans et demi de navigation à bord du *Beagle*, le marin avait apprécié la gentillesse de Darwin et sa puissance de travail, mais il était incapable de partager sa vision du monde. Le naturaliste était excité par la moindre nouveauté, un caillou inattendu, un squelette jamais vu, alors que le marin s'inquiétait devant tout changement qui bousculait sa fragile stabilité émotionnelle. Dès la fin du voyage, Darwin a élaboré et publié les prémices de la théorie de l'évolution, alors que FitzRoy a épousé une femme très pieuse qui a renforcé sa tendance au fondamentalisme. Elle l'invitait à prendre à la lettre

1. Cité *in* Bowlby J., *Charles Darwin. Une nouvelle biographie*, *op. cit.*, p. 144.

tout ce qu'on pouvait lire dans la Bible au point que le marin, conforté dans ses convictions, a cru de son devoir de publier des articles où il expliquait que les rituels des Indiens d'Amérique du Sud étaient dus à leur origine juive. Quand Darwin lui montrait des anomalies géologiques ou des squelettes d'animaux qui n'existaient plus, il répondait que c'était la preuve de l'existence du Déluge[1]. Quand ces deux hommes observaient les mêmes plantes, les mêmes fossiles et les mêmes animaux, l'un y voyait l'évolution du monde vivant, alors que l'autre confirmait l'immuabilité de la volonté divine. Ils avaient vécu en bonne entente, dans la même cabine pendant presque cinq ans. Dès le débarquement ils se sont séparés poliment et ne se sont pratiquement plus jamais revus.

On peut tenter d'expliquer cette discordance en démontrant que chaque être vivant, animal ou humain, perçoit le monde caractéristique de son espèce, mais que chaque être humain accède progressivement à la représentation de son propre monde, construit sous l'effet des pressions de son milieu affectif et des récits de sa culture. Les actes spécifiques des animaux sont composés par un répertoire comportemental qui nous permet de comprendre ce qu'ils extraient de leur milieu. Une abeille répond aux ultraviolets et au tambourinage des antennes d'autres abeilles qui

1. *Ibid.*, p. 209.

l'informent du lieu et de l'abondance de la miellée[1], un éléphant répond aux infrasons, un serpent vit dans un monde où la moindre variation de température est pour lui une information majeure, et un bébé humain est particulièrement réceptif aux structures vocales et aux traits faciaux où la brillance des yeux est un attracteur puissant[2]. Chaque espèce vit dans son *Umwelt*[3], le monde sensoriel qui l'entoure d'où l'animal extrait ce qui compte pour sa survie. Progressivement, les mammifères supérieurs, les primates non humains et humains répondent au monde des représentations qui se construisent en eux.

Le psychanalyste John Bowlby, dans sa petite enfance, a souffert de privation affective. Sa mère, bourgeoise distante, venait voir son enfant une heure par jour, après le thé de 16 heures. Par bonheur, le petit fut confié à une nourrice chaleureuse, qui devint pour lui un substitut maternel, sécurisant et fortifiant. Quand cette femme a dû quitter la famille, le petit John, âgé de 4 ans, a vécu la séparation comme un arrachement, un orphelinage douloureux. Cette perte fut suivie d'une mise en internat à l'âge de 7 ans, comme il était d'usage en Angleterre pour les garçons.

1. Frisch K. von, *Vie et mœurs des abeilles*, Paris, Albin Michel, 1955.
2. Rousseau P., « Les premiers regards du nouveau-né : l'attachement précoce », *in* M.-F. Morel (dir.), *Accueillir le nouveau-né d'hier à aujourd'hui*, Toulouse, Érès, 2014, p. 155-184.
3. Buytendijk F. J. J., *L'Homme et l'Animal. Essai de psychologie comparée*, Paris, Gallimard, 1958.

La blessure affective, inscrite dans sa mémoire, avait rendu le psychanalyste particulièrement attentif à toute forme d'appauvrissement affectif. C'est pourquoi il a été sensible à l'orphelinage de Darwin à 8 ans et à celui de FitzRoy à 5 ans. Pendant toute sa vie professionnelle, Bowlby a étudié comment se tissait le lien d'attachement et les difficultés relationnelles qui suivaient les transactions affectives troublées.

Cette attitude épistémologique, cette manière d'extraire les informations, permet d'observer comment un enfant établit des transactions incessantes avec son entourage, et comment il change quand son milieu change. Darwin avait cette attitude face au monde vivant. Ce qu'il observait n'était pas statique. Enfant, il avait acquis une grande gentillesse et un goût pour l'observation de la nature. Il n'était pas assez combatif pour la compétition sociale et se plaisait aux observations routinières. Il ressentait déjà des angoisses somatisées quand il a embarqué sur le *Beagle* et, dès son retour, il a repris une vie tranquille : lever précoce, tour de jardin, travail de bureau, déjeuner, promenade, travail de bureau, une cigarette, lecture, repas léger, mauvais sommeil : « Je me suis demandé, la nuit dernière, ce qui fait d'un homme un découvreur de choses… Bien des hommes intelligents ne donnent naissance à rien. […] l'art [du découvreur] consiste à rechercher les causes et le sens de tout ce qui se produit.

Ce qui suppose un sens aigu de l'information[1]. » Pour Darwin, le banal n'existe pas, tout est énigme, invitation à explorer au-delà de l'apparence : « Ce que je perçois oriente vers autre chose impossible à percevoir » pourrait être une définition de la sémiologie. La simple perception d'une étrangeté (les becs sont différents, et pourtant les oiseaux sont de la même espèce) déclenche un flot de théories. Au-delà de l'apparence immédiate, Darwin cherche les causes et le sens d'un phénomène. Seuls ceux qui aiment aller derrière le miroir peuvent découvrir d'autres mondes.

Laennec ou la richesse du banal

« Laennec [...] dut au hasard la grande découverte qui a immortalisé son nom. Disons-le tout de suite, ces hasards-là ne se rencontrent que sous les pas d'un homme de génie. Traversant un jour la cour du Louvre, il aperçut des enfants qui, l'oreille collée aux deux extrémités de longues pièces en bois, se transmettaient le bruit de petits coups d'épingles frappées à l'extrémité opposée... Ce fut pour lui comme une révélation [...]. Dès le lendemain, à sa clinique de l'hôpital Necker, il prit le cahier de visite, le roula sur

1. Emma Darwin (épouse de Darwin), *A Century of Family Letters*, t. 2, p. 207, cité *in* Bowlby J., *Charles Darwin. Une nouvelle biographie*, *op. cit.*, p. 415.

lui-même et le ficela bien serré, tout en ménageant un canal central, puis il le posa sur un cœur malade. Ce fut le premier stéthoscope[1]. » Les bruits du cœur, amplifiés par ce petit tube, devinrent le fondement d'une immense découverte : la sémiologie médicale.

Je me demande pourquoi cette intelligence artisanale provoque autant d'enthousiasme que d'hostilité. Les découvreurs sont admirés par ceux qui s'émerveillent de la richesse du banal et sont détestés par ceux qui se servent du savoir pour dominer ceux qui n'y ont pas accès[2]. Les publications de Darwin furent bien accueillies, avant même la fin du voyage, et détestées par les académiciens en place. On pouvait lire dans le *Times* en 1885 : « *L'Origine des espèces* et plus encore *La Filiation de l'homme* ne sont pas des publications scientifiques [...]. Il s'agit simplement d'une accumulation d'affirmations gratuites qu'il ne faut pas encourager, parce qu'elles constituent un Évangile de saletés blasphématoires[3]. » Il est blasphématoire de penser contre le Créateur. Cette attitude se retrouve en clinique quand Laennec (1781-1826) éprouve un émerveillement en voyant des enfants jouer à se transmettre des sons en tapant sur l'extrémité d'une

1. Saintignon H., *Laennec. Sa vie et son œuvre*, Paris, Baillières et Fils, 1904, p. 91-92.
2. Foucault M., *Naissance de la clinique. Une archéologie du regard médical*, Paris, PUF, 1975.
3. « The Darwin craze », *Times*, The Bodleian Library, Oxford, 1885, fac-similé *in* Bowlby J., *Charles Darwin. Une nouvelle biographie*, *op. cit.*, p. 363.

poutre. Derrière l'apparente banalité du jeu, le clinicien pense que, grâce au stéthoscope, il pourra « voir » (*scope*) au-dedans de la poitrine ce qu'il ne peut pas voir à l'œil nu de l'extérieur. Le monde médical s'est aussitôt clivé entre ceux qui ont été enthousiasmés par cet artisanat prodigieux et ceux qui ont méprisé ce mode de connaissance bébête. Laennec présente en 1818 à l'Académie des sciences un mémoire : « Des signes nouveaux, sûrs, faciles à saisir et propres à rendre le diagnostic de presque toutes les maladies des poumons, de la plèvre et du cœur. » L'Académie nomme une commission : le rapport est élogieux[1]. Le jeune Laennec a fait le choix de la médecine des faits, ce qui le met en opposition avec la médecine des théories. La Révolution française, en décapitant les savants, avait valorisé les chirurgiens, ces ouvriers spécialisés du corps humain qui ne parlaient même pas le latin. « Peu lire, beaucoup voir, beaucoup faire », ne cessait de répéter Joseph Desault (1738-1795) qui, quoique chirurgien, possédait le latin, mais pensait que cette langue morte ne servait à rien en médecine. Valorisant l'artisanat des chirurgiens, il a orienté la médecine vers la clinique, dont le terrain est le lit du malade.

Cette manière de voir la maladie et de penser la sémiologie (la science des signes médicaux) est apparue

1. Subtil E., *René Théophile Laennec ou la Passion du diagnostic exact*, Paris, L'Harmattan, 2006, p. 51.

dans un contexte social où l'industrie commençait son essor. Le Creusot, en 1780, utilisait des connaissances techniques pour mettre au point des machines qui extrayaient le charbon de la terre. Les bateaux à vapeur, grâce à la combustion, continuaient leur route quelles que soient la force et la direction du vent. Ces découvertes techniques servaient de modèle pour penser que si l'on voulait dominer la nature, la prière, l'offrande ou le sacrifice n'étaient pas le bon outil. Il fallait fabriquer des machines pour agir sur les éléments, mettre du charbon dans un poêle pour obtenir de la chaleur et faire avancer les bateaux. Quand un proche tombait malade ou se blessait, il fallait chercher les causes dans le réel et non plus dans des principes occultes comme le péché ou le mauvais œil. Cette pensée existe encore aujourd'hui puisque, après chaque épidémie, après chaque catastrophe, quelques groupes de croyants se réunissent pour remercier Dieu de les avoir punis, pour accuser un étranger qui veut les envahir ou un savant qui complote pour s'emparer du monde et gagner beaucoup d'argent. Les machines donnent à voir et à penser qu'il est possible d'agir sur le réel, il suffit de trouver des causes, ce que savent faire les scientifiques qui, en tâtonnant, finissent par mettre au point des objets de science. À l'inverse, l'explication par les forces occultes s'impose comme une clarté soudaine, une pensée sans preuve, sans étayage sur la matière. Et pourtant on trouve des adorateurs de cette compréhension fulgurante dans les milieux scientifiques. Je me souviens de réunions d'éthologie clinique[1] organisées à Lyon par Jacques Cosnier et Hubert Montagner où les cliniciens dont je faisais partie[2] étaient agressés par des biologistes qui nous reprochaient d'observer les enfants : « De quel droit observez-vous des enfants ? Ce sont des personnes et non pas des objets de science », disaient-ils. Lors d'un congrès aux Embiez, organisé par Jacques Petit et Pierre Pascal en 1985, un grand nom de la psychanalyse m'a traité de médecin nazi parce que j'observais les nouveau-nés comme le docteur Mengele à Auschwitz. Stupeur des cliniciens qui sont formés par la faculté de médecine pour justement faire des examens médicaux. La démarche sémiologique démontre, en effet, que nous avons affaire à des petites personnes dont nous observons le développement. Ce n'est pas une croyance, c'est le résultat d'un travail de recueil, une collection de signes cliniques.

1. Cosnier J., « Observation directe des interactions précoces ou les bases de l'épigénèse interactionnelle », *Psychiatrie de l'enfant*, 1981, 27 (1), p. 107-125.
2. Cyrulnik B., « Éthologie humaine et clinique », *Encycl. méd. chir. psychiatrie*, 1987, 37877.

La haine de l'observation

L'observation a été haïe par ceux qui préfèrent la compréhension révélée. Ils méprisent les cliniciens palpeurs, questionneurs et renifleurs de terrain, loin de l'intelligence abstraite, proche de la transcendance. Francis Bacon a été emprisonné pour avoir écrit *Ars medenti tota in observationibus*[1]. Il disait que l'homme a du mal à observer la nature parce qu'il interprète trop vite, sans prendre le temps des observations empiriques. En projetant ses désirs sur ce qu'il voit, il déforme ses perceptions[2]. Les causes politiques ne sont pas étrangères à l'emprisonnement du philosophe en 1621, mais la haine de l'observation persiste à travers les siècles. Diafoirus brasse du vent, c'est pour ça qu'il est admiré. L'image rabaisse la pensée, disent certains religieux. Dans les palabres africains et parisiens branchés, celui ou celle qui dévide des mots provoque plus d'admiration que le praticien qui cherche les réflexes en tapant sur les tendons rotuliens ou en grattant la plante des pieds.

Comme Darwin, le paysan breton, le jeune Laennec, « collectionne insectes, pierres, végétaux, tient un herbier […] et joue de la flûte traversière, il précise que les

1. « L'art de guérir se fonde sur l'observation » (traduction personnelle).
2. Jaquet C., *Bacon et la promotion des savoirs*, Paris, PUF, 2010.

notes musicales sont propres à chaque espèce [...], belle image de celui qui, plus tard, tendra l'oreille pour distinguer les sons émis par le corps humain[1] ! » L'artisanat de Laennec est proche de la manière de voir le monde de Darwin, donc opposée à celle de Broussais, ce grand nom de la médecine française qui, ayant découvert « l'irritabilité de l'estomac et de l'intestin », en faisait une clé explicative d'un grand nombre de phénomènes qui n'avaient rien à voir avec l'intestin. À partir de faits partiellement vrais, Broussais en était venu à donner des explications totalement fausses, coupées du réel, comme un délire logique. Cette « prétention théorique est excessive[2] », disait Laennec. Broussais lui répondait qu'elle était préférable à la commercialisation d'un tube appelé « stéthoscope » que l'on décorait excessivement pour le vendre plus cher. Autant dire que la relation entre les deux grands hommes fut moyenne. Le modeste laboureur s'opposait au puissant phraseur.

Ce combat épistémique, sincère et malhonnête, se répète au long des siècles. Darwin en a fait les frais au XIXe siècle et, aujourd'hui encore, quand on parle de l'évolution, deux pensées viennent aussitôt en tête : la « sélection naturelle » et « l'homme descend du singe ». Le mot « sélection » est un piège qui oriente le raisonnement vers « la loi du plus fort », ce qui est un

1. Subtil E., *Théophile Laennec*, *op. cit.*, p. 18.
2. Cité *in Histoire des sciences médicales*, 1997, 31 (1), p. 31-36.

contresens, puisque ce n'est pas le plus fort qui est sélectionné, c'est le plus adapté, le plus apte à se reproduire sexuellement dans un nouveau milieu. Darwin aurait peut-être dû employer le mot « favorise » ou « facilite », qui aurait empêché ce malentendu. « C'est le plus adapté qui est favorisé », aurait-il pu écrire.

Les nouveau-nés sont des variants génétiques issus de leurs deux parents. Quand le milieu change (il ne fait que ça), quelques variants, mieux adaptés au nouveau milieu, se développent facilement, alors que d'autres sont éliminés, même quand ils sont les plus forts. Dans une société en guerre, la violence et la débrouillardise sont des vertus adaptatives. Mais, dans un milieu en paix, la violence n'est que destruction et la débrouillardise peut frôler la délinquance. La « lutte pour la vie », sous-titre de *L'Origine des espèces*, évoque le combat qui existe entre mâles mammifères, mais le fait de toiletter son voisin, de séduire le sexe opposé, de construire un nid, de coopérer pour chasser, de partager les aliments ou d'aider un faible participent beaucoup plus à la lutte pour la vie[1]. Et même les jeux pour les petits animaux et les petits humains constituent des entraînements pour prendre sa place dans le groupe ou la société. Un petit mammifère qui ne joue pas se socialise mal et risque d'être éliminé[2].

---

1. Waal F. de, *Différents. Le genre vu par un primatologue*, Paris, Les liens qui libèrent, 2022.
2. Lecointre G., Tort P. (dir), *Le Monde de Darwin*, *op. cit.*, p. 71.

La théorie du singe a provoqué les plus grands sarcasmes, les plus drôles caricatures et la plus forte hostilité contre Darwin. « L'homme descend du singe ! Pourvu que ça ne se sache pas ! », aurait dit la femme de Wilberforce, ecclésiastique et grand opposant à la théorie de l'évolution. Darwin voulait simplement dire qu'une classification naturaliste aurait placé la morphologie humaine dans la catégorie des primates parmi lesquels il prend une place humaine, donc différente. « Animaliser un être humain, c'est le bestialiser, c'est l'autoriser à vivre sans morale et sans âme », s'indignaient les vertueux adversaires. S'ils avaient pris le temps de lire Darwin, ils auraient remarqué l'importance des « instincts sociaux », quand l'altruisme, la reconnaissance des autres et le secours aux faibles « aidaient la sélection naturelle[1] ».

Étudier le monde vivant pour mieux comprendre la place de l'homme provoque, encore aujourd'hui, une indignation agressive. La première fois que j'ai présenté les expériences du primatologue Harlow[2] dans un milieu de psychiatres, mes collègues m'interrompaient : « C'est insupportable, c'est scandaleux… Tu rabaisses l'homme au rang de la bête… Il prend nos enfants pour des animaux… » J'ai dû quitter la salle. C'était dans les années 1970. Le primatologue

1. Darwin C., *La Filiation de l'homme*, Paris, Honoré Champion, 2013.
2. Harlow H. F., « The nature of love », *Am. Psychol.*, 1958, 13 (12), p. 673-695.

démontrait qu'un petit singe isolé, privé de la présence d'autres singes, ne pouvait qu'augmenter ses comportements autocentrés. Tous ses développements comportementaux, biologiques et relationnels s'arrêtaient puisqu'il n'y avait pas d'altérité. En proposant des substituts avec des leurres sensoriels ou des compagnons, il parvenait à reprendre un développement partiel[1].

Les deux grands noms de la psychanalyse, René Spitz et Anna Freud, qui se sont occupés d'enfants après les bombardements de Londres pendant la Seconde Guerre mondiale et qui ont recueilli les petits traumatisés qui avaient vu leurs parents mourir ou être ensevelis sous les décombres ont constaté que ces enfants sains présentaient d'importants troubles du comportement. Les deux psychanalystes ont expliqué ces perturbations dans un langage psychanalytique pertinent : Anna Freud et Dorothy Burlingham[2] ont démontré d'une manière convaincante dans leurs observations que, pendant le Blitz de Londres (1943), « les enfants jusqu'à 3 ans ressentent l'angoisse seulement en fonction de l'angoisse de leur mère… Les signaux qu'elle transmet dépendent du climat variable de son inconscient[3] ».

1. Harlow H. F., Zimmermann R., « Affectional responses in the infant monkey », 1959, *Science*, 130 (3373), p. 421-432.
2. Burlingham D., Freud A., *Enfants sans famille*, Paris, PUF, 1945.
3. Spitz R. A., *La Première Année de la vie de l'enfant*, *op. cit.*, p. 109.

Il se trouve qu'aujourd'hui, l'association des observations cliniques avec la neuro-imagerie confirme les recherches des psychanalystes. Les deux cent mille enfants privés d'altérité, tragiquement isolés par la politique criminelle de Ceausescu (1918-1989), manifestent les mêmes comportements autocentrés et les mêmes arrêts de développement que les petits singes isolés. La neuro-imagerie explique que ces troubles sont provoqués par une dysfonction cérébrale acquise précocement dans un milieu sensoriel privé de la présence stimulante des autres[1]. On peut trouver la cause de certains troubles à l'intérieur de l'organisme, quand un accident vasculaire cérébral modifie la perception du monde, mais on peut tout autant trouver d'autres causes de malfaçons cérébrales quand le milieu est altéré. On peut même en trouver quand l'inconscient d'une personne est à l'origine de troubles relationnels qui altèrent le cerveau de l'Autre[2].

Il faut souligner que ces travaux scientifiques ne sont pas toujours utilisés pour faire un débat scientifique. De nombreux psychanalystes ignorent les raisonnements darwiniens de Freud et ont eu difficilement accès à son *Projet pour une psychologie scientifique*[3],

1. Nelson C. A., Fox N. A., Zeanah C. A., *Romania's Abandoned Children. Deprivation, Brain Development and the Struggle for Recovery*, Cambridge, Harvard University Press, 2014.
2. Lebovici S., Stoléru S., *Le Nourrisson, la Mère et le Psychanalyste*, *op. cit.*
3. Freud S., « Esquisse d'une psychologie scientifique », *in La Naissance de la psychanalyse*, Paris, PUF, 1956, p. 307-396.

où il parle de l'instrument spécifique de l'appareil de l'âme et de son évolution[1]. Freud aimait les métaphores mécaniques comme « le modèle thermodynamique [...], les mécanismes de défense [...], les trois instances de l'appareil psychique [...], les déchirures de l'enveloppe du moi[2] », la sublimation où un corps solide se transforme en vapeur, ou le clivage de la personnalité analogue à un cristal qui se brise selon une ligne de fragilité. Cet « appareil » n'est pas fait de métal, il est changeant, évolutif « comme un arc réflexe qui transmet de l'énergie[3] ». Freud avait acquis cette manière de raisonner au contact de Carl Claus (1835-1899), son professeur de zoologie qui avait fondé à Trieste une station de biologie marine. Il avait procuré une bourse à son jeune étudiant Sigmund Freud qui, dans sa publication terminale, soutenait que, chez les anguilles, les cellules sexuelles de l'ovaire pouvaient évoluer et devenir des spermatozoïdes[4]. Freud a précédé les publications actuelles qui décrivent une ontogenèse du genre, variable selon les pressions du milieu.

L'observation reste encore sulfureuse pour un grand nombre de psychanalystes. Anna Freud écrit en parlant de René Spitz : « [...] ses observations préalables sur

1. Ritvo L. B., *L'Ascendant de Darwin sur Freud*, *op. cit.*, p. 20.
2. Laplanche J., Pontalis J.-B., « Appareil psychique », *in Vocabulaire de la psychanalyse*, *op. cit.*, p. 32.
3. *Ibid.*, p. 32.
4. Freud S., « Observation de la conformation de l'organe lobé de l'anguille décrit comme glande germinale mâle », cité *in* Fedida P., Widlöcher D. (dir.), *Les Évolutions. Phylogenèse de l'individuation,* Paris, PUF, 1994, p. 9-20.

l'hospitalisme et la dépression anaclitique lui avaient permis d'établir la valeur des méthodes d'observation, même aux yeux de nombreux psychanalystes qui restaient réticents. Lorsqu'il décrit la personnalité du nourrisson à la période préverbale, Spitz s'oppose à tous les auteurs analytiques qui prétendent trouver chez le nourrisson, très tôt après la naissance, une vie mentale compliquée dans laquelle des fantasmes, des conflits entre les instincts opposés, des sentiments de culpabilité pourraient jouer un rôle[1] ». C'est pourtant ainsi que Sigmund Freud explique l'amnésie infantile : « [...] elle résulte du refoulement qui porte sur la sexualité infantile... et trouve sa limite dans le déclin du complexe d'Œdipe[2]. » Le bébé éprouverait un désir incestueux intolérable dont il se protégerait par le refoulement ?

Freud aboutit à des conclusions opposées à celles de sa fille parce qu'ils ont une attitude épistémique différente, une manière divergente de recueillir leurs informations. Anna se laisse convaincre par l'observation directe, la sémiologie comportementale privilégiée par René Spitz et les éthologues, alors que Sigmund préfère la métapsychologie, celle qui vient après l'observation pour en tirer une conception générale.

---

1. Freud A., « Préface » , *in* R. Spitz, *La Première Année de la vie de l'enfant*, *op. cit.*, p. V.
2. Cité *in* Laplanche J., Pontalis J.-B., *Vocabulaire de la psychanalyse*, *op. cit.*, p. 22.

Ce choix est habituel dans notre manière de nourrir notre pensée. Lacan n'a pas fait d'observation directe avec les poissons épinoches qui articulent le réel et l'image, ni avec les singes qui se voient dans un miroir, mais il en a tiré une théorie flamboyante. René Spitz, John Bowlby, sur le terrain, en ont déduit que la carence en soins maternels altérait le développement de l'enfant.

Quand le fixisme aide à voir ce qu'on pense

Darwin s'émerveille de ce qu'il observe. Il cherche une vérité vivante, changeante derrière une apparence fixe comme le bec du pinson. René Spitz et John Bowlby adoptent la même attitude épistémique, et Jacques Lacan cherche le mouvement que révèle la « danse des épinoches » ou le « comportement face au miroir ». Mais quand la métapsychologie n'a plus de frein, elle produit des discours sur les discours, et le clinicien perd le fondement initial de l'observation, il devient approximatif à force d'allusions savantes, il accède au délire logique qui, s'appuyant sur un fait vrai, aboutit à une théorie coupée de la réalité.

Les fixistes vont sur le terrain les yeux fermés pour mieux voir ce qu'ils pensent. Quand ils découvrent un enfant abandonné qui se balance sans cesse, agresse et s'autoagresse, ne sait ni parler, ni sourire, ni même regarder, ils disent : « Cet enfant est un monstre, ce n'est pas la peine de s'en occuper. » Alors l'enfant, encore une fois abandonné, devient de plus en plus monstre, confirmant ainsi l'opinion du fixiste. D'autres observateurs constatent les mêmes troubles, mais cherchent, au-delà du symptôme, au-delà de ce qu'ils voient, à imaginer ce que l'enfant pourrait devenir dans un autre contexte. Ces observateurs pensent en termes dynamiques et environnementaux : « Ce que je vois est le résultat d'une évolution difficile, peut-être pourrait-on trouver une autre évolution possible ? » C'est ainsi qu'a pensé Emmy Werner, cette psychologue américaine qui est allée à Hawaii s'occuper de sept cents enfants des rues, sans famille sécurisante, sans école et subissant toutes les violences en guise de relations sociales. Trente ans plus tard, comme on pouvait s'y attendre, 72 % d'entre eux ont connu un destin catastrophique, au lieu des 12 % habituels dans un pays en paix. Mais surprise, 28 % avaient réussi à se développer suffisamment bien dans des conditions terriblement adverses. Cette observation évolutive[1] a été le point de départ des innombrables recherches sur la résilience.

1. Werner E. E., Bierman J. M., French F. E., *The Children of Kauai : A Longitudinal Study from the Prenatal Period to Age Ten*, Honolulu, University of Hawaii Press, 1971.

La pensée fixiste qui fait voir ce qu'on pense contient une idéologie implicite. Dans les années 1990, aux États-Unis, on débattait de l'*affirmative action* qui voulait aider les Noirs à améliorer leur condition sociale. De toutes les évaluations scolaires, sociologiques et économiques, la plus retentissante fut la *Bell Curve*[1]. La courbe en cloche statistique du quotient intellectuel qui démontrait que l'élite cognitive n'était composée que de Blancs. Ce qui revenait à dire que les Noirs n'étaient pas capables d'obtenir de bons résultats scolaires, quelle que soit l'aide économique. Cette publication offrait une solide économie pour le gouvernement, jusqu'au moment où l'on a découvert que les scientifiques qui avaient réalisé ce travail étaient convaincus de la supériorité intellectuelle de la race blanche. Ils avaient établi une corrélation entre la couleur de la peau et les bons résultats scolaires, sans tenir compte des conditions éducatives, sans penser qu'un enfant qui grandit dans un petit logement en surdensité, dans une famille en précarité sociale, dans un quartier pauvre où la violence est quotidienne n'a pas beaucoup de chances de devenir un bon élève.

La fragmentation du savoir donne une aisance intellectuelle. Quand on a peu de connaissances, on a des idées claires. C'est pourquoi le fixisme mène à la

1. Herrnstein R. J., Murray C., *The Bell Curve : Intelligence and Class Structure in American Life*, New York, Free Press, 1994.

conviction, alors que l'accumulation de données différentes mène à la nuance et à la remise en question des travaux scientifiques. Notre existence construit en nous un appareil qui nous fait voir un monde. Ce dispositif, constitué de cerveaux, d'affects, de mots et de récits, sélectionne quelques informations, et les agence en une représentation que nous appelons « réalité ».

Toute vision du monde est un aveu autobiographique

Quand John Bowlby était enfant, il ne parvenait à obtenir l'attention de sa mère que lorsqu'il partageait avec elle son amour de la nature. Comme elle, il collectionnait les plantes, observait les animaux et prenait beaucoup de photos d'oiseaux. Puis il en parlait avec elle : enfin un trait d'union ! « Aujourd'hui, écrit-il à sa mère, j'ai fait un exposé sur les oiseaux. Nous avons pris quarante et une photos[1]. » Le jeune Bowlby faisait de longues marches avec les scientifiques qui lui parlaient de biologie évolutive et décrivaient les troubles que manifestaient les petits singes quand un accident les séparait de leur mère. Ces événements de

1. Lettre de John Bowlby à sa mère, 10 février (sans année), citée *in* Van Dijken S., *John Bowlby : His Early Life*, Londres/New York, Free Association Books, 1998, p. 159.

privation affective auxquels Bowlby avait été rendu sensible par sa propre enfance ne sont pas étrangers à son choix de s'intéresser à l'éthologie animale pour dévoiler certains traits de la condition humaine. Les animaux mettaient en lumière l'importance de la séparation qui, en privant le petit d'une altérité nécessaire à son développement, provoquait de graves troubles du comportement[1].

De 1929 à 1937, Bowlby cherche sa place. Il étudie la médecine, non pas pour la pratiquer, mais pour devenir psychiatre. Il se forme à la psychanalyse pour acquérir une manière de penser et un outil de soins qu'on ne pouvait apprendre ni à l'hôpital ni à l'université. À peine est-il doctorant que Cyril Burt, professeur de psychologie, le charge de s'occuper d'enfants retardés ou délinquants. Ce travail de terrain donnera la publication, en 1944, de l'article « Quarante-quatre jeunes voleurs[2] », dans lequel Bowlby prend l'orientation qui va diriger toute sa vie. Ce cheminement le place en marge des connaissances de son époque, jamais au cœur de la doxa. Il étudie la médecine sans vouloir être praticien, il côtoie les éthologues sans être lui-même animalier, mais il trouve dans leurs travaux

1. Suomi S. J., « Influence of attachment theory on ethological studies in biobehavioral development in nonhuman primates », *in* S. Goldberg, R. Muir, J. Kerr (dir.), *Attachment Theory : Social, Development, and Clinical Perspectives*, Hillsdale, The Analytic Press, 1995, p. 185.
2. Bowlby J., « Forty-four juvenile thieves : Their characters and home-life », *The International Journal of Psychoanalysis*, 1944, 25, p. 19-53.

des hypothèses fertiles pour expliquer les troubles des enfants séparés de leur mère. Il se forme à la psychanalyse à la Société britannique de psychanalyse où il fait un premier parcours avec Joan Rivière puis un second avec Melanie Klein, qui venait juste d'arriver de Berlin. Elle avait une vision psychanalytique de la petite enfance que Bowlby ne partageait pas. Il entre ainsi dans un milieu psychanalytique conflictuel où aucune théorie ne lui convient : trop de dogmes pour un artisan comme lui. En revanche, il se sent à l'aise avec Cyril Burt, qui intégrait des données scientifiques dans une théorie de la psycho-éducation[1].

L'enfant John Bowlby avait faim de tendresse pour une mère distante avec laquelle il ne parvenait à tisser quelques nœuds d'attachement que grâce à ses observations naturalistes. C'est avec Cyril Burt qu'il a pu exploiter sa formation médicale et psychanalytique en recherchant des causes réelles, existentielles pour expliquer la délinquance de jeunes enfants affectivement appauvris. À cette époque la doxa expliquait la délinquance par l'immoralité et la perversion. Le traitement adapté, c'était l'enfermement et la punition. La psychanalyse permettait de recueillir des informations cliniques différentes et proposait une prise

1. Gaulejac V. de, Legrand M. (dir.), *Intervenir par le récit de vie. Entre histoire collective et histoire individuelle*, Toulouse, Érès, 2008.

en charge relationnelle et éducative. Bowlby voulait entrer dans la culture pour expliquer que les bagnes pour enfants n'apportaient pas une bonne solution. C'est pourquoi, en 1950, Hargreaves, psychiatre à l'OMS, lui a demandé un rapport selon sa méthode parapsychanalytique. Il fut donc critiqué par les psychanalystes orthodoxes qui éprouvaient la moindre variation de pensée comme une transgression. Bowlby, encore une fois, s'est retrouvé dans une situation de crispation intellectuelle. Ce praticien-chercheur pensait que la vie réelle avait mal gouverné le développement de ces enfants, ce qui les avait menés à la délinquance. Les « kleiniens » pensaient plutôt que les fantasmes étaient à l'origine de ces déviations sociales et non pas la vie réelle[1]. Le sein de la mère fournissait du lait, mais c'est l'enfant qui ressentait ce sein comme bon ou mauvais. Le monde réel n'a pas d'effet, disaient-ils, seule l'imagination de l'enfant le fait souffrir[2].

Pendant sept ans, presque tous les jours, le jeune Bowlby a été en psychanalyse avec Melanie Klein, dont les idées étaient éloignées des siennes. Il y avait de quoi être crispé. Ce jeune homme n'était pas un dragueur, il était intimidé et même souvent inhibé par la

1. Parkes C. M., « Edward John Mostyn Bowlby (1907-1990) », *Proceedings of British Academy*, 1995, 87, p. 247-261.
2. Klein M., Riviere J. *et al.*, « Symposium of child analysis », *The International Journal of Psychoanalysis*, 1927, 8, p. 370-377.

présence d'une femme. Quand il a rencontré Ursula Longstaff en 1938, l'amour naissant lui a donné le courage de la courtiser, mais la guerre les a séparés peu après leur mariage. Quand ils se sont retrouvés, ils ont formé un couple stable jusqu'à ce que la mort les sépare à nouveau. Faut-il avoir peur des femmes pour être un mari fidèle ? Bowlby, privé d'affection dans son enfance, accordait-il à l'affectivité une si grande importance qu'il acceptait beaucoup de sacrifices pour faire un couple stable ?

Les « Quarante-quatre voleurs » ont constitué une charnière dans la carrière de Bowlby et dans la culture psychologique et éducative de l'Angleterre et d'un grand nombre d'autres pays. En 1943, James Strachey, éditeur de l'*International Journal of Psychoanalysis*, demande un article à Bowlby, qui utilise le travail quotidien qu'il a fait pendant dix ans comme éducateur de jeunes délinquants. Cette publication fondatrice est donc faite de cas cliniques différents regroupés en petites cohortes statistiques[1]. Formé à la psychanalyse, Bowlby a comparé la vie réelle de ces enfants devenus délinquants avec une autre population de quarante-quatre enfants en difficulté relationnelle, mais qui n'étaient pas devenus délinquants. Il n'a pas exploré le monde fantasmatique de ces adolescents, il a comparé ce qu'ils

1. Bowlby J., *Forty-four Juvenile Thieves : Their Characters and Home-life*, Londres, Bailliere, Tindell and Cox, 1946.

disaient avec les souvenirs des parents, les témoignages de la famille, des amis et des enseignants. Par cette méthode de terrain, il a fait émerger une idée : ces jeunes délinquants paraissent froids, distants, indifférents à ce qu'ils ont commis, autant qu'à la punition qui a suivi. Alors que les adolescents non délinquants ne manifestent pas ce trait de caractère froid.

Presque tous les parents des deux cohortes souffraient de difficultés affectives et sociales, mais dans le groupe des quarante-quatre délinquants, dix-sept jeunes avaient subi une longue séparation sans substitut affectif au cours des premiers mois de leur existence. Alors qu'il n'y avait eu que deux isolements précoces dans le groupe des non-délinquants. Bowlby a interprété ce fait dans une optique psychanalytique : les enfants privés de leur mère, avides d'amour, se jettent sur les symboles maternels comme la nourriture ou les objets qui représentent l'amour maternel perdu qu'ils n'hésitent pas à dérober[1]. En fait Bowlby parlait de lui-même et projetait sur les ados délinquants ce qu'il avait éprouvé. Cette interprétation n'est pas fausse, elle est même confirmée par Jean Genet, orphelin précoce, probablement isolé avant d'être confié à une famille d'accueil, qui écrit : « Il faut voler ceux qui vous aiment[2] », c'est pourquoi il dérobait des objets signifiants maternels,

1. *Ibid.*, p. 121 et 125.
2. Genet J., *Journal du voleur*, Paris, Gallimard, 1949.

des draps, des boissons, des livres de poésie aux adultes qui désiraient l'aider. L'interprétation était psychanalytique mais la méthode était sociologique[1].

Éthologie animale et clinique humaine

En côtoyant des éthologues, le psychanalyste avait appris qu'un même événement n'a pas le même impact selon l'âge de l'organisme. Il avait donc désigné les six premiers mois de la vie par l'expression « période critique » venue de l'éthologie animale, comme l'ont fait Sigmund Freud, René Spitz et Jacques Lacan. Il se trouve qu'aujourd'hui les enquêtes populationnelles et la neuro-imagerie confirment cette notion. Depuis Durkheim (1858-1917), on sait que chaque période de désorganisation sociale provoque un pic de suicides, mais ceux qui passent à l'acte sont ceux qui ont acquis un facteur de vulnérabilité au cours d'un isolement précoce lors des premiers mois[2]. La neuro-imagerie photographie les conséquences cérébrales de l'isolement précoce, au cours de cette période sensible. Quand la niche sensorielle qui entoure un nouveau-né

1. Van Dijken S., *John Bowlby : His Early Life*, *op. cit.*
2. Courtet P. (dir.), *Suicides et tentatives de suicide*, Paris, Flammarion/Médecine, 2010, p. 39-51.

est appauvrie, le cerveau moins stimulé acquiert une dysfonction. Quand il n'y a rien à mettre en mémoire lors d'un isolement, le circuit limbique est atrophié car rien ne l'a excité. Quand personne ne stimule le bébé, les deux lobes préfrontaux atrophiés ne freinent plus l'amygdale rhinencéphalique, socle des émotions intenses et insupportables. L'adolescent dont le cerveau a été ainsi mal façonné ne peut pas s'empêcher de passer à l'acte, de dérober un objet signifiant, de frapper quelqu'un qui le contrarie ou de s'autoagresser lors d'une pulsion de désespoir[1].

L'éthologie animale offre un trésor d'hypothèses, mais ne permet pas l'extrapolation. On ne peut pas dire : « Ce qui est vrai chez un animal est vrai chez un être humain. » Chaque espèce vit dans un monde qui lui est propre et s'y adapte selon sa structure physique et mentale. L'observation éthologique des animaux est proche de la clinique humaine, composée d'une part de sémiologie en milieu naturel ou au lit du malade, comme nous l'a enseigné Laennec, et d'autre part de laboratoire, où la méthode scientifique propose une manipulation exploratoire. On peut donc dire : « Un petit mammifère séparé de sa mère augmente ses activités autocentrées » et constater qu'il en est de même pour un bébé mammifère humain. Puis on peut introduire

1. Grezes J., Armony J. L., « Group of affiliation and neural processing of emotional expressions », *in* I. Fried, A. Berthoz, G. M., Mirdal (dir.), *The Brains that Pull the Triggers*, Paris, Odile Jacob Publishing, 2021, p. 239-252.

une variable, en proposant au petit carencé animal ou humain un substitut affectif comme une mère de remplacement, un leurre sensoriel ou un « objet transitionnel » qui, évoquant la mère, prend un effet sécurisant[1]. On constate alors que les comportements autocentrés (balancements ou autoagressions) des petits carencés diminuent ou disparaissent quand la perception d'un substitut évoque et remplace l'objet sécurisant qui n'est plus dans le contexte. Le symbole est en marche chez un grand nombre d'êtres vivants animaux et humains, quand une perception réelle évoque un objet impossible à percevoir et provoque un effet affectif.

Les recherches ethnopsychanalytiques ont un impact social. Un enfant carencé risque de devenir indifférent et de soudain exploser quand il passe à l'acte et devient délinquant. Un tel trouble de la relation acquis précocement rend la socialisation de l'enfant difficile. L'adolescent malheureux devient un fardeau pour la société. Mais, en étudiant scientifiquement la carence et en établissant des relations éducatives sécurisantes, « on peut faire cesser le malheur et interrompre sa transmission, rendant ainsi la société plus agréable à vivre[2] ».

C'est rarement aussi simple. On ne sait jamais comment une découverte scientifique va entrer dans

---

1. Govindama Y., Louis J., « Endormissement et fonction de l'objet transitionnel chez le jeune enfant entre 12 et 24 mois : une étude transculturelle », *Devenir*, 2005, 17, p. 323-345.
2. Van Dijken S., *John Bowlby : His Early Life*, *op. cit.*, p. 152.

la culture. Chaque personne interprète le travail des scientifiques selon sa propre histoire, puis cherche à rencontrer d'autres personnes qui réagissent comme elle, de façon à créer une petite communauté de points de vue. Spontanément se crée un biais de confirmation où l'on ne rencontre que des gens qui voient le même monde. Ces petits groupes sont chaleureux puisque, réagissant de la même manière et pensant dans la même direction, ils éprouvent un sentiment de familiarité. Mais ils deviennent facilement fiévreux quand un autre groupe s'oppose à eux. Les débats qui s'ensuivent sont émotionnels bien plus qu'intellectuels car les arguments scientifiques sont utilisés pour dégommer l'adversaire, et non pas pour éclairer une petite vérité. Quand j'ai participé à ce congrès initiateur dans l'île des Embiez, près de Toulon[1], les chercheurs-praticiens défendaient l'idée qu'une communication passait entre la mère et l'enfant qu'elle portait. Aujourd'hui, c'est une banalité, en 1985, c'était une nouveauté, une petite provocation à l'époque où l'on enseignait que « tant qu'un enfant ne parle pas, il ne peut rien comprendre ». On disait aussi que « tant que les voies neurologiques de la douleur ne sont pas matures, il ne peut pas souffrir ». Cette affirmation infondée autorisait les agressions sans culpabilité contre les bébés. On leur flanquait des

1. Petit J., Pascal P., *Bulletin officiel de la Société française de psycho-prophylaxie obstétricale*, 1987, 109.

phares dans les yeux, pour gagner du temps on les secouait, pour prélever un peu de sang on les ponctionnait, au point de provoquer dans chaque aine, le pli entre la cuisse et le bas-ventre, de gros hématomes boursoufflés. Aucune importance, pensait-on, puisque le bébé ne sent rien, ne comprend rien et que c'est pour son bien.

Lors de ce congrès l'ambiance était magique, les communications convergeaient pour renforcer une idée : l'utérus n'est pas le monde du silence que l'on décrivait à l'époque. C'est au contraire un carrefour de communications sensorielles que le fœtus perçoit et auxquelles il réagit[1]. La naissance est une affaire d'images animales et humaines[2]. J'avais cité les éthologues animaliers qui avaient introduit de minuscules hydrophones dans l'utérus de vaches gestantes après rupture de la poche des eaux, ce qui leur avait permis d'entendre le barouf intra-utérin et la transmission des basses fréquences extra-utérines[3]. Le lendemain, j'apprenais qu'une chercheuse américaine avait téléphoné à son laboratoire pour mettre au point un appareil à stimuler les fœtus pour améliorer leur intelligence et je recevais un long coup de téléphone d'une journaliste

1. Herbinet E., Busnel M.-C. (dir.), *L'Aube des sens. Ouvrage collectif sur les perceptions sensorielles fœtales et néonatales*, Paris, Stock, « Les cahiers du nouveau-né », 1988.
2. Vidal J.-M., « Naissances et images animales et humaines », *Bulletin officiel de la Société française de psycho-prophylaxie obstétricale*, 1987, 109, p. 7-10.
3. Cyrulnik B., *in* Petit J., Pascal P. (dir.), colloque « Éthologie et naissance », Toulon, Les Embiez, 1985.

allemande qui me disait que la communication intra-utérine était un excellent argument pour interdire l'avortement. Contresens total ! Des travaux novateurs étaient utilisés pour commercialiser une université de fœtus ou pour à nouveau interdire l'avortement.

Interprétation idéologique d'un énoncé scientifique

Cette aventure désagréable est presque inévitable dans les milieux cliniques et scientifiques. C'est ce qui est arrivé à John Bowlby après la publication de son rapport à l'OMS[1]. Succès faramineux : quatre cent mille exemplaires, quatorze traductions, tout le monde en parlait dans les labos, dans les orphelinats et dans le grand public. La guerre avait soulevé un énorme problème en Europe. Plusieurs millions de petits orphelins souffraient de graves troubles du développement, et Bowlby, devenu directeur de la Tavistock Clinic à Londres, proposait une explication scientifique et une solution thérapeutique. Les troubles sont provoqués par une carence en amour maternel, disait-il, il suffit que les mères apportent

1. Bowlby J., *Soins maternels et santé mentale. Contribution de l'Organisation mondiale de la santé au programme des Nations unies pour la protection des enfants sans foyer*, Genève, Organisation mondiale de la santé, 1951.

de l'amour pour guérir ces troubles. D'autres psychanalystes participaient à ce mouvement, cependant Bowlby fut le plus clair, le plus convaincant et le plus médiatisé. Mais voilà, à partir d'expériences éthologiques rigoureuses et convaincantes[1], confirmées par des témoignages cliniques[2] et des interprétations psychanalytiques[3], Bowlby avait formulé maladroitement des résultats fiables. Il avait attribué les troubles constatés à une défaillance exclusive de l'amour maternel[4]. Comme si rien d'autre n'intervenait dans le développement de l'enfant : pas de substitut affectif, pas de père, pas de fratrie, pas d'école ni d'urbanisme. Seule la mère toute-puissante devait donner tout son amour à son enfant pour qu'il se développe bien. Cet argument romantique fut tragiquement bien accepté par les médias : « *Solo le mani di una madre possomo plasmare il destino* » (« Seules les mains d'une mère peuvent façonner le destin d'un enfant »), pouvait-on lire dans un journal italien[5]. Surprenante causalité linéaire, abusivement explicative des troubles cliniquement constatés. Bowlby était-il encore préoccupé

1. Harlow H. F., « Primate learning », *in* C. P. Stone (dir.), *Comparative Psychology*, New York, 1951.
2. Spitz R. A., « Hospitalism : An inquiry into the genesis of psychiatric conditions in early childhood », *Psychoanalytic Study of the Child*, 1945, 1, p. 53-74.
3. Freud A., Burlingham D., *War and Children : A Message to American Parents*, New York, International University Press, 1943.
4. Vicedo M., « The social nature of the mother's tie to her child : John Bowlby's theory of attachment in post-war America », *The British Journal for the History of Science*, 2011, 44 (3), p. 401-426.
5. *Ibid.*, p. 406.

par sa pauvre relation affective avec sa mère ? Même dans les sciences dures, un fait scientifique est fait par un scientifique, par une personne dont l'histoire n'est pas étrangère au fait qu'il produit.

À la sortie de la guerre, en 1945, il y avait en Europe quinze à seize millions d'orphelins. Pour soigner ces enfants altérés, Bowlby proposait une solution naturelle, belle comme dans un roman : l'amour peut tout guérir. Mais voilà, un phénomène social majeur venait de tout modifier. Pendant la Seconde Guerre mondiale, tandis que les hommes s'entre-tuaient, les femmes avaient tout fait marcher, les familles, les écoles, les hôpitaux, l'administration, l'agriculture et même l'industrie consacrée à fabriquer du matériel de guerre. Elles venaient de découvrir leurs capacités en tant que personnes et non plus seulement en tant qu'annexes de mari et d'enfants à aimer. Cette consécration ne les rendait pas toujours malheureuses mais empêchait tout épanouissement personnel. Les psychanalystes de l'époque, en découvrant les conséquences psychologiques d'une catastrophe sociale, demandaient aux femmes de se consacrer à l'amour de leurs enfants sous peine d'en faire de futurs délinquants. Après chaque guerre, les femmes aguerries supportent mal l'enfermement à la maison en compagnie de maris altérés par des années d'horreur. Les familles deviennent dysfonctionnelles. Les femmes acceptent mal que les hommes revenus des camps veuillent reprendre leur travail. Et les hommes ne comprennent pas que les femmes ont fait marcher la société pendant qu'ils s'entre-tuaient. Après chaque guerre, on note un pic de divorces. En 1950, le nombre de femmes au travail avait augmenté de 400 %, elles représentaient 60 % de tous les travailleurs[1]. Les hommes ont eu du mal à reprendre leur place. J'ai connu un couple où les jeunes s'étaient mariés en 1939, en première année de médecine. Quand le mari est revenu après une défaite militaire et quatre années en tant que prisonnier de guerre, il s'est à nouveau inscrit en première année de médecine et a eu pour enseignante sa femme qui venait de prendre un poste de cheffe de clinique. Le même phénomène s'est produit en 1962, à la fin de la guerre d'Algérie, quand les étudiants en médecine reçus à l'internat prenaient, après trente mois d'armée, leur poste d'interne débutant tandis que les filles reçues au même concours se préparaient à devenir assistantes.

Les femmes qui avaient travaillé, étudié, appris un métier et entretenu le pays, découvraient leurs compétences et voilà que Bowlby, avec un excellent travail scientifique, louangé par les hôpitaux, les institutions éducatives et médiatisé par tous les journaux, affirmait que si elles participaient à l'aventure sociale elles seraient responsables de la délinquance de leurs enfants ! Quel

1. *Ibid.*, p. 412.

que soit leur choix, il était douloureux[1]. Pendant plusieurs années, Bowlby s'est arc-bouté sur sa « carence en soins maternels » et la toute-puissance de l'amour, avant de se laisser convaincre que la précarité, l'absence de structures sociales et le désordre familial étaient aussi source de troubles du développement. Alors, il a constitué un petit groupe de réflexion avec Konrad Lorenz et Nikolaas Tinbergen, éthologues, futurs prix Nobel de médecine (1973), et le psychologue Jean Piaget. Après quelques réunions à Londres et à Genève, entre 1953 et 1956, chacun n'avait fait que renforcer ses positions. Bowlby s'appuyant sur l'éthologie animale pour expliquer l'empreinte de la mère dans la mémoire de l'enfant ajoutait que le petit établissait en retour une relation d'emprise sur sa mère fascinée par son nouveau-né, ce que Winnicott avait appelé « la folie amoureuse des 100 premiers jours ». Finalement Bowlby a proposé que l'environnement précoce le plus favorable au développement du petit était un système familial composé de six à huit figures d'attachement : la mère bien sûr, entourée d'une constellation d'autres figures familières.

Margaret Mead, peu convaincue, pensait que les enfants n'ont pas besoin d'affection pour se développer, un groupe social suffit disait-elle, ce que confirment

1. Montagu A., « The triumph and tragedy of the American women », *Saturday Review*, septembre 1958, p. 13-15, 34-35.

de nombreuses cultures africaines et asiatiques. À l'époque, en Algérie, un homme pouvait épouser plusieurs femmes, les enfants n'en souffraient pas. J'ai eu l'occasion de côtoyer des universitaires qui avaient les mêmes références scientifiques qu'en Occident et qui racontaient leur enfance heureuse, choyée par plusieurs mères, « il y en avait toujours une de bonne humeur[1] ». On a dit que Margaret Mead affirmait que l'attachement était une invention des hommes pour empêcher les femmes de travailler, mais, pour un praticien, le recueil d'informations est différent. Quand on a vu des centaines d'enfants détériorés dans les « orphelinats-mouroirs » de Roumanie, de Bulgarie, dans les camps syriens ou en France dans les familles closes coupées du monde extérieur, quand on a eu l'occasion d'observer ces enfants se balançant sans cesse, ne sachant pas parler et puant parce que personne ne les avait lavés, on ne voyait pas du tout le même monde que Margaret Mead. La fragmentation du savoir permet à chacun de voir son monde, celui qu'on crée en réduisant à une spécialité son recueil d'informations. La discordance entre la vision culturelle et le savoir de terrain est parfois stupéfiante. Elle prouve que les observations d'un anthropologue, d'un éthologue ou d'un pédopsychiatre ne produisent pas un même objet, alors qu'elles sont

1. Mimouni-Moutassem B., « La résilience des enfants abandonnés en Algérie », *in* Fondation pour l'enfance, *La Résilience : le réalisme de l'espérance*, Toulouse, Érès, 2005, p. 117-126.

toutes vraies. Chacun raconte des informations cohérentes dans son domaine et, croyant parler des enfants, chacun parle de son expérience d'un type d'enfance.

Un jour, à l'Unesco, j'ai écouté trois brillantes historiennes qui avaient enquêté sur le devenir des enfants de républicains espagnols réfugiés en France lors de la guerre civile des années 1930[1]. Leur travail était passionnant, clair et illustré par de nombreuses archives. Un tiers de ces enfants avaient été orientés vers le Mexique, où ils s'étaient facilement adaptés, un deuxième tiers en France, où la reprise évolutive avait été plus difficile à cause de l'accueil réticent du gouvernement, et le dernier tiers vers l'URSS où les garçons, héroïsés et heureux d'apprendre à faire la guerre, ont été envoyés sur le front de l'Est lors de la Seconde Guerre mondiale, où ils sont presque tous morts. Ces historiennes étaient passionnantes quand une dernière phrase m'a stupéfié : « Ces jeunes gens arrachés à leur famille par la guerre civile ont été accueillis dans trois cultures différentes où ils ont poursuivi un bon développement, ce qui prouve que les enfants n'ont pas besoin d'affection pour se développer. » Pour un praticien, effrayé par les dégâts corporels, cérébraux et psychiques provoqués par l'isolement affectif, cette affirmation était ahurissante.

1. Laura Lee Downs, directrice de la thèse de Kern C., *L'Évacuation et l'accueil des enfants espagnols en France. Cartographie d'une mobilisation transnationale (1936-1940)*, Paris, École des hautes études en sciences sociales, 2014.

Les premières publications sur l'attachement n'ont pas été bien accueillies par les communistes, qui critiquaient les psychanalystes, défenseurs des valeurs de la bourgeoisie capitaliste[1] et ne citaient même pas Pavlov, encensé par le Comité central. Les démocraties populaires avaient besoin de faire travailler les femmes quatorze heures par jour dans les usines pour prouver l'efficacité du communisme et payer la dette publique. Selon ces dirigeants, une femme qui investit ses enfants est moins rentable pour la société.

Pour résoudre la question de l'influence différenciée de la nature ou de la culture, toute une littérature s'est inspirée des enfants sauvages, privés d'entourage humain et élevés par des animaux. On a tous été charmés par Mowgli et Tarzan, ces petits orphelins sauvés, aimés et élevés par des animaux. Ces récits, qui n'étaient pas scientifiques, posaient pourtant une question anthropologique : que deviendrait un être humain privé d'entourage humain ? Non entouré par une culture, deviendrait-il naturel ? En mai 1829, on a trouvé un jeune homme âgé de 16-17 ans errant dans les rues de Nuremberg. Il s'appelait Kaspar Hauser et avait été isolé depuis son enfance dans une cellule sans relations humaines[2]. Il marchait en titubant

1. Politzer G., *Critique des fondements de la psychologie*, Paris, PUF, « Quadrige », 2003.
2. Mazurel H., *Kaspar l'obscur ou l'Enfant de la nuit. Essai d'histoire abyssale et d'anthropologie sensible*, Paris, La Découverte, 2020. Et Herzog W., film *L'Énigme de Kaspar Hauser*, 1974.

et, pour parler, il disposait d'une cinquantaine de mots qui ne lui permettaient pas de raconter d'où il venait, où il allait, ni même de quel sexe il était. En revanche, son hypersensorialité au moindre bruit, à la moindre odeur, au plus petit mouvement, révélait à quel point il percevait intensément son contexte. Ne sachant pas parler, il ne pouvait pas évoquer des informations éloignées, impossibles à percevoir. Il ne pouvait rien dire de sa filiation, peut-être même ne pouvait-il pas y penser ? Cette légende, inspirée par un fait réel, a déclenché une cascade de publications scientifiques, de réflexions anthropologiques, de films et de romans, qui ont occupé la culture de la seconde moitié du XXe siècle[1]. On découvrit alors une série d'enfants élevés dans des forêts par des loups, des ours et des biches ou allaités par des chattes dans les ruines de Varsovie en 1944. Une très belle enquête, charpentée par des archives et des photographies, racontait l'histoire de deux fillettes élevées par des loups en Inde et recueillies par le pasteur Singh et sa femme. Ces enfants ne parlaient pas, couraient à quatre pattes et mangeaient en plongeant la tête dans l'assiette. Amala mourut vers l'âge de 10 ans, et Kamala, sauvée par son attachement à la femme du pasteur, s'appliquait à tenir debout pour l'imiter et se rapprocher de cette figure

1. Malson L., *Les Enfants sauvages : mythe et réalité, suivi de Mémoire et rapport sur Victor de l'Aveyron par Jean Itard*, Paris, 10/18, 2003. Et Truffaut F., film *L'Enfant sauvage*, 1969.

maternelle[1]. Ces histoires étaient tellement belles, émouvantes et édifiantes qu'elles ont inspiré de merveilleuses supercheries[2]. L'auteure, Misha Defonseca, s'appelait Monique Dewael, petite fille belge, honteuse de ses parents qui avaient collaboré avec le nazisme. « La fille du traître », comme on l'appelait, s'est défendue en se réfugiant dans un imaginaire compensateur, où elle s'était inventé une famille juive qu'elle voulait rejoindre en traversant l'Europe, protégée par les loups contre l'agression des soldats nazis. Nos mythes ne font pas mieux quand ils inspirent Moïse, Œdipe, Romulus et Rémus, enfants abandonnés fondateurs de sociétés. Sans modèles identificatoires, ces enfants étaient contraints à s'inventer de merveilleuses origines pour habiter un monde imaginaire où ils cessaient de souffrir.

La recherche des enfants sauvages ne vise pas à naturaliser la condition humaine en suggérant qu'un enfant sans entourage humain pourrait quand même devenir humain. Il s'agit plutôt de comprendre comment nous, êtres humains, composés de matière biologique, parvenons à nous en extraire grâce à l'artifice de l'outil et du verbe qui construit un monde humain.

---

1. Singh J. A. L., Zingg R. M., *L'Homme en friche. De l'enfant-loup à Kaspar Hauser*, Bruxelles, Complexe, 1980.
2. Defonseca M., *Survivre avec les loups*, Paris, Robert Laffont, 1997. Et Belmont V., film *Survivre avec les loups*, 2007.

Désert mortel et vie violente

De manière inattendue, les neurosciences peuvent intégrer ces données hétérogènes, organisées comme un oxymore. Le cerveau extrait du réel les informations auxquelles il est sensible et les agence pour en faire une représentation d'images et de mots. En retour, le scénario ainsi construit agit sur le cerveau et en modifie le fonctionnement. Ce raisonnement en boucle permet de comprendre comment une dysfonction cérébrale, acquise précocement dans un milieu appauvri, donne à voir un monde désert et soudain violent. Le sujet ainsi façonné se reconnaît dans les récits violents racontés autour de lui. La congruence entre son expérience de vie où tout est violence et sa culture qui met en lumière les déchaînements explique sa facilité à passer à l'acte. Le psychopathe qui manifeste son instabilité émotionnelle et son impulsivité ne peut pas s'empêcher de passer à l'acte. Il n'a pas le recul, le regard sur soi, qui donne le temps de juger. Prisonnier de l'instant, son style relationnel devient antisocial[1]. Ce que nous appelons « incivilités » serait dû à un appauvrissement du milieu précoce où le

1. Blair R. J. R., « Dysfunctional neurocognition in individuals with clinically significant psychopathic traits », *Dialogues in Clinical Neurosciences*, 2019, 21 (3), p. 291-299.

sujet ressent toute information comme une agression. Quand il rencontre un récit violent qui dit la seule vérité, l'adolescent se sent légitimé dans sa propre violence : « Je hais ceux qui ne croient pas ce que je crois », « Je jalouse ceux qui s'épanouissent mieux que moi », « La réussite des immigrés me choque, ils prennent notre travail », « L'épanouissement des femmes est insupportable, elles prennent notre place ». Ces interprétations prennent la forme d'un complot où le carencé pense que la société lui veut du mal. Quand il passe à l'acte, il se sent en légitime défense. À peine a-t-on quitté la culture de la faute où, au Moyen Âge, nous devions expier, payer, nous sacrifier pour racheter nos pêchés, qu'on entre aussitôt dans la culture du préjudice, où la société ne nous donne pas ce à quoi on a droit.

Les neurosciences proposent une autre explication de la psychopathie quotidienne des décivilisés. Dans les niveaux sociaux délaissés par la société, les réponses émotionnelles de détresse et de souffrance sont exacerbées par l'appauvrissement du milieu, qui ne stimule plus assez les circuits de la récompense tracés dans le cerveau. Ces enfants ne répondent qu'aux stimulations du contexte. Incapables d'anticiper, ils manifestent des troubles de l'attention et une agitation motrice qui altèrent leurs relations sociales. Les adolescents ainsi façonnés rationalisent le sentiment d'injustice qu'ils éprouvent en acceptant des récits collectifs qui racontent des complots. D'échec affectif en échec social, ils sont malheureux et se suicident beaucoup[1]. Leur milieu appauvri en mots et en interactions affectives ne leur a pas donné l'occasion d'apprendre à décoder les expressions faciales[2]. Ils n'y répondent pas, paraissent indifférents et soudain explosent, ne prenant pas le temps nécessaire au jugement moral. Ils n'ont pas le recul émotionnel qui leur aurait permis de penser : « Il m'énerve, mais je ne peux pas le lui dire n'importe comment », « Je la désire, mais je ne peux pas tout me permettre ». Un enfant manifestant des troubles de l'attention ou un adulte possédant des traits de personnalité psychopathique perçoivent à peine les mimiques faciales de peur ou de détresse de ceux qu'ils agressent. N'étant pas attentif à l'Autre, ils sont soumis à leurs propres pulsions, ils passent à l'acte sans frein, sans remords et sans culpabilité[3]. Quand leur empathie n'a pas pu se développer parce qu'autour d'eux il n'y avait pas d'Autre à explorer, ils ne perçoivent que ce qui vient d'eux-mêmes. Leurs activités et leurs pensées autocentrées altèrent leurs relations.

Quand on n'a pas de jugement moral envers soi-même, on laisse émerger des comportements immoraux

1. Fonagy P., Gergely G., Jurist E., Target M., *Affect Regulation, Mentalization and the Development of the Self*, New York, Other Press, 2002.
2. Blair R. J. R., « Dysfunctional neurocognition in individuals with clinically significant psychopathic traits », art. cit., p. 294.
3. Blair R. J. R., « Facial expressions, their communicatory functions and neurocognitive substrate », *Philo. Trans., R. Soc. Lond. B Biol. Sci.*, 2003, 358 (1431), p. 561-572.

envers les autres. L'agression paraît légitime, la souffrance infligée à l'Autre n'est ni perçue ni pensée. Il en est ainsi dans toutes les guerres où des hommes, pas plus déséquilibrés que d'autres, torturent et tuent, comme ça, sans culpabilité ni perversité. Ils habitent un discours collectif qui leur donne des raisons de tuer. On les arme, on les entraîne et on les décore quand ils donnent la mort. Lorsqu'une personne accepte une représentation sociale, un récit collectif, sans recul ni jugement, comme cela arrive pendant toutes les guerres, on se réjouit d'avoir tué, on fait la fête quand nos proches nous félicitent et quand notre culture reconnaît nos exploits guerriers.

À la sortie de la guerre, dans les années 1950, j'ai été fasciné par un livre qui racontait la guerre de 14-18. *Le Feu*[1] témoignait de la banalité de l'enfer quand les hommes vivent dans la mort au point de devenir indifférents. Dans ma mémoire d'enfant, j'avais retenu que l'auteur, excellent tireur, était félicité par ses camarades quand un casque apparaissait au-dessus de la tranchée des Allemands et que d'un seul coup de fusil il le faisait sauter. On lui tapait dans le dos, on riait, « un Boche en moins, quelle habileté ». Un jour, le signal de l'attaque est donné, les soldats sortent du trou. « Alors une mitrailleuse placée de l'autre côté du

1. Barbusse H., *Le Feu. Journal d'une escouade 1916*, Torrazza Piemonte, Italie, Éditions Uvinis (sans date) ; Paris, Classiques Larousse, 1984.

ravin a balayé la zone où nous étions [...]. Le caporal Bertrand et moi avons eu la chance de trouver devant nous [...] un trou d'obus [...] ; on s'est aplatis, tous les deux [...] on s'est enfoncés dans la boue [...]. Le jet d'une mitrailleuse a repassé plusieurs fois. [...] On a dû demeurer dans le fond de la tranchée jusqu'au matin puis jusqu'au soir. [...] En me réveillant d'un sommeil de plomb, j'ai vu les quatre cadavres[1] [...]. » Il a fallu ouvrir les yeux et contempler les corps : « On ne peut déterminer l'identité de ces créatures : ni à leur vêtement couvert d'une épaisseur de fange ; ni à la coiffure [...] ; ni aux armes : ils n'ont pas leur fusil[2]. » Si à ce moment-là on avait tapé sur l'épaule d'Henri pour le féliciter de la mort de ces hommes, il aurait été révulsé et non pas réjoui. Il n'aurait plus éprouvé la gaieté de celui qui donne la mort. Au contraire, en percevant le réel il aurait ressenti l'accablement d'avoir commis un acte grave, désespérant. Et puis il n'aurait pas pu remanier l'horreur de cet événement. « T'auras beau raconter, s'pas, on t'croira pas. Pas par méchanceté ou par amour de s'ficher d'toi, mais pa'ce qu'on n'pourra pas. [...] Personne ne saura. I' n'y aura qu'toi[3]. » « "Mon ami a été un héros admirable !" J'veux pas qu'on me dise ça ! », écrit Henri. « Le geste de tuerie est toujours ignoble [...]. Mais qu'on ne me

1. *Ibid.*, p. 217.
2. *Ibid.*, p. 306.
3. *Ibid.*, p. 311.

parle pas de la vertu militaire parce que j'ai tué des Allemands[1]. »

Quand on connaît une personne, on ne peut plus la tuer au nom de l'idée qu'on s'en fait. On peut lui donner des coups de poing au cours d'une bagarre, quand on se laisse embarquer par une émotion qu'on ne peut pas maîtriser, mais on ne peut pas la tuer froidement à cause d'une représentation, d'un récit enraciné dans l'histoire collective. Seuls les fanatiques soumis à une représentation coupée du réel peuvent faire ça, comme s'il existait une paranoïa non psychotique où le sujet habite sans réserve un récit sans rapport avec le réel. Une telle acceptation entraîne une conviction sans frein où l'adhérent passe à l'acte, torture et tue sans éprouver la moindre culpabilité.

J'ai eu l'occasion de côtoyer affectueusement un « poilu » de la guerre de 14. Il me racontait que les soldats évitaient de faire leurs besoins dans les tranchées. La nuit, ils rampaient au-dehors pour aller « à la feuillée ». Parfois, un bruit près d'eux leur faisait comprendre qu'un soldat allemand allait lui aussi à la feuillée. Alors les deux hommes tentaient de se parler. Quelques mots, quelques craquements de branche, quelques frottements, puis ils se séparaient, regagnaient leur tranchée et reprenaient leur fusil. Quand ils étaient à la feuillée, c'était un réel qu'ils percevaient. Quand

1. *Ibid.*, p. 324.

ils retournaient dans leur tranchée, c'est à une représentation collective qu'ils devaient se soumettre.

Aujourd'hui, je dirais qu'il y avait une discordance entre la perception du réel et la représentation verbale d'un imaginaire collectif. Dans le réel, on peut négocier, aimer, se fâcher, avoir peur ou être rassuré. Dans la représentation verbale, on peut agencer un objet de pensée, l'évaluer, le juger, le critiquer ou l'apprécier. Mais, quand on se laisse embarquer par les mots, on habite un récit exclusif qui peut se couper de la réalité perceptible. Quand on accepte une vérité sans nuance, on en arrive à penser logiquement qu'un Allemand est un ennemi qu'il est moral de tuer. Le sentiment de crime disparaît, on attend la joie d'être félicité, décoré, reconnu socialement pour avoir tué un homme. Terrible victoire de l'esprit humain. Ce qui revient à dire qu'un homme normal peut délirer le plus logiquement du monde quand il se laisse aller à ne pas explorer l'Autre. Un psychotique vit dans un monde sans altérité parce qu'un trouble neurodéveloppemental ne lui a pas donné accès à la représentation d'un autre monde que le sien. Il n'est pas rare qu'une situation familiale ou éducative prive l'enfant de la découverte d'autres mondes, réels ou mentaux. Je me souviens d'un petit garçon d'une favela de Rio où Sandra Cabral m'avait guidé. Il demandait à son éducateur pourquoi je ne savais pas parler. Personne ne lui avait dit qu'il existait d'autres pays avec d'autres langues. Entendant pour la première fois des sonorités verbales étranges, il en avait déduit que j'étais un barbare. Quand une culture prend le monopole d'une langue et impose un seul récit, on se retrouve dans un monde sans altérité. Une telle situation explique que, pour ceux qui habitent un monde ainsi clôturé, la mort des autres est une mort d'inconnus. C'est ainsi que je m'explique la gaieté des gardiens d'Auschwitz qui faisaient la fête au milieu des charniers. Leur joie était sans gêne puisque la disparition des cadavres ambulants qui les entouraient était une mort sans importance.

Chaque cerveau donne à voir un monde à nul autre pareil

Il y a donc dans le monde vivant un processus d'échappement aux contraintes immédiates, une aptitude, acquise sous l'effet des pressions évolutives, à se décentrer des stimulations immédiates pour accéder à des informations de plus en plus éloignées. Un organisme simple répond aux stimulations nécessaires et suffisantes pour sa survie. Mais quand le système nerveux se complexifie, il devient capable de traiter des informations non contextuelles, passées et à venir, tracées dans la mémoire et anticipées. Chez l'être humain, quand la parole apparaît, le sujet acquiert une aptitude à traiter des informations de plus en plus absentes du contexte, il peut vivre dans un espace existentiel sans limites. Un tel organisme devient capable d'éprouver des sentiments déclenchés par des entités impossibles à percevoir. Ce qui revient à dire que la parole donne au sujet le pouvoir de fabriquer des mondes de représentations enracinées dans d'autres représentations ou même des représentations sans racines, ce qui définit le délire. L'aptitude au langage peut découper des segments de réel comme le fait la stupéfiante intelligence mathématique. Elle peut aussi agencer des mots pour créer des mondes de merveilles transcendantes ou mettre au point des récits cohérents mais sans rapport avec le réel, ce qui définit le délire logique.

Dans une optique darwinienne, ce processus d'échappement au réel se met en place sous l'effet des pressions évolutives du contexte. Une plante s'adapte à la sécheresse en se recroquevillant pour moins évaporer. Mais, quand la restriction d'eau est durable, elle s'adapte en devenant épineuse, ce qui lui permet d'économiser l'eau à l'intérieur de la tige. L'adaptation sans métamorphose est momentanée, alors que la transformation en plante épineuse décrit une adaptation évolutive[1]. Une limace de mer possède un système nerveux composé d'un croisement de vingt mille neurones

1. Mathevet R., Bousquet F., *Résilience et environnement. Penser les changements socio-écologiques*, Paris, Buchet-Chastel, 2014.

qui rend l'organisme capable de se défendre contre les agressions du milieu. La limace peut fuir les espaces chauds, secs et lumineux pour se réfugier dans des lieux frais et humides. Chez les oiseaux, quelques lamelles de cortex recouvrent les bulbes olfactifs en avant, sous l'os préfrontal. Le volume énorme des tubercules quadrijumeaux en haut du tronc cérébral explique leurs étonnantes performances visuelles et auditives. Une telle organisation cérébrale rend possible un petit choix de réponses quand le milieu pose un problème. Tous les goélands, en planant très haut, sont capables de percevoir sur le sol un petit bout de jambon. Mais, en arrivant sur l'aliment, une organisation hiérarchique se met en place qui permet au dominant de se servir en premier. C'est pourquoi, dans les ports, le dominant chasse les dominés pour se percher sur le mât le plus haut d'où il peut repérer les aliments par terre. Mais la hiérarchie n'est pas statutaire. Chez un grand nombre d'oiseaux, le dominé affamé adopte des postures de petit qui quémande des aliments. Il rentre son cou, replie ses ailes et pousse de petits cris suraigus, comme le font les oisillons fraîchement éclos. Alors, l'adulte dominant ne peut pas s'empêcher de régurgiter des plats chauds prédigérés qu'il offre au jeune ou à l'adulte qui s'arrange pour paraître juvénile. Chez les mammifères supérieurs, comme les chiens et les chats, le lobe préfrontal compose 15 à 20 % du poids total du cerveau. L'organisme devient capable de répondre à des informations non contextuelles. Il peut dès lors s'engager dans une conduite qui répond à une situation qui va venir ou qui est déjà venue et s'est inscrite dans sa mémoire. Chez les primates non humains, le lobe préfrontal, qui compose 30 % du poids total du cerveau, rend l'animal capable de préparer une action, de fabriquer un outil pour aller « pêcher les termites » et de se mettre en marche pour se rendre à la termitière qu'il a vue au cours d'une expérience passée et que sa mémoire lui permet de retrouver. Un cerveau humain est composé par un très gros lobe préfrontal qui rend capable d'anticiper un événement à venir. Connecté au circuit limbique de la mémoire, il peut aussi anticiper un événement passé. Cet ensemble neuronal donne aux êtres humains la capacité de se représenter le temps pour faire un récit.

Ce n'est que vers l'âge de 6-7 ans que se font les connexions entre le lobe préfrontal de l'anticipation et le circuit limbique de la mémoire. Vers l'âge de 2-3 ans, l'enfant devient capable d'articuler des mots qui désignent des objets proches situés dans le contexte « biberon… ballon… ouah-ouah ». Avant l'âge de 2 ans, l'enfant qui ne savait pas parler pouvait déjà comprendre de nombreux messages. Ce qui revient à dire que le langage humain est une ontogenèse, une construction constante, sous l'effet de la double contrainte existant entre la maturation cérébrale et les pressions du milieu : « Ce que je suis aujourd'hui a subi le façonnement de ce qui était autour de moi… », en précisant que : « Ce que je suis n'a cessé de changer au cours de mon développement et de mon histoire. Et ce qui est autour de moi ne cesse de changer au gré des variations écologiques et des bouleversements affectifs et sociaux. » La représentation d'un cerveau de plus en plus complexe, qui matérialiserait une échelle d'intelligence, partant de l'amibe idiote pour aboutir à l'homme génial, est un leurre explicatif qui a engendré un contresens tragique : le cerveau supérieur est celui de l'homme et, parmi ces hommes, le « plus supérieur » est celui de l'homme blond au crâne allongé des aryens nazis. Cette tromperie prétend aussi que le cerveau des « nègres » est proche de celui des gorilles.

Les animaux ne sont pas d'accord. Ils nous apprennent que l'évolution n'est pas linéaire, elle est buissonnante. Chez les globicéphales, le lobe préfrontal et les neurones sont deux fois plus nombreux que chez les autres mammifères. Les cétacés sont capables d'émettre un nombre élevé de signaux qui, transportés par l'eau, viennent vibrer contre l'os frontal des congénères voisins, constituant ainsi un champ sensoriel palpable, comme un toucher qui fait vibrer à l'unisson tous les cerveaux des animaux du groupe. Faut-il penser que les rorquals qui ont un cerveau plus gros que les humains et deux fois plus de replis corticaux nous sont supérieurs ? Devons-nous admettre que les orques et les dauphins, grâce à une communication sonore riche et nuancée, se coordonnent pour chasser, nager en groupes synchronisés, s'occuper des petits, faire la sieste en position verticale et dormir allongés sur un côté, sont plus intelligents que nous qui ne savons pas faire tout cela ? Les oiseaux, avec leurs simples lamelles de cortex, possèdent d'autres neurones dans les zones profondes proches des noyaux moteurs. Ces virtuoses de la communication chantée, nous mettent-ils en situation de débiles chanteurs ? Les chiens, qui perçoivent la moindre molécule olfactive que nous émettons à notre insu, peuvent-ils être nos maîtres ? Le ver de terre, qui sait forer le sol bien mieux que nous, la bactérie phosphorescente, qui utilise la moindre lumière, l'éléphant, qui se sert de son nez comme d'une main, l'anguille, qui fabrique de l'électricité, la chauve-souris, qui écholocalise à toute allure, se sentent-ils supérieurs aux humains ? Peut-être pourrait-on penser que toutes ces formes du vivant sont abouties, chacune dans son genre, dans sa branche de buisson où la hiérarchie n'a pas de sens.

Le langage humain fait voir des mondes invisibles

Le langage humain est unique parmi tous les langages animaux[1]. Le cheminement vers la parole part d'un cerveau humain différent de tous les autres cerveaux. L'aire de Broca (temporale antérieure gauche) existe chez les grands singes et pourtant, quand on la stimule, l'animal n'émet pas de mots : il lève le bras droit et tourne la tête, c'est ainsi que son cerveau agit sur son corps. Alors que chez un enfant humain, le cheminement des impulsions cérébrales se fait vers l'hémicorps droit et la parole. Il s'agit d'une ontogenèse, le développement d'une aptitude qui se met en place graduellement, tout au long de la vie, sous l'effet des pressions du milieu. L'impulsion gouverne d'abord l'hémicorps droit, puis, quand la parole apparaît vers le vingtième mois, l'enfant s'en sert pour agir sur le monde mental d'un autre[2].

Nous, êtres humains, avons été pendant neuf mois des mammifères aquatiques, nourris, logés, blanchis dans une suspension hydrostatique chauffée à 37 °C. En tant qu'animal marin, nous percevions la voix de

1. Pinker S., *L'Instinct du langage*, Paris, Odile Jacob, « Poches Odile Jacob », 2013, p. 339.
2. Dehaene-Lambertz G., « Bases cérébrales de l'acquisition du langage : apport de la neuro-imagerie », *Neuropsychiatrie de l'enfance et de l'adolescence*, 2004, 52 (7), p. 452-459.

la femme qui nous portait, sous forme de basses fréquences qui vibraient comme un diapason contre notre os frontal et, de là, filaient vers l'oreille interne qui informait le cerveau qu'un son venait d'arriver[1]. Cette vibration inscrite dans la mémoire du fœtus explique pourquoi, dans l'heure qui suit la naissance, le bébé tourne la tête et les yeux vers la voix de la mère, alors qu'il ne réagit pas aux autres voix[2]. Tout de suite après la naissance, un objet sensoriel se met en place autour du nouveau-né. Il est constitué par la voix maternelle, la brillance de ses yeux, les saccades oculaires, l'accrochage du regard à trente centimètres du visage du bébé. La forme du mamelon, l'odeur du sein, la sensation d'une manipulation douce ou brutale complètent cet objet sensoriel qui, de jour en jour, se précise et s'agrandit pour devenir, vers le deuxième mois, un visage familier[3] que le bébé plus tard, vers le dixième mois, désignera par une vocalisation particulière : « Ma-Ma ». La constitution progressive de cette image sensorielle prend un effet sécurisant dans un monde inconnu. Cette base familière sert de repère sur lequel le bébé s'appuiera pour explorer son monde. Dès le départ dans l'existence c'est un objet extérieur au bébé, mais

1. Granier-Deferre C., Busnel M.-C., « L'audition prénatale, quoi de neuf ? », *Spirale*, 2011, 3 (59), p. 17-32.
2. Noirot E., « Réflexion sur la stratégie de recherche dans le domaine du développement humain précoce », *in* R. Zazzo (dir.), *La Première Année de la vie*, Paris, PUF, 1986.
3. Acerra F., De Schonen S., Burnaod Y., « Modelling aspects of face processing in early infancy », *Developmental Science*, 2003, 5 (1), p. 98-117.

proche de lui qui sert de base de sécurité à laquelle il se réfère quand il ose s'en éloigner. Dans un langage adulte on dira : « Quand je sens près de moi un Autre qui me sécurise, ça me donne confiance, c'est ainsi que j'acquiers le plaisir d'explorer l'inconnu. » Tous les mammifères manifestent ce processus comportemental quand le petit s'éloigne de sa mère jusqu'à ce que, effrayé, il se retourne et se précipite pour s'enfouir sous elle[1]. Une fois sécurisé, il repart à l'assaut. Ainsi font les mammifères, les oiseaux, les primates non humains et les primates humains, qui ont besoin d'un autre pour devenir eux-mêmes. Le cerveau humain possède une aptitude à orienter l'organisme vers ce qui donnera la parole, à condition qu'il rencontre un autre organisme orienté de même. Si un cerveau apte à la parole ne rencontre pas un autre cerveau apte à la parole, il n'aura aucune chance de parler, même s'il est sain.

C'est en se confiant à une autre qu'un petit humain parvient à poursuivre son développement personnel. Cette phrase décrit en termes quotidiens le processus cérébral où deux pulsions contraires sont associées. Lorsqu'on stimule trop le « circuit de la récompense[2] », on finit par provoquer un écœurement où même une

1. Suomi S. J., « Attachment in rhesus monkeys », *in* J. Cassidy, P. R. Shaver (dir.), *Handbook of Attachment*, New York, The Guilford Press, 1999, p. 181-197.
2. Circuit de la récompense : connexion longitudinale de neurones qui relie le noyau accumbens, profondément situé, au septum, à l'amygdale et au cortex préfrontal. Le circuit de la punition concerne le système latéral périventriculaire qui oriente les impulsions vers l'amygdale et le cortex temporal.

douleur. Et lorsqu'on stimule trop le « circuit de la punition », on finit par provoquer une sidération cérébrale ou une extase métaphysique[1]. Quand un bébé de 4 à 5 mois doit affronter une situation inconnue stressante, par exemple un escalier, il regarde sa figure d'attachement, sa mère, un substitut maternel ou un équivalent familier, comme une assistante maternelle, une éducatrice de jeunes enfants ou un homme qui, en s'occupant du bébé, finit par acquérir un effet de base de sécurité[2]. Quand cette figure d'attachement exprime des mimiques faciales ouvertes : sourires, sourcils élevés, yeux écarquillés, le bébé encouragé par cette mimique tente l'aventure et descend l'escalier en rampant. Mais quand les mimiques faciales se ferment : bouche pincée, sourcils froncés, yeux plissés, le bébé non sécurisé, confirmé dans sa crainte, se replie sur lui-même et inhibe son action. À l'âge du « Non », au début de la troisième année, si le bébé a acquis une confiance en lui, il sourira et se lancera quand même dans l'escalier. Il faudra donc trouver une autre expression de l'interdit, comme une prosodie brutale : « Attention ! tu vas te faire mal ! » À l'âge adulte, on conserve ce processus de sécurisation-exploration[3]. Quand on est anxieux ou

1. Janet P., *De l'angoisse à l'extase*, t. 1 : *Études sur les croyances et les sentiments* [1926], Paris, L'Harmattan, 1975.
2. Goumas C., *Prendre des risques pour grandir quand on est sous mesure de protection*, diplôme universitaire d'éthologie humaine, université de Toulon, juin 2023.
3. Bowlby J., *Attachement et perte*, 3 tomes : *L'Attachement* ; *La Séparation. Angoisse et colère* ; *La Perte*, Paris, PUF, 1978, 1978, 1984.

malheureux, comme lors d'un deuil, on se replie sur soi, on serre dans ses bras quelqu'un qu'on aime et son contact nous apaise. Et quand on veut tenter une aventure humaine on cherche, hors de soi, un modèle identificatoire qui indique la direction.

L'imitation des images et des sons permet au petit de s'intégrer dans un groupe

Un processus d'éloignement des informations se met en place graduellement dans le monde vivant : la limace de mer perçoit des informations proches de son corps, on pourrait même dire contre son corps : la chaleur, la sécheresse et la luminosité. Quand le système nerveux se complexifie, il traite des informations de plus en plus éloignées, comme le chat qui se dirige vers une maison voisine où le silence et la nourriture lui conviennent mieux que sa première maison, ou comme le chimpanzé qui affûte une branche pour en faire une canne à pêche qu'il va traîner pendant plusieurs kilomètres jusqu'à la termitière.

Les enfants humains connaissent ce processus d'éloignement des informations, d'élargissement de leur monde. Dans l'utérus, leur première niche écologique, ils perçoivent contre leur corps les basses fréquences de la voix maternelle qui viennent vibrer contre leur front, ou les contractions utérines qui, à chaque mouvement de la mère, exercent une pression sur leur dos. Tout de suite après la naissance, dans leur deuxième niche écologique, les stimulations demeurent encore près du corps : la voix, le mamelon, la brillance des yeux, l'odeur, la manipulation maternelle touchent le corps du nouveau-né. Vers le deuxième mois le bébé perçoit un visage complexe qui émet des mimiques qu'il ne peut pas ne pas imiter. Il tire la langue, fronce les sourcils et ouvre la bouche dès qu'il perçoit ces mouvements sur la face d'un adulte en face de lui[1]. L'espèce humaine est virtuose du traitement des informations faciales, prouvant ainsi que dès le début de l'existence, les cerveaux interagissent : l'expression de l'un fait impression dans l'autre. Non seulement le bébé apprend en imitant, mais il incorpore cette information dans sa mémoire, se préparant ainsi à répondre à des informations passées non contextuelles qui commencent déjà à construire son monde.

Ce qui revient à dire que lorsque les animaux imitent, ils apprennent à vivre dans le monde de leur espèce. Beaucoup d'oiseaux, beaucoup de mammifères observent avec une acuité particulière comment un congénère cache sa nourriture. Ils attendent prudemment avant de venir la voler. Ils répondent à une

1. Meltzoff A. N., Keith-Moore M., « Imitation et développement humain : les premiers temps de la vie », *Terrain*, 2005, 44, p. 71-90.

information signifiante pour eux : le morceau de viande caché par un autre carnivore ou les noisettes qu'un écureuil met en sûreté dans un tronc d'arbre. L'animal observateur répond à une perception qui désigne une chose qui n'est plus là, impossible à percevoir. On peut donc employer l'expression « monde mental » puisque ces êtres vivants vivent dans le réel présent autant que dans le réel passé qu'ils font revenir dans leur conscience. Il est licite de dire qu'un animal « vole » de la nourriture puisque lorsqu'il observe le lieu de la cache, il attend que le propriétaire s'éloigne pour s'approcher prudemment de l'aliment dissimulé. Un tel scénario comportemental, comme une histoire sans paroles, nous invite à penser que ces animaux éprouvent un sentiment de transgression qui, dans leur monde, est un équivalent de surmoi des enfants humains quand ils ont conscience de faire une bêtise.

La socialité des animaux, l'élan vers le congénère, réalise une situation où ils peuvent voir et apprendre ce qui va thématiser leur existence : comment courtiser, comment copuler, comment se comporter avec les petits. Face à un inconnu, ils voient comment les adultes fuient, se protègent ou se groupent pour attaquer[1]. Le fait de vivre en groupe permet une observation

---

1. Danchin E., Giraldeau L.-A. *et al.*, « L'imitation dans le monde animal », *Terrain*, 2005, 44, p. 91-108.

à distance, un apprentissage facile qui aide à s'intégrer. Quand l'animal est seul, il apprend par « essais/erreurs », en tâtonnant, en se cognant au réel. Quand l'isolement dure longtemps, l'être vivant ne dispose pas de modèle pour apprendre. Il se centre sur lui-même puisqu'il n'y a pas d'altérité. Il n'y a rien à apprendre dans un monde vide, il ne reste que des comportements autocentrés, stéréotypés, adaptés au désert.

Le cerveau d'un oiseau perçoit avec acuité le trille d'un autre oiseau, tandis que le cerveau d'un cétacé discrimine avec précision les innombrables clics d'un autre cétacé. Cette base biologique est nécessaire mais non suffisante pour structurer une communication. Un pinson isolé manifeste un trille approximatif, une pulsion de pinson pourrait-on dire, qu'il ne pourra agencer sous forme de mélodie que s'il vit parmi d'autres pinsons pour apprendre à chanter comme eux. Le chant des mésanges charbonnières varie selon les pays. L'arrangement des notes n'est pas le même en Iran, au Maroc ou en Europe. À partir d'une même aptitude génétique à apprendre, le chant devient caractéristique du groupe[1], comme un accent. Le chant d'un canari isolé donne un spectrogramme imprécis, sans phrasé ni pureté tonale. Dès que ce canari est placé au contact des adultes, son chant se normalise avec l'accent et le

1. McFarland D., *Le Comportement animal. Psychobiologie, éthologie et évolution*, Bruxelles, De Boeck, 2020, p. 425.

phrasé du groupe[1]. Un cétacé dont l'anatomie permet l'émission de clics ne pourra les agencer que s'il se développe dans un groupe de cétacés. Un corbeau ne pourra fabriquer les outils dont le style correspond à la culture du groupe que s'il se développe dans une collectivité de corbeaux et observe les adultes quand ils choisissent des épines pour transpercer les vers logés au fond des écorces inaccessibles avec leur bec[2]. Un bébé humain préverbal n'apprend à effectuer les mimiques faciales que s'il voit des adultes lui tirer la langue, sourire ou froncer les sourcils. Lorsque, vers l'âge de 12 mois, un enfant montre un objet en pointant du doigt on comprend que, par ce geste désignatif, il a l'intention d'agir sur le monde mental de l'adulte pour orienter son attention vers un objet[3]. Dès ce stade, le petit humain élargit son monde mental pour, d'un simple geste, piloter l'esprit d'un autre. Avant la parole, il commence déjà à échapper à la proximité des informations pour habiter un monde invisible qui pourtant le gouverne. Ce processus d'échappement au contexte est graduel. Il suffit de voir à la plage des enfants âgés de 6-7 ans qui savent bien parler et qui pourtant ne perçoivent avec acuité que les objets signifiants pour

1. *Ibid.*, p. 43.
2. Hunt G. L., Gray D., « Diversifications and cumulative evolution in New Caledonian crow food manufacture », *Proceedings of the Royal Society of London*, 2003, 270, p. 867-874.
3. Robichez-Dispa A., Cyrulnik B., « Observation éthologique comparée des gestes de pointer du doigt chez des enfants normaux et des enfants psychotiques », *Neuropsychiatrie de l'enfance et de l'adolescence*, 1992, 5-6, p. 292-299.

eux, tels que les parents, les petits copains et les ustensiles de jeu (ballons, brassières de nage, pelles et seaux). Le reste est flou, mal perçu, ils voient mal les adultes non familiers, qu'ils perçoivent comme des obstacles gênants. Ce n'est qu'en vieillissant que leur maturation neuropsychologique permettra d'élargir leur champ de conscience et de voir à la fois la mer, le sable, les copains, les parents et les adultes inconnus.

CHAPITRE 3

« PRODUIRE DES CONNAISSANCES INVISIBLES »

La vérité des autres

L'élargissement du monde mental part de stimulations corporelles proches (toucher de la voix, contact de la peau, odeurs, manipulation du corps), traite des informations de plus en plus élaborées (autres figures d'attachement, papa, grand-mère, ouah-ouah, nounours), jusqu'au moment où la maîtrise de la parole met des sonorités convenues pour désigner des objets impossibles à percevoir. L'accès au monde des mots éloigne de plus en plus de la réalité sensible.

Ce processus d'éloignement des stimulations permet de comprendre qu'un grand nombre d'animaux parviennent à manipuler le monde mental des autres, comme un enfant humain âgé de 10-12 mois pilote le psychisme d'un autre[1], alors qu'il est encore loin de la maîtrise du langage. Un animal, par l'expression de ses émotions, par ses mimiques, ses cris et ses gestes, peut faire impression dans le monde d'un autre pour le menacer ou l'attirer. Il peut aussi le tromper délibérément. Un singe qui se sait observé par ses congénères fait semblant de cacher des aliments dans un buisson mais, profitant d'un moment d'inattention des autres, il emporte ses provisions pour les cacher ailleurs. Une femelle motivée pour la sexualité sollicite un mâle dominant à grands cris, avec des comportements d'invitation sexuelle. Mais elle se fait discrète, quand elle copule avec un mâle non dominant. Par ces comportements de « tromperie machiavélique[2] », les singes sont capables d'orienter les congénères vers des lieux où ils leur font « croire » qu'ils ont caché de la nourriture. Ils parviennent à avoir des « aventures extraconjugales » en toute discrétion. Ce qui permet de réaliser ces performances intellectuelles c'est l'empathie, l'aptitude à se décentrer de son propre monde pour se représenter le monde d'un autre. La tromperie intentionnelle observée chez les oiseaux, les singes, les enfants humains et les adultes fournit la preuve de la maîtrise d'une intelligence préverbale[3].

1. Stern D., *Le Monde interpersonnel du nourrisson*, Paris, PUF, « Le fil rouge », 2003.
2. Laland K., *La Symphonie inachevée de Darwin. Comment la culture a façonné l'esprit humain*, Paris, La Découverte, 2022, p. 158-159.
3. Soulé M., Cyrulnik B., *L'Intelligence avant la parole. Nouvelles approches originales du bébé*, Paris, ESF, 1998.

La phylogenèse[1] de l'empathie dépend de la complexification croissante des systèmes nerveux d'espèces différentes, en interactions incessantes avec l'organisation de leur groupe. Et l'ontogenèse de l'empathie crée une aptitude à éprouver un sentiment provoqué par la représentation du monde d'un autre. Ce qui revient à dire que lorsque le cerveau d'un enfant humain se développe sous l'effet de la pression des parents, des copains et de la culture, il quitte graduellement le monde des perceptions contextuelles pour évoluer vers un monde de représentations abstraites.

Le monde que l'on perçoit dépend de la construction de notre appareil à voir le monde. Ce dispositif est constitué par notre cerveau, pétri par son environnement écologique et social[2], et par notre langage imprégné en nous par le langage des autres. Un nourrisson est pénétré par les stimulations de son milieu familial et culturel où il acquiert le socle de sa personnalité. D'où l'importance des 1 000 premiers jours au cours desquels la société peut décider politiquement de mettre en place les facteurs de protection affectifs et éducatifs qui vont offrir au bébé un bon départ dans l'existence[3].

1. Phylogenèse : comment une espèce prend forme, à travers les générations, sous l'effet de pressions évolutives. Ontogenèse : développement d'un individu depuis la conception jusqu'à la mort, sous l'effet des pressions du milieu.
2. Susanne C., Rebato E., Chiarelli B. (dir.), *Anthropologie biologique. Évolution et biologie humaine*, Bruxelles, De Boeck, 2003. Et Cyrulnik B., *Des âmes et des saisons. Psycho-écologie*, Paris, Odile Jacob, 2021.
3. Gratier M., Lumbroso V., Siméoni U., *L'Odyssée des 1 000 premiers jours*, Paris, Marabout, 2022.

Le petit, avant la parole, peut agir sur le monde mental des autres par ses mimiques, ses cris et ses gestes. Mais, quand il débarque dans le monde des mots, au cours de la période sensible du vingtième au trentième mois, sa construction cérébrale ne lui permet pas encore de différencier l'apparence et la réalité. Ce qu'il voit et ce qu'il entend sont une évidence pour lui, c'est la seule vérité. John Flavell, un psychologue du développement, a peint une éponge de façon à lui donner l'apparence d'une pierre[1]. Puis il a demandé à des enfants de 4 ans : « Quel est cet objet ? » Tous les enfants ont répondu : « C'est un caillou » parce qu'à ce stade de leur développement ils se fient à ce qu'ils voient. Ce n'est qu'à partir de 5 ans qu'ils deviennent capables de penser : « On dirait que c'est une pierre, mais je me demande si ce n'est pas une éponge. » Leur maturation neuropsychologique leur permet d'aller au-delà de l'apparence pour se représenter ce qu'ils ne voient pas. En se développant et en allant chercher les sources de leur savoir de plus en plus loin, ils finissent par se représenter le monde mental d'un autre et parviennent même à comprendre que ses apparences font fausse route et l'engagent dans de fausses croyances. L'expérimentateur demande alors à ces enfants de toucher ce qu'ils croient être une pierre et l'ajout d'une

1. Flavell J. H., « The development of children's knowledge about the appearance-reality distinction », *American Psychologist*, 2002, 41, p. 418-425.

nouvelle perception sensorielle les remet dans le droit chemin : « Je croyais que c'était une pierre, je découvre que c'est une éponge. » Un enfant de 5 ans comprend alors que l'on peut être trompé par l'apparence d'un objet. Cette découverte lui fait concevoir qu'en se trompant, les autres ne pensent pas comme lui, ils vivent dans un autre monde. Ce processus de décentrement de soi est graduel :

- D'abord : « La vérité, c'est ce que je vois. »
- Puis : « Il ne voit pas comme moi, donc il se trompe, pas moi. »
- Enfin : « Il y a mille manières de voir le monde et de le comprendre, toutes sont respectables. »

Ce processus de maturation neuropsychologique ne peut se développer que le long d'un Autre. Sans Autre, tout s'éteint : un cerveau a besoin d'être stimulé par un autre cerveau pour ne pas s'atrophier. Une personne a besoin d'un autre monde mental pour mieux comprendre le sien. Un être humain isolé n'a rien à penser, il ne peut penser par lui-même que si un autre pense aussi par lui-même, mais autrement. Quand l'environnement affectif et culturel est appauvri, la maturation s'arrête en chemin. Il n'est pas rare d'entendre des adultes expliquer que la Terre est plate (il suffit de voir) et que le Soleil tourne autour de la Terre (il suffit de voir). Pour que l'apparence ne rende pas aveugle, il aurait fallu qu'une figure d'attachement sécurise « ceux qui ont des yeux et ne voient point[1] », afin de leur donner la force d'explorer et de voir un autre réel.

Perceptions protectrices, illusions bienfaitrices

Tous les êtres vivants qui possèdent un cerveau deviennent graduellement capables de faire cette performance intellectuelle. Un poisson errant hors de son banc n'est pas vraiment un poisson. Il nage en tous sens, dépense beaucoup d'énergie et ne se comporte en poisson que lorsqu'il réintègre son banc. Un oiseau, dans un vol d'oiseaux, se déplace à l'économie. Il suffit qu'un seul oiseau soit alerté par un changement de vent, un bruit effrayant ou une lumière inattendue pour que tous les individus de ce groupe manifestent une réponse adaptée, alors qu'un seul a perçu l'information. Quand un être humain perçoit un geste signifiant sur le corps de l'autre, la zone qui, dans son propre cerveau, commande aux mêmes muscles que l'autre prépare son corps à faire le même geste. Il suffit de voir un geste pour que le cerveau de l'observateur se prépare à faire le même geste. Les apprentissages par imitation sont inévitables et faciles à mettre en chantier

1. Jérémie 5, 21.

grâce aux neurones miroirs[1]. Tous les animaux peuvent percevoir un signal signifiant sur le corps d'un congénère et y réagir « comme un seul homme », comme le font les poissons d'un banc ou les oiseaux d'un vol qui changent de direction, montent ou plongent tous ensemble, synchronisés, alors qu'un seul a perçu l'information d'alerte. Le premier qui s'envole déclenche le vol de tous les autres, l'expression de l'émotion d'un seul permet la synchronisation de la fuite ou de l'attaque.

Les mammifères qui nous côtoient perçoivent la moindre expression de nos émotions. Mon chat vient se blottir contre moi pour se détendre ou se réchauffer dès que je m'immobilise pour regarder la télé, écrire ou faire la sieste. Les animaux perçoivent peut-être mieux que nous les intentions d'un autre, exprimées par la fixité du regard ou l'immobilité tendue de leur corps qui se prépare à l'attaque. Lorsqu'un tigre est repu, son corps exprime une intention de sieste, les antilopes le savent et se promènent en toute sécurité à quelques mètres de lui. Beaucoup d'animaux sont capables de traiter des informations enracinées dans le monde mental d'un autre. Ils peuvent, par empathie, savoir que l'autre se prépare à jouer, attaquer ou voler la nourriture. Les singes savent mentir en effectuant un scénario comportemental qui modifie le monde mental de l'autre. Cette performance intellectuelle prouve

1. Rizzolatti G., Sinigaglia C., *Les Neurones miroirs*, Paris, Odile Jacob, 2008.

leur intelligence puisqu'ils peuvent faire croire qu'ils ont caché la nourriture dans un buisson, alors qu'en fait ils l'ont emportée ailleurs. Par son comportement menteur, il a orienté les représentations du voleur possible, prouvant ainsi qu'il a accès à son monde mental. Il a induit dans l'esprit d'un autre une fausse représentation pour garder le magot. Les animaux qui possèdent un cerveau capable de traiter des informations de plus en plus éloignées du contexte, au point même de répondre aux intentions d'un autre, réalisent les mêmes performances que les enfants humains. Mais quand la parole est en place, vers la troisième année, les petits humains traitent des problèmes invisibles, représentés par des mots : « Si tu fais des bêtises, papa va se fâcher. » Papa n'est pas là, sa colère n'est pas perçue et pourtant l'enfant répond aux mots qui sont mis là pour représenter la colère à venir. Vers 6 ou 7 ans, quand les connexions fronto-limbiques associent l'anticipation et le passé, l'enfant accède à la représentation du temps qui permet de faire un récit. À ce stade de développement, il devient capable d'entendre un récit de filiation ou de rêve à réaliser. Les parents ne constituent plus le seul point de départ de la filiation. « Mes parents ont eu deux parents qui ont eu deux parents », ils ne sont plus « l'unique autorité et la source de toute croyance[1] ». Hier soir, chez un ami,

1. Freud S., *Névrose, psychose et perversion*, Paris, PUF, 2010.

j'ai entendu : « Mon ancêtre a combattu contre les Toulonnais dans la batterie des hommes sans peur de Bonaparte… Il a survécu aux massacres et, quand la paix est revenue, il a acheté cette maison qui surplombe la rade. » Comment savoir que son ancêtre a combattu pour Bonaparte ? Seule une archive de mots écrits a pu fournir la preuve. Les mots sont venus à la place de la bataille qu'il n'est plus possible de percevoir. Ce bonapartiste est-il vraiment l'ancêtre du propriétaire de la maison ? Il y a peut-être dans ses origines un bâtard secret ou un enfant adopté dont on a perdu les papiers ? Peu importe, ce qui fait filiation, c'est un récit étayé par des archives, des objets ou des factures d'entrepreneurs qui ont réparé la maison.

Mon chat noir ne peut pas faire ça. Il peut percevoir l'expression des émotions d'un proche avec une acuité peut-être supérieure à celle des humains. Il peut percevoir son intention de l'agresser quand le voisin s'immobilise pour le regarder fixement et que ses muscles se tendent pour préparer l'attaque. Mon chat peut même percevoir les molécules du stress qui s'évaporent quand cet homme se met en colère, même s'il ne crie pas ou ne dit pas un mot. Mais je pense que, n'ayant pas accès au récit, mon chat ne peut pas comprendre que mon voisin lui est hostile parce que sa fourrure est noire, ce qui pour lui signifie qu'il « a la gueule brûlée aux feux de l'enfer », comme on disait au Moyen Âge. Les chats noirs portent malheur, croyait-on, il était donc sain de purifier l'atmosphère en les éliminant. Alors on dresse un gibet, on met des chats dans un sac sous lequel on allume un feu. « Tous les chats qu'il faut mettre audit feu, comme de coutume », lit-on dans une archive au *Registre de Paris* en 1573, enflammés comme des torches fuient parmi les spectateurs qui sautent par-dessus en riant lors des feux de la Saint-Jean. Je pense que mon chat ne peut pas se représenter le monde de croyances de ses persécuteurs. Mais nous, humains, nous nous représentons les représentations des autres, nous leur attribuons des pouvoirs maléfiques (ils veulent ma mort) ou bénéfiques (ils vont nous sauver), puis nous habitons le monde que nous venons d'inventer et auquel nous croyons profondément. Ces représentations déclenchent en nous des sentiments qui modifient notre biologie et nous poussent à l'acte. La simple croyance que l'Autre veut notre mort augmente la sécrétion des hormones de stress, nous fait rougir ou pâlir, nous prépare à la fuite ou au combat. À l'inverse la croyance que l'Autre nous protège diminue la sécrétion des hormones du stress, régularise le rythme alpha de notre cerveau relaxé et vigile, comme lors d'une hypnose.

Ce processus d'échappement au réel, lié à l'aptitude à la parole et à la constitution de récits, fait de nous les seuls êtres vivants capables d'habiter un monde totalement impossible à percevoir. Notre aptitude à l'abstraction peut nous donner un bonheur sublime : « Parce que tu m'as vu, tu crois. Heureux ceux qui croient sans avoir vu[1] », a dit Jésus en s'adressant à Thomas. Mais quand le contexte est catastrophique, à cause d'une guerre, d'une famine, d'une épidémie ou d'un tremblement de terre, il devient possible de sortir du chaos mental en se réfugiant dans un récit qui donne forme à l'espérance : « Les derniers seront les premiers » est une forme verbale de ce qui pourrait se dire : « Tu es au fond du gouffre aujourd'hui, mais crois en moi et demain, tu sortiras en pleine lumière. » Quand le malheur donne des idées noires, un récit peut expliquer que la souffrance vient des chats noirs, des Juifs ou des sorcières. Cet éclairage verbal n'a rien à voir avec les causes réelles, et pourtant il déclenche l'illusion de maîtriser la situation[2] : « Nous avons désormais une conduite à tenir, un programme d'actions pour faire cesser la souffrance. Il suffit de dresser un gibet, d'y mettre le feu et d'y jeter les chats noirs, les Juifs et les sorcières pour que le problème soit résolu. » Ainsi fut fait, ce qui ne fit qu'ajouter du malheur au malheur[3].

L'altruisme animal, qui n'est pas rare, consiste à manifester un comportement bienveillant à l'égard d'un autre. Plusieurs fois, ma chatte a attrapé une souris, lui a broyé l'arrière-train de façon à ce qu'elle coure

1. Évangile selon saint Jean 20, 29.
2. Taylor S. E., *Positive Illusions : Creative Self-Deception and the Healthy Mind*, New York, Basic Books, 1989.
3. Oldstone B. A., *Viruses, Plagues and History*, New York, Oxford University Press, 1998.

moins vite et l'a déposée aux pieds de mon épouse. Dans le monde mental de ma chatte, il s'agissait de lui apprendre à chasser les souris, ce qui est plutôt bienveillant. Mais ce ne fut pas l'avis de ma femme, qui ne chasse pas les souris en leur broyant l'arrière-train. L'altruisme animal s'oriente vers le corps d'un congénère autant que vers son monde mental. L'animal qui reçoit ce don en tire un bénéfice quand il est nourri, éduqué et protégé. Mais le donateur aussi en tire un bénéfice quand le petit devenu grand fera le même don au nouveau-né, ce qui permettra la survie de la lignée. « On peut considérer l'altruisme envers les siens… comme une forme d'égoïsme[1] » car tous les individus du groupe en bénéficient en augmentant la protection de chaque membre. Les soins parentaux sont une forme d'altruisme que de nombreuses espèces d'oiseaux et de mammifères manifestent impérativement. Les moineaux mâles ne peuvent pas s'empêcher de nourrir un jeune qui ouvre un large bec, et une femelle ne peut pas ne pas nourrir les petits qui restent au nid. Pourtant, il arrive qu'une chatte ou un toupaye (singe-écureuil) mangent les derniers-nés. Quand le contexte écologique devient stressant, l'« infanticide » permet à la mère de continuer à bien s'occuper des premiers-nés dans un milieu appauvri. L'investissement parental reste ainsi

1. McFarland D., *Le Comportement animal. Psychologie, éthologie et évolution*, Bruxelles, De Boeck, 2020, p. 133.

préservé, même quand les conditions environnementales appauvries mettent les organismes en alerte.

Les comportements individuels n'échappent pas à ces pressions. Les oiseaux sont monogames dans plus de 90 % des espèces, mais, quand les couples sont provisoires, leur formation dépend de la chaleur et de la lumière des jours. Ils se séparent dès qu'il fait froid et que les jours raccourcissent. Les primates vivent dans de grands groupes où ils forment des sous-groupes amicaux et des couples plus ou moins durables. Chez les ouistitis, les tamarins et les entelles, les mâles s'occupent des petits, mais, dans la plupart des espèces, les mâles ne s'y attachent pas, même si parfois il est arrivé qu'un gorille mâle recueille et s'occupe d'un petit orphelin.

Dans l'ensemble, le simple fait de vivre en groupe constitue une protection contre les prédateurs, une meilleure qualité de soins donnés aux petits et une vie tranquille puisque seul le guetteur est en alerte, tandis que les autres vaquent paisiblement. La taille du groupe constitue aussi une pression écologique : quand une surdensité épuise les ressources du contexte, la collectivité animale doit effectuer des déplacements plus longs pour trouver la nourriture, ce qui change les comportements d'exploration et le métabolisme de chaque individu.

Je ne peux reconnaître l'Autre que si je me suis bien construit

Les êtres humains subissent, eux aussi, ces pressions biologiques et écologiques auxquelles ils ajoutent deux influences spécifiquement humaines :

- La lenteur du développement de leur cerveau. Cette prolongation du temps où le cerveau peut prendre l'empreinte les rend plus longtemps réceptifs aux pressions du milieu et aux apprentissages relationnels.
- L'accès au monde des machines et des mots crée un univers artificiel capable de sculpter leur cerveau, d'influencer leur psychisme et d'établir de nouvelles règles morales.

Pendant les 1 000 premiers jours de leur vie, les tout-petits, sous l'effet de ces pressions extérieures, construisent leur appareil à voir et à penser le monde. Ils perçoivent des informations sensorielles qu'ils extraient de leur milieu proche maternel et familial. Puis ils agencent ces données pour en faire une représentation du monde qu'ils appelleront « réalité ». Dès l'âge de 4 ans, ils acquièrent une nouvelle manière de penser : ils vont chercher des informations dans le monde des autres, dans leur intimité impossible à percevoir. La simple perception du corps des autres n'est plus suffisante, il faut aussi comprendre leurs désirs et leurs croyances. Il faudra encore le temps d'une maturation cérébrale et psychologique pour découvrir que les autres peuvent se faire des représentations différentes de la sienne et comprendre que « les gens agissent selon leurs croyances... même si leur croyance est fausse[1] ». Encore plus tard, l'enfant se représente l'intermentalité : « Je comprends que tu as compris », « Je sais que tu penses que je me trompe ». Cette réciprocité mentale invisible, qui ne se met en place que vers l'âge de 7 ans, joue un rôle important à l'école, où elle est nécessaire pour établir une entente amicale entre enfants[2]. Les écoliers se comprennent préverbalement, alors que cette communication repose sur un sentiment clairement ressenti dont ils ignorent l'origine. Ce qui est fondateur de l'intermentalité, c'est la théâtralité. Quand un comédien joue sur la scène un problème de la cité, il donne une apparence visible et audible à un phénomène qui a été réel... ailleurs. Personne ne peut voir ce réel, mais tout le monde peut voir la représentation théâtrale de ce réel.

Le processus d'extraction d'informations de plus en plus éloignées du corps commence dès la naissance. Les nouveau-nés expriment leurs émotions intimes par des pleurs de détresse ou des colères de frustration. Il ne

1. Bee H., Boyd D., *Psychologie du développement. Les âges de la vie*, Bruxelles, De Boeck, 2003, p. 167-168.
2. Watson A., Nixon C. *et al.*, « Social interactions, skills and theory of mind in young children », *Development Psychology*, 1999, 35, p. 386-391.

leur faut que quelques mois pour apprendre à jouer le théâtre de l'attachement : « Fais un bisou à ta grand-mère », « Fais “au revoir” avec la main ». L'enfant préverbal a parfaitement compris comment, avec son corps, on peut agir sur l'âme d'un autre. Les émotions qu'expriment ces petits sont parfois déclenchées par un événement réel comme le départ de la mère ou par le petit frère qui vient d'arracher le nounours. Mais, très rapidement, c'est un jeu de fiction qui va générer un sentiment. Quand la petite fille toilette sa poupée, lui donne à manger ou essaie de marcher dans les chaussures de sa mère, c'est une mise en scène théâtrale qui agit sur son esprit et celui des autres pour les faire rire ou pleurer.

Les animaux, comme tous les petits, jouent d'abord à des jeux moteurs, ils essaient d'attraper la queue de leur mère ou prennent des postures de bagarre. Mais les enfants humains, dès l'âge de 5-6 ans, acquièrent la capacité de mettre en scène un scénario imaginaire qui désigne une réalité passée ou à venir. Ils jouent à tourner le volant de la voiture comme ils ont vu papa le faire, elles demandent à porter un soutien-gorge inutile pour montrer aux autres que, quand elles seront grandes, elles « seront une maman ». À peine savent-ils parler que les enfants inventent des mondes imaginaires qui provoquent des émotions réelles et orientent leurs conduites. Le simple fait de partager avec des petits camarades ces mondes invisibles représentés par des jeux crée un sentiment d'appartenance agréable, sécurisant et fortifiant. Celui ou celle qui ne participe pas à cette représentation théâtrale se retrouve dans la situation d'un étranger, d'un inconnu et parfois d'un ennemi. Le cheminement de la théorie de l'esprit[1] nous fait quitter le corps et son contexte immédiat pour évoluer graduellement vers un monde éloigné des perceptions sensorielles, un monde de représentations qui installent dans notre âme des merveilles de créations artistiques et des élans spirituels. Ce cheminement vers l'abstraction aboutit logiquement à une rupture d'amarres qui peut nous faire habiter un monde d'amour ou de haine, de mépris ou de croyances, qui légitime le souhait de s'approcher de l'Autre ou de le faire disparaître.

Beaucoup d'animaux ont accès à cette performance intellectuelle, ils peuvent s'entraider[2] ou se bagarrer. Les conditions cognitives de cette performance nécessitent une maturation cérébrale constamment façonnée par une altérité. Un cerveau sain isolé ne peut pas acquérir la capacité de se décentrer de soi pour se représenter le monde d'un autre. Les chimpanzés, les éléphants, les dauphins et d'autres espèces animales sont capables de

1. Astington J., Jenkins J., « A longitudinal study of the relation between language and theory of mind development », *Developmental Psychology*, 1999, 35, p. 1311-1320.
2. Waal F. de, *L'Âge de l'empathie. Leçons de la nature pour une société solidaire*, Arles, Actes Sud, « Babel », 2011.

se reconnaître dans un miroir[1]. Les enfants humains manifestent face au miroir une évolution graduelle vers la reconnaissance de soi. D'abord, le bébé est attiré par un autre bébé dans le miroir. Il le lèche pour faire sa connaissance comme il porte à la bouche tout objet nouveau. Quelques mois plus tard, il manifeste un embarras face à cet enfant dans le miroir qui n'est pas tout à fait comme les autres puisqu'il réagit dans une synchronie parfaite et non pas dans une adaptation harmonieuse. Il lève le bras en même temps et non pas avec un peu de retard comme lors d'une imitation. Vers l'âge de 16-24 mois le petit, n'ayant plus peur de son reflet, entreprend de s'amuser avec son image car il comprend que cet autre, c'est lui-même dans le miroir. Il fournit la preuve de sa prouesse intellectuelle en se parlant à la troisième personne : « C'est Emmanuel, là[2]. » Il faudra encore attendre une meilleure maîtrise du langage vers la fin de la troisième année pour que le petit parvienne à dire : « C'est moi dans le miroir. » Il ne devient capable de faire une différence entre lui et les autres que lorsque sa propre identité a été établie.

Alors, il accepte que l'Autre vive dans un monde différent. La distinction entre son monde et celui des autres nécessite une paix intérieure qui n'est pas

1. Gallup G., « Chimpanzees : Self-recognition », *Science*, 1970, 167 (3914), p. 86-87.
2. Zazzo R., « Image spéculaire et image antispéculaire », *Enfance*, 1977, 30, p. 223-230.

toujours acquise, car le fleuve de la vie souvent n'est pas tranquille. Dans cette distinction des mondes mentaux, on entend la sentence : « Il ne pense pas comme moi, donc il est fou ou de mauvaise foi. » Quand l'identité est incertaine ou quand un trauma a fragilisé le blessé, il dit : « Je ne sais que penser, dites-moi ce qu'il faut faire. » L'éclopé de l'existence se sent mieux quand il se confie à un autre, un aîné, un professeur, un médecin, un officier, un spécialiste, qui lui dit où est la vérité. La soumission intellectuelle est une bonne affaire quand on se laisse subjuguer par celui ou celle qui donne un cadre, un prêt-à-penser. En récitant quelques slogans, tous ensemble, on éprouve un sentiment d'appartenance euphorisant. Ce bénéfice adaptatif se paie par une dépersonnalisation où le sujet ne voit que ce que le maître lui dit de voir. Il n'est pas assez sûr de lui pour penser par lui-même, il adore ce chef qui lui montre la voie. Il lui fait confiance, ce qui le soulage du poids d'avoir à décider. Est-ce pour cette raison que les dictateurs sont tellement aimés ? De nombreux communistes se sont engagés dans la lutte contre le nazisme et l'ont payé très cher. Pourtant, après la guerre, certains ont été accusés de trahison en faveur de la bourgeoisie et arrêtés sur ordre des commissaires du peuple. Envoyés au goulag, ils ont continué à croire que les autres déportés avaient trahi mais qu'eux-mêmes étaient victimes d'une erreur, puisque le chef adoré ne peut pas se tromper. Quand on est subjugué, il est plus facile de croire que de voir. Quand la théorie de l'esprit[1] a largué les amarres, elle nous mène à habiter un monde imaginaire impossible à juger.

Dans ce cheminement neurocognitif vers la découverte des croyances des autres, les animaux ne sont pas nuls. Les singes[2], les chevaux, les perroquets gris du Gabon, les chiens et probablement d'autres espèces deviennent capables d'attribuer aux autres des états mentaux invisibles mais révélés par des indices corporels que l'animal déchiffre comme s'il pensait : « Je comprends qu'il veut jouer avec moi » ou « Je perçois sur son corps une tension musculaire qui exprime son intention de m'agresser ». Un animal qui côtoie les humains finit par apprendre certains mots qui désignent des événements contextuels : « On sort », « Viens manger », mais il n'a pas accès aux récits, qui nécessitent un langage capable de double articulation et un cerveau apte à la représentation du temps. Double articulation : « Réembarquons » = « ré » (à nouveau), « em » (à l'intérieur), « barque » (objet creux qui flotte), « ons » (tous ensemble) ; quatre phonèmes seulement pour fabriquer la représentation d'un scénario comportemental[3]. Représentation du temps : quand, vers l'âge

1. Duval C., Piolino P. *et al.*, « La théorie de l'esprit : aspects conceptuels, évaluation et effets de l'âge », *Revue de neuropsychologie*, 2011, 3 (1), p. 41-51.
2. Premack D., Woodruff G., « Does the chimpanzee have a theory of mind ? », *Behavioral Brain Science*, 1978, 1 (4), p. 515-526.
3. Martinet A., *Éléments de linguistique générale*, Paris, Armand Colin, 1960.

de 6 à 8 ans, les neurones préfrontaux de l'anticipation se connectent avec les neurones limbiques de la mémoire, le sujet acquiert une aptitude à la représentation conjuguée d'un passé avec un avenir.

Le cheminement vers la représentation de la représentation des autres est une ontogenèse, un développement continu constamment tutorisé par les pressions du milieu. Une expérience individuelle s'inscrit dans la mémoire de l'organisme et, lorsque le sujet ainsi imprégné voit qu'un autre connaît la même expérience, il a tendance à penser : « Je sais quelle est sa souffrance puisque dans mon passé, j'ai subi la même agression », « Cet homme, cet animal souffre du froid parce que, lorsque j'ai été dans la même situation, j'ai souffert du froid, je sais ce que c'est ». Le fait d'être humain nous rend capables d'habiter des mondes mentaux peuplés de récits auxquels on croit comme à une évidence. Nous avons accès à des représentations imperçues, éloignées du réel, et pourtant ressenties en toute intimité. Grâce à l'artifice de la parole, le monde humain s'est prodigieusement agrandi. Nous pouvons nous émerveiller devant l'architecture des tombeaux des pharaons, construits il y a quatre mille ans, et nous pouvons aussi nous indigner de la révocation de l'édit de Nantes en 1685, qui a déclenché un insupportable massacre de protestants. Un événement réel, survenu il y a longtemps, agit encore sur notre cerveau, nos émotions et notre âme grâce à l'artifice du récit. Une telle capacité à répondre à des informations imperçues nous expose au risque de se couper du réel, ce qui est une forte composante du délire. Sans être psychotique, nous pouvons habiter un monde de représentations délirantes auxquelles nous cherchons à croire : « Je crois que les hommes blonds ont un cerveau de meilleure qualité que celui des hommes qui ont la peau noire. » À partir de quelques brins de réel, poils blonds et peaux noires, quelques hommes, pas plus bêtes que d'autres, ont bâti une représentation raciste délirante qui a organisé des politiques de persécution et ont tué et torturé des dizaines de millions d'êtres humains.

Dans les planètes intermentales, les biais de jugement sont inévitables[1]. « Plus l'autre est loin de mon monde, moins je me représente ses souffrances. » Dans un service d'obstétrique israélien, les praticiens ont demandé aux jeunes accouchées d'évaluer leur souffrance, comme cela se fait d'habitude. Les femmes israéliennes et bédouines ont donné une même évaluation. Mais, en analysant les prescriptions, les médecins ont découvert que les Bédouines avaient reçu deux fois moins d'antalgiques. Ils ont alors reconnu qu'ils avaient été moins attentifs à l'expression de la souffrance de ces femmes qui appartenaient à une culture lointaine. L'empathie ayant moins cheminé dans leur monde

1. Danziger N., « Empathie et douleur : la perception de la douleur d'autrui », lors des 20e journées Pediadol : La douleur de l'enfant, Paris, Unesco, 2013.

mental, ces professionnels avaient vu, de leurs yeux vus, non pas le réel de la souffrance des Bédouines mais l'idée qu'ils s'en faisaient[1] : « Les Bédouines souffrent moins parce qu'elles sont endurcies par la vie dans le désert », se disaient-ils. En fait, cet argument donnait une forme rationalisante à leur manière de mal ressentir la souffrance d'un autrui lointain.

Connaissance physique, transcendance métaphysique

Quand j'étais étudiant en médecine, les patrons que j'admirais nous enseignaient qu'il ne fallait pas donner d'antalgiques aux enfants parce que ça modifiait les signes cliniques, ce qui est vrai. « Ne soyez pas émus, disaient-ils, les enfants ne souffrent pas car leurs voies nerveuses ne sont pas terminées », ce qui est aussi vrai. Ces hommes travaillaient quinze à dix-huit heures par jour et ne s'occupaient jamais de leurs propres bébés. Ils se fiaient à leurs lectures et acceptaient sans jugement les stéréotypes culturels de leur époque. Il a fallu que des praticiens affrontent les universitaires incrédules pour mettre au point des méthodes d'évaluation

1. Sheiner E. K., Sheiner E., Shoham-Vardi I. *et al.*, « Ethnic differences influence care giver's estimates of pain during the labour », *Pain*, 1999, 81, p. 299-305.

de la douleur et le traitement qui convenait[1]. Le fait de n'avoir que des connaissances abstraites les avait coupés du réel sensible, ce qui avait freiné le développement de leur empathie.

Aujourd'hui, les renseignements produits par la neuro-imagerie améliorent les diagnostics et soulèvent un problème philosophique fondamental : le monde qu'on voit avec nos yeux n'est pas celui qu'on voit avec nos mots et n'est pas non plus celui que donnent à voir les neurosciences[2]. Il existe une maladie génétique rare, l'insensibilité congénitale à la douleur, où le bébé peut avaler un biberon brûlant sans crier de douleur et où un enfant peut continuer à marcher sans se rendre compte que sa jambe est cassée. Devenues adultes, ces personnes perçoivent mal les expressions émotionnelles des autres et ne font pas de différence entre les mimiques faciales de joie ou de souffrance, révélant ainsi que leur empathie sensorielle est altérée. Mais, quand on leur raconte des épisodes douloureux de la vie des autres et qu'on leur explique le monde intime de leurs souffrances, ces personnes qui, à cause de leur anomalie génétique, n'avaient pas pu faire l'expérience vécue de la douleur ont tout de même acquis une aptitude à l'empathie, cette fois-ci induite par des représentations verbales.

1. Gauvain-Piquard A., Meignier M., *La Douleur de l'enfant*, Paris, Calmann-Lévy, 1994.
2. Danziger N., Prkachin K. M., Willer J.-C., « Is pain the price of empathy ? The perception of other's pain in patients with congenital insensitivity to pain », *Brain*, 2006, 129 (Pt 9), p. 2494-2507.

Alors rendus attentifs à la souffrance des autres, ils ont appris à distinguer les mimiques faciales de joie ou de douleur, à décoder les cris de détresse ou d'invitation au jeu. Grâce à la verbalisation des récits et des explications, ils ont pu développer leur théorie de l'esprit et s'orienter vers le monde mental des autres.

La neuro-imagerie photographie comment ce travail de la parole peut rendre le cerveau sensible à des informations qu'il n'avait pas pu traiter auparavant. Les structures limbiques s'épaississent parce que le simple fait de parler provoque des émotions et des appels de mémoire qui mettent en jeu les neurones de ce circuit. Les régions fronto-basales sont activées par l'effort d'anticiper ce qu'on va dire et de se coordonner pour la conversation. Et la partie antérieure de l'insula, sur le lobe temporal gauche, nous prépare à imiter les mimiques faciales de l'autre. Quand on voit quelqu'un souffrir, notre visage se crispe, quand on voit quelqu'un vomir, nous exprimons à notre insu des mimiques de dégoût. Puis le simple fait d'en parler active la zone cérébrale de l'aire cingulaire antérieure, qui n'avait jamais été stimulée à cause de l'agénésie des voies de la douleur. L'empathie a été construite par les récits, alors que ce n'était pas possible par les circuits habituels neurologiques[1], qui n'avaient jamais

1. Singer T., Seymour B., O'Doherty J. *et al.*, « Empathy for pain involves the affective but not sensory components of pain », *Sciences*, 2004, 303 (5661), p. 1157-1162.

été stimulés à cause de l'altération génétique des voies de la douleur. Ces observations démontrent qu'il est possible de faire une pédagogie de l'empathie grâce aux explications éducatives et aux œuvres d'art, qui provoquent des émotions et invitent aux réflexions.

À l'inverse, il est impossible de développer son empathie si le milieu ne fournit aucun récit explicatif ou émotionnant. L'empathie n'est pas possible non plus quand le sujet ne peut pas traiter l'expression des émotions des autres à cause d'une encéphalopathie ou d'une anomalie autistique : « L'enfant ne peut s'imaginer ce que vous ressentez car son fonctionnement est totalement centré sur lui-même [...], les mimiques, l'infraverbal, [...] l'attitude anticipatrice n'existe pas chez l'enfant autiste [...], qui ne va pas lire sur votre visage ce que vous ressentez et vous n'allez pas lire sur son visage ce qu'il ressent[1]. » Son cerveau traite toutes les informations de son environnement immédiat, en vrac, sans leur donner une limite qui pourrait les spécifier. Quand vous lui parlez, il s'efforce d'écouter en évitant votre regard, qui brouillerait les informations. Et, quand un camion passe, il ne parvient pas à différencier le bruit de la voiture et celui de vos mots. Tout se passe comme si son lobe temporal gauche traitait en même temps tous les bruits du milieu, ceux

1. Boublil M., Devanne E., « Le vécu de l'enfant autiste : comprendre pour mieux aider », *Médecine et enfance*, 2022, 42 (5), p. 218-224.

des machines et ceux des mots, sans parvenir à les catégoriser. Quand ces enfants souffrent d'une carie dentaire ou d'un caillou dans la chaussure, ils s'agitent en tous sens, sans parvenir à localiser l'endroit de la douleur. Le repas familial constitue, pour eux, une avalanche d'informations, d'odeurs, de couleurs, de goûts, de bruits de fourchettes et de bavardages qu'ils ne parviennent pas à distinguer pour en faire des particularités. Dans un tel brouhaha sensoriel, la stéréotypie motrice prend un effet tranquillisant parce que c'est une sensation familière qui émerge enfin hors de la confusion des sens. Avec un tel style développemental, la théorie de l'esprit se met difficilement en place. L'enfant, prisonnier du contexte, ne parvient pas à penser au-delà. En traitant tout ce qu'il perçoit en même temps, son cerveau ne peut pas faire la réduction catégorique qui donne forme au monde. Englué dans l'immédiat, il ne peut pas distinguer les informations proches ou éloignées, celles du passé et de l'avenir.

Quand le milieu est structuré par les rythmes du quotidien et par l'association de plusieurs figures d'attachement différentes, il tutorise le développement cérébral, affectif et verbal de l'enfant. Dans l'utérus et après la naissance, le bébé perçoit des informations partielles et contextuelles : basses fréquences de la voix, brillance des yeux et odeur du mamelon. À partir de ce camp de base sensoriel, l'enfant élargit la perception de son monde. Dès le deuxième mois, il perçoit la totalité du visage de sa figure maternelle, qu'il différencie de tout autre visage[1] et qu'il associe à d'autres figures d'attachement, proches et différentes, qu'on appelle « père » ou « coparent » ou « tante » ou « cousine ». Puis il perçoit d'autres membres de la famille, puis les gens du quartier, puis les récits de filiation, les origines, la religion, pour accéder enfin à la représentation de mondes impossible à percevoir et fortement médiatisés par les narrations : « Où va-t-on après la mort ? », « Dieu nous protège », « Je remonte à Saint Louis ».

Une telle capacité du cerveau humain à traiter des informations de plus en plus éloignées au fur et à mesure de son développement nous oriente vers la métaphysique, la recherche de ce qui peut exister au-delà de toute perception. Qu'y a-t-il de l'autre côté de la montagne ? Je vois le chemin, je pense qu'il continue après le virage mais, puisque je ne vois rien, je ne peux qu'imaginer. Je sais que je vais mourir puisque je constate que tout ce qui est vivant meurt et je ne peux m'empêcher de me demander ce qu'il y a après la mort. Un vide de représentation provoque une angoisse du vide, c'est pourquoi nous sommes soulagés dès que nous remplissons la vacuité avec une représentation verbale, une explication, un symbole, un objet qui indique et représente ce que l'on ne peut

1. Schonen S. de, *Le Développement dans la première année*, Paris, PUF, 1983.

percevoir, l'autre côté de la montagne, la vie après la mort. J'accède à la spiritualité dégagée de la matière et des choses sensibles grâce à des représentations d'images et de mots. Mais, comme je suis angoissé par le gouffre de la non-représentation, je suis contraint à la transcendance qui dépasse l'ordre de la physique, de la nature et des substances.

Le mort n'est pas la mort

Un grand nombre d'animaux perçoivent le mort, intensément. Peuvent-ils se représenter la mort ? imaginer l'être après la mort ? Un oiseau blessé émet un cri d'alerte qui exprime l'agression qu'il ressent. Il mêle à ce cri de petits sifflements suraigus qui évoquent le quémandage alimentaire des oisillons qui ont besoin des autres. Les oiseaux adultes qui entourent le blessé ont du mal à répondre à l'expression ambivalente d'une émotion qui crie « enfuyez-vous » entremêlée avec une autre émission sonore qui signifie « approchez-vous, aidez-moi ». Le groupe, désorganisé, vole en tous sens, avec de brusques changements de direction de fuite et d'approche. Chez les mammifères, la perception d'un cadavre affole le groupe entier qui manifeste, dans un même mouvement, des comportements d'attraction et de répulsion envers ce congénère-cadavre. Cette chose inerte qui vit encore dans leur mémoire comme un familier fréquentable et qui soudain est là, comme un familier angoissant.

Les éléphants couvrent de branches le cadavre et quand, plus tard, ils reviennent à l'endroit où le congénère est mort, la perception du lieu réveille le souvenir du compagnon disparu. Alors ils déposent des branches sur ce qui reste du squelette. Un groupe de chimpanzés devient inerte et silencieux pendant plusieurs jours après la mort d'un de ses membres. Ces animaux se souviennent de l'époque où ils côtoyaient ce proche familier aujourd'hui devenu cadavre étrange. Mais ils ne parviennent plus à s'harmoniser, à être avec lui. Comment savoir si ces animaux endeuillés croient que le mort vit ailleurs, au paradis des éléphants, au Nirvana des chimpanzés ? Peut-on accepter l'idée qu'ils vivent un deuil sans transcendance[1] ?

Ces données de l'éthologie en milieu naturel confirment que l'ontogenèse des sentiments démarre à partir des perceptions contextuelles, qui évoluent vers des représentations de choses de plus en plus éloignées dans le temps et dans l'espace. Les singes fabriquent un outil et le traînent pendant des kilomètres pour s'en servir ailleurs. Chez les êtres humains, l'aptitude cérébrale à faire des récits et le faramineux pouvoir de

1. Goodall J., « La mort », *in* B. Cyrulnik (dir.), *Si les lions pouvaient parler. Essai sur la condition animale*, Paris, Gallimard, « Quarto », 1998, p. 523-531.

l'imagination lui donnent accès à des mondes imperçus représentés par des narrations.

La guerre de Troie n'est plus visible, mais on en parle encore lors de représentations d'images, de sons, de films et de mythes qui la font vivre aujourd'hui. Les utopies mettent en scène des grands récits qui nous promettent le paradis, mille ans de bonheur ou des lendemains qui chantent, sans que rien ne puisse rattacher ces énoncés au réel. Des croyances, qu'il est inutile d'argumenter, structurent des discours collectifs organisant les groupes sociaux. La représentation de la mort met en scène théâtrale les rituels du deuil qui racontent l'histoire du défunt au cours de sa vie sur terre et comment il va vivre après sa mort. Dans les premières sépultures réalisées il y a cent mille ans par M. et Mme Néandertal en Israël, les corps sont déposés dans une posture signifiante et décorés de couleurs, ocre le plus souvent, de fleurs et d'objets pour accompagner le mort. Les armes de cette époque (silex taillés, lanceurs) déposées dans les tombes sont des œuvres d'art plutôt que des outils pour donner la mort. Ces objets provoquent une impression de force, de beauté et de sécurité. C'est pourquoi ils sont offerts aux défunts hommes, femmes et même aux fœtus enterrés avec des armes[1]. Les inhumations rituelles et artistiques

1. Balzeau A., Roudier E., *Qui était Néandertal ? L'enquête illustrée*, Paris, Belin, 2016.

prouvent que le groupe, en prenant conscience de la mort ne supporterait pas de laisser pourrir par terre le corps d'un proche. Le théâtre de la mort redonne sa dignité au cadavre, montrant que le mort n'est pas une chose, c'est encore un être humain qu'on ne peut pas abandonner. Cette conscience métaphysique n'est pas forcément religieuse, elle révèle que Néandertal était capable de penser au-delà du monde perçu : « Il n'est mort que dans le réel, il vit encore en nous, dans notre mémoire et notre affection. On aime encore quelqu'un qui n'est plus là, que nous serions honteux d'abandonner par terre. » Les représentations de l'au-delà constituent une pensée collective qui organise la société. Quand les pharaons ont fait construire des pyramides, ils ont donné à voir ici-bas qu'ils concevaient une société où une extrême minorité d'hommes-dieux pouvait sacrifier toute une population pour célébrer la grandeur d'une seule famille. La notion de personne n'était pas pensée, seule comptait l'éternité du roi de l'Égypte dans sa maison. La mort, elle, était pensée comme un passage. Il fallait transpasser de l'état d'être vivant ici-bas à un état d'être vivant ailleurs. Quand on passe de vie à trépas, le transpassage n'est pas une mort totale, il suffit d'affronter le jugement d'un tribunal habilité à accorder la vie éternelle dans l'au-delà[1].

1. Guilmot M., *Message spirituel de l'Égypte ancienne*, Monaco, Éditions du Rocher, 1988.

De nombreuses religions ont hérité cette conception du trépas, qui n'est pas tout à fait la mort. Le croyant absolu, le fanatique, le djihadiste qui se donne la mort ne pense pas au suicide puisqu'il sait, sans discussion possible, que son acte mortifère lui vaudra le paradis.

Pour penser ainsi, il faut que le cerveau donne accès à une représentation du temps capable d'associer l'invisible qui va se passer avec l'invisible qui s'est passé. Les êtres humains sont probablement les seuls êtres vivants capables de réaliser une telle performance spirituelle. Les organismes dépourvus de lobes préfrontaux n'ont pas les moyens neurologiques d'affronter le temps passé et à venir. Chez les petits humains, cette capacité se met en place graduellement. Aucun bébé, dans les premières années, ne peut éprouver l'angoisse de la mort. Il ressent la peur contextuelle d'un bruit intense, d'une douleur ou d'une manipulation brutale. Il éprouve la frayeur du noir, l'angoisse du vide quand il est laissé seul face à la vie qui, à ce stade de son développement, est une inconnue effrayante. Le petit n'accède à la représentation du temps que vers l'âge de 6-8 ans, quand les neurones préfrontaux, socles de l'anticipation, se connectent avec les neurones limbiques, socles de la mémoire. Alors seulement l'enfant devient réceptif aux grands récits de son entourage familial et culturel. Ce sont des narrations qui rendent à nouveau présents des événements passés depuis longtemps : « Notre filiation remonte à Saint Louis », « Ton grand-père a émigré en

1930 ». Quand ce passé lointain est associé à des rêves d'avenir : « Un jour, nous serons riches », « La paix régnera sur le monde », l'existence prend sens, on sait d'où l'on vient et où l'on rêve d'aller.

Le cerveau connaît la grammaire

Quand la mémoire est altérée par un processus neurologique ou par une défaillance culturelle, le sujet ne peut pas se personnaliser. Quand les circuits frontaux sont détruits par une maladie ou par un accident, le blessé ne peut pas faire un récit de soi. Il n'est plus capable d'aller chercher dans son passé les images, les mots et les épisodes pour raconter son histoire. La mémoire des enfants est une imprégnation par les figures saillantes de son entourage. La mémoire adulte est une intention de raconter sa vie pour affirmer sa personnalité. Et la mémoire âgée est un palimpseste où les souvenirs font retour, comme si ça venait d'arriver.

La neuro-imagerie rend observable un phénomène épineux : la mémoire qui va chercher des informations dans le passé prend le même circuit que l'effort d'anticipation qui tente d'explorer l'avenir. Quand on demande à des sujets de se rappeler ce qu'ils ont fait dimanche dernier, ils activent d'abord les circuits frontaux de l'anticipation, puis les circuits limbiques du passé, avant de faire travailler le lobe temporal gauche qui permettra de raconter le souvenir retrouvé[1]. Et quand on demande à ces personnes d'imaginer ce qu'elles vont faire dimanche prochain, ce sont pratiquement les mêmes circuits qui s'activent pour imaginer le futur. Ce qui revient à dire qu'il faut, pour se souvenir, faire le même travail que pour imaginer. Cela explique les malléabilités de la mémoire et les modifications de la représentation de son passé sous l'effet de l'âge, des relations et des récits collectifs[2].

Pour raconter son histoire, il est donc nécessaire d'anticiper son passé, d'aller y chercher, intentionnellement, de quoi bâtir un récit. Une illustration tragique permet d'illustrer cette idée : la lobotomie empêche d'imaginer et de raconter. Si nous demandons au lobotomisé de dire sa date et son lieu de naissance, il ne répond pas. Mais si on lui affirme : « Vous êtes né à Marseille », il répond : « Non, à Lille. » « Vous êtes né en 1985 », il corrige sans peine : « Non, en 1970. » La mémoire est intacte, mais il ne peut plus aller la chercher. On observe le même phénomène au début de la maladie d'Alzheimer quand le sujet ne « trouve plus les mots » qui pourtant sont encore dans sa mémoire. Le malade dit : « Peux-tu

1. Schacter D. L., *À la recherche de la mémoire. Le passé, l'esprit et le cerveau*, Bruxelles, De Boeck Université, 1999, p. 86.
2. Amieva H., « L'influence des interactions et des stéréotypes sociaux », *in* F. Eustache (dir.), *Ma mémoire et les autres*, Paris, Le Pommier, 2017, p. 55-56.

me passer ma… » Il désigne de l'index l'objet qu'il ne peut plus désigner par un mot. Alors on indice le mot : « Veux-tu ton pei… – Oui, c'est ça, je veux mon peignoir. » Les signes cliniques confirment que la mémoire est toujours une anticipation. Quand la représentation du temps n'est plus possible parce que les connexions fronto-limbiques sont altérées, la grammaire est modifiée. Les règles qui agencent les mots pour produire une phrase dépendent des circuits neurologiques. Quand le cerveau ne donne plus accès au temps, les phrases sont courtes, sans pronom de relation, sans virgule ni circonlocution, pas de détour du langage quand on ne trouve plus les mots. Sujet-verbe-complément sont les phrases les plus longues, et souvent un simple « oui » ou « non » nous fait comprendre que le sujet a compris, mais qu'il ne trouve plus les mots pour le dire. « La mémoire autobiographique est altérée dans la mesure où les événements ne peuvent plus faire l'objet d'une historisation. Ils ne peuvent plus être intégrés dans la vie mentale […] ni s'inscrire dans la dimension temporelle qui nous permet d'aller et venir entre le passé de nos souvenirs et le futur de nos aspirations[1]. »

Le monde des représentations abstraites, qui constitue la part majeure du monde psychique, ne peut

1. Lejeune A., Delage M., *La Mémoire sans souvenir*, Paris, Odile Jacob, 2017, p. 257.

être créé que par un organisme doté d'un cerveau décontextualisateur, imprégné par un bain de mots utilisés dans la famille et par un flux de récits sélectionnés par la culture.

De nombreux animaux accèdent à la théorie de l'esprit qui leur permet de saisir l'expression des émotions et des intentions des autres. Ils ont même accès aux représentations du monde mental de leurs congénères puisqu'ils savent effectuer les comportements qui agissent sur l'esprit des autres. Un loup dominé expose son ventre où il n'y a ni dents ni griffes, composant ainsi une image inoffensive qui arrête l'agression du dominant. Pour agir sur le monde mental d'un prédateur, « beaucoup d'animaux qui nichent au sol feignent une blessure quand un renard s'approche du nid. Les mâles diamants tachetés s'éloignent du nid en traînant une aile apparemment cassée[1] ». Ces animaux simulent une blessure qui présente au prédateur l'apparence d'une proie facile à attraper. Pendant ce temps, la femelle s'enfuit, entraînant les petits derrière elle. Les femelles chimpanzés poussent des cris d'excitation et se précipitent vers la droite, comme si elles découvraient un stock d'aliments. Les mâles, plus rapides et plus lourds, se bousculent pour arriver les premiers, ce qui donne aux femelles le temps de s'orienter tranquillement vers la gauche où se trouvent les vrais aliments.

1. McFarland D., *Le Comportement animal*, *op. cit.*, p. 431-432.

Les êtres humains possèdent un cerveau capable de représenter un espace et un temps coupés du réel, la vie après la vie ou l'infini après le fini. Un tel univers mental provoque l'angoisse du vide si on ne le remplit pas aussitôt par des images, des mots prononcés par nos proches ou des récits venus de loin. La filiation qui remplit d'orgueil celui qui « remonte à Saint Louis » ne peut pas être perçue. Elle n'existe que par la grâce des mots parlés dans son milieu, des mots écrits sur des archives, d'objets symboliques et de tableaux allusifs de rois et de batailles. Le Jugement dernier qui terrorise les pécheurs n'est pas visible mais il est mille fois représenté par des récits imprécateurs, des peintures emphatiques et des fictions terrifiantes. Ces mondes imaginés induisent des sentiments qui, eux, sont réellement ressentis. L'avantage de cet espace-temps où il n'y a rien à percevoir, c'est qu'on peut y mettre tout ce qu'on peut concevoir. C'est une invite à la créativité.

Le théâtre de la mort nous contraint au sens

Dans une existence humaine ou animale, la première niche écologique où se développe le petit ne doit surtout pas être vide, sous peine d'altérations cérébrales et de graves troubles du développement[1]. Cette niche est remplie par des informations sensorielles venues du corps de la mère, elle-même soutenue et influencée par son entourage proche. Quand, vers la troisième année, le petit humain acquiert la maîtrise de ses 1 000 premiers mots, la deuxième niche écologique est structurée par l'harmonie des gestes et des paroles de l'enfant dans une famille sécurisante ou inquiétante. Quand la représentation du temps permet à l'enfant d'accéder au monde des récits qui désignent des événements passés réels et imaginaires, son monde mental se structure. La représentation de la mort le contraint alors à donner sens à sa vie. Notre conscience d'être humain est envahie par cette question dès l'âge de 7 ans. Un peu avant, les enfants affirment : « Grand-père est sur un nuage très loin et reviendra dans très longtemps. » Un an plus tard ils disent : « Il ne reviendra jamais, je me demande où on va quand on est mort[2]. »

Si nous étions immortels, nous n'aurions pas à prendre conscience de la mort. Toute sensation serait fade, nous n'aurions plus l'impression de vivre des événements, ce qui créerait en nous le sentiment de ne pas être vivant. Tout vaudrait tout, c'est-à-dire rien, dans une existence d'eau tiède. Dans un univers où tout

1. Zeanah C. H. (dir.), *Handbook of Infant Mental Health*, New York, The Guilford Press, 2023.
2. Romano H., *Dis, c'est comment quand on est mort ? Accompagner l'enfant sur le chemin du chagrin*, Paris, La Pensée sauvage, 2009.

serait bleu, la notion de bleu ne pourrait pas nous venir en tête. Pour prendre conscience du bleu, il faut que nous percevions une autre couleur que le bleu. Avant l'âge de 7 ans, un enfant se sent vivant parce qu'il se laisse imprégner de perceptions et de sensations, il vit dans l'immédiat. Mais, dès qu'il arrive à l'âge de la mort, il prend conscience que le temps lui est compté et qu'il doit gouverner sa vie pour ne pas divaguer. Désormais, c'est l'invisible qui oriente sa vie mentale, il met des mots à la place de ce qu'il ne perçoit pas : l'origine de ses parents ou le Dieu que sa mère lui apprend à solliciter dans les prières. La créativité empêche le désespoir quand on remplit le vide par des objets qui représentent l'impossible à voir, et par des œuvres d'art qui évoquent l'invisible. Notre fascination pour la mort constitue l'essentiel des films, des romans, des cultures religieuses et des croyances quotidiennes. « Le cerveau humain est très sensible aux relations sociales [...], mais par le jeu du langage et des échanges symboliques [...] il donne une force émotionnelle [...] une mise en cohérence qui dépend de l'histoire de chacun[1]. » Il faut aussi qu'une harmonie s'établisse entre la représentation de son passé et les récits collectifs. Quand le sujet raconte son histoire et peut la partager avec son entourage, il se sent en cohérence, en familiarité

1. Dauchot K., Burnod Y., « Dynamique de la mémoire. Modèles des dynamiques cérébrales responsables du besoin de cohérence de l'esprit humain », *in* D. Peschanski (dir.), *Mémoire et mémorialisation*, Paris, Hermann, 2015, p. 188.

avec ses proches. Mais, quand le récit qu'il fait de ce qui lui est arrivé n'est pas entendu par sa culture, il se sent seul, abandonné ou rejeté par ceux avec qui il doit vivre. Une telle discordance est source d'angoisse et de malaise relationnel. Quand nous voguons vers la spiritualité, il nous faut inventer des récits, des fables et des théories pour contrôler l'angoisse du vide. Ces narrations servent de bannière à ceux qui les acceptent et les tiennent pour vraies. Rassemblés par le partage d'une histoire, on se sent soutenus et dynamisés. Les substances biologiques du stress disparaissent, ce qui modifie le fonctionnement du cerveau. Pour faire une formule, on pourrait dire : le cerveau humain donne accès à des mondes invisibles auxquels nous donnons une forme verbale qui, en retour, modifie le cerveau.

Le sens qu'on donne aux choses modifie notre cerveau

Cette phrase n'est pas une vue de l'esprit. La spiritualité ne tombe pas du ciel, elle s'enracine dans le cerveau et le modifie. L'effort de se représenter l'absence, et de mettre à sa place des images et des mots, modifie le fonctionnement et la structure de certaines zones cérébrales. La neuro-imagerie des chauffeurs des taxis londoniens précise cette idée[1]. Pour obtenir leur licence, les candidats doivent parcourir la ville et s'entraîner à se représenter les trajets qu'ils auront à faire. Une résonance magnétique fonctionnelle a été réalisée avant l'entraînement et une autre après quelques mois de pratique. Le simple fait d'avoir à faire tous les jours un effort de représentation des trajets a hypertrophié la zone postérieure de l'anneau limbique. Le chauffeur fait appel à sa mémoire (il y a un sens interdit ici ; là, des travaux ralentissent la circulation) pour imaginer un autre circuit (il faut faire un détour). Cet effort de représentation mentale stimule les neurones de la zone du circuit limbique, socle de la mémoire spatiale. D'effort en effort, l'évocation facilite la synaptisation qui, après quelques mois, donne une zone hypertrophiée que la résonance magnétique photographie et mesure. C'est bien l'élaboration mentale qui entraîne l'augmentation des connexions synaptiques puisqu'une neuro-imagerie réalisée avec des chauffeurs de bus, qui n'ont pas à faire cet effort, n'a montré aucun changement neurologique. Récemment, les jeunes chauffeurs de taxi ont accepté de faire un contrôle de leurs circuits limbiques avant la licence et après quelques mois de pratique : il n'y a eu aucun changement de morphologie neurologique

1. Maguire F. A., Woollett K., Spiers H. J., « London taxi drivers and bus drivers : A structural MRI and neuropsychological analysis », *Hippocampus*, 2006, 16 (12), p. 1091-1101.

puisque l'usage du GPS a rendu inutiles ces efforts de mémoire et d'imagination.

Le travail de la parole lui aussi stimule la synaptisation, à condition que les mots prononcés provoquent une émotion. Une récitation inaffective dépourvue de sens n'a aucun effet sur le cerveau. Quelques dizaines de personnes qui souffraient de dépression majeure ont accepté de passer les mêmes contrôles que les chauffeurs de taxi. La neuro-imagerie révélait une nette atrophie des deux lobes préfrontaux, dont l'une des fonctions consiste à inhiber le fonctionnement de l'amygdale rhinencéphalique, socle neurologique des émotions insupportables de colère, de désespoir ou de mélancolie. Après quelques mois d'efforts de verbalisation lors de séances de psychothérapie, cette dysfonction cérébrale a disparu, alors qu'elle a persisté ou s'est aggravée chez les personnes qui ont refusé de faire ce travail verbal[1].

Ces données techniques expliquent ce que l'on constate dans la vie quotidienne : le tissage d'un lien d'attachement est suffisant pour provoquer les émotions qui rendent insupportable un acte biologiquement possible. Certaines cultures asiatiques font des élevages de chiens destinés à la cuisine, mais dans notre culture occidentale aucun propriétaire de chien ne pourrait manger le compagnon avec lequel il a passé

1. Beauregard M., « Function of neuroimaging studies of the effects of psychotherapy », *Dialogues in Clinical Neurosciences*, 2014, 16 (1), p. 75-81.

vingt années de jeux, de soins et de mots tendres. La représentation du chien asiatique élevé pour être mangé lui a donné un statut de gibier comestible, alors que la proximité affective du chien occidental a engendré un sentiment de tabou alimentaire. Le fait d'être incapable de cuisiner ceux auxquels on est attaché constitue probablement un précurseur du tabou de l'inceste[1]. Quand nos ancêtres étaient anthropophages, ils n'hésitaient pas à manger le cœur, siège du courage de l'ennemi admiré, mais ils ne pouvaient pas manger le cœur de leur père. Ils vouaient à la cuisine le corps d'un prisonnier, mais pas celui d'un compagnon d'armes. Par un processus de même nature, la pulsion sexuelle qui apparaît après la puberté ne peut pas nous orienter vers n'importe quel objet. La culture circuite ce désir vers un partenaire éloigné, alors que l'attachement parental inhibe l'attirance sexuelle entre proches. L'acte sexuel entre apparentés devient la preuve que ce processus naturel n'a pas fonctionné. La société des êtres humains nomme cet acte « inceste » et annonce dans la verbalité que c'est un crime majeur[2].

Une telle représentation verbale provoque des émotions qui modifient le fonctionnement cérébral et agissent sur notre corps pour empêcher le passage à l'acte. Les musulmans croyants éprouvent un réel dégoût à l'idée

1. Fischler C., *L'Homnivore*, Paris, Odile Jacob, 1990.
2. Godelier M., *L'Interdit de l'inceste à travers les sociétés*, Paris, CNRS Éditions, 2021.

de manger du cochon qui, pour un non-croyant, est très appétissant. Les juifs sont troublés quand un plat mélange le lait et le sang parce qu'ils disent que le lait est une nourriture qui vient de la mère et que le sang indique une même chair. Et les chrétiens font maigre le vendredi en mangeant du poisson afin de ne pas faire la fête le jour de la mort du Christ. Toute transgression de ces énoncés déclenche un malaise, un sentiment d'agression contre la loi, un crime, qui légitime une pénalité.

Ces données culturelles et neuroscientifiques renforcent l'idée suivante : une représentation d'image ou de mot agit sur le cerveau avec autant de puissance que l'impact d'un fait réel. Quand on demande à quelqu'un d'avaler une substance fétide, la neuro-imagerie rend observable sur le cortex les réactions de dégoût : la partie antérieure de l'insula, l'aire cingulaire antérieure, le cortex fronto-orbital et, bien sûr, l'amygdale rhinencéphalique passent au rouge des réactions intenses. Mais quand on montre un homme crasseux ou quand on dit simplement que « cet homme est dégoûtant », les mêmes zones dégagent de l'énergie[1]. Les mots possèdent un tel pouvoir déclencheur d'émotion qu'il suffit de dire : « Les hommes à la peau noire veulent violer nos femmes » pour que celui qui entend cet énoncé éprouve un sentiment d'indignation et de colère qui met le feu

1. Fontenelle L. F., Oliveira-Souza R. de, Moll J., « The rise of moral emotions in neuropsychiatry », *Dialogues in Clinical Neurosciences*, 2015, 17 (4), p. 413.

aux zones cérébrales de la fureur. Quand un courant culturel répète tous les jours dans les médias que « les Juifs sont des microbes qui souillent notre société », on peut imaginer que les zones de l'insula, de l'aire cingulaire et de l'amygdale réagissent à cet énoncé comme elles auraient réagi à l'ingestion réelle d'une substance fétide… « jusqu'à forger de fausses mémoires dont le sujet est pourtant persuadé qu'elles sont vraies[1] ». On ressent dans notre corps une sensation réelle provoquée par un énoncé même s'il ne désigne rien du réel. En regardant un film, on a beau savoir que les personnages sont des comédiens dont l'image est projetée sur un écran, on ressent de réels sentiments, on pleure et on rit pour de bon. Quand les comédiens jouent des scènes révoltantes qui indiquent des événements réels passés, nous sommes émus. Mais, dans les cas où ils composent des tableaux qui ne désignent rien du passé, nous sommes émus tout autant. La verbalité qui détient le pouvoir de faire vivre un monde impossible à percevoir peut devenir un leurre puissant. Est-ce ainsi que l'on pourrait expliquer la redoutable efficacité des délires sociaux ?

« Chez l'homme, l'effrayante certitude de la mort a fait son apparition en même temps que la raison[2]. »

1. Dauchot K., Burnod Y., « Dynamique de la mémoire. Modèles des dynamiques cérébrales responsables du besoin de cohérence de l'esprit humain », art. cit., p. 189.
2. Schopenhauer A., *Le Monde comme volonté et comme représentation*, Paris, PUF, « Quadrige », 1942, p. 91.

Les enfants humains en naissant n'ont pas l'« effrayante certitude de la mort ». Ils ont beaucoup de travail à faire pour simplement survivre et s'adapter au contexte. Plus tard, quand la maturation cérébrale leur aura donné accès à la représentation du temps et aux récits d'alentour, familiaux et socioculturels, ils découvriront en même temps la certitude de la mort et l'exploration de mondes invisibles représentés par des mots. C'est l'époque des grands récits[1], où le petit de l'homme s'étonne du miracle d'être au monde et commence en même temps à souffrir de l'angoisse de retourner au néant, puisqu'un jour il lui faudra perdre ce miracle.

L'encéphalisation qui subit l'empreinte du milieu rend possible la folie

Les animaux et les humains, en tant qu'êtres vivants, doivent affronter les mêmes difficultés pour la survie : éviter les dangers, se nourrir, se reposer, se reproduire. Chaque espèce résout ce problème avec les moyens que lui donne son organisme. Les bactéries, sans système nerveux, possèdent six cils moteurs qui leur suffisent pour s'orienter vers une zone riche en glucose. Les méduses,

1. Chapoutot J., *Le Grand Récit. Introduction à l'histoire de notre temps*, Paris, PUF, 2021.

avec quelques neurones, avancent et avalent ce qui leur est nécessaire. L'encéphalisation, la part croissante du cerveau par rapport au corps au cours de l'évolution, permet de distinguer les vertébrés supérieurs (mammifères, oiseaux), chez qui le cerveau prend une grande place et une part importante de l'énergie (20 %), et les vertébrés inférieurs (reptiles, poissons), avec une petite portion cérébrale consommant peu d'énergie. L'évolution vers la création d'un monde mental se fait grâce à la complexification des cerveaux. En associant des réseaux neuronaux, elle crée l'aptitude à traiter des informations de plus en plus éloignées de l'organisme. Les axones, ces « tubes » qui transportent l'influx nerveux du corps cellulaire à la synapse, créent des circuits entourés de manchons de cellules vasculaires et d'astrocytes qui participent à ce circuitage. On dit que le cerveau d'Einstein était riche en astrocytes, ce qui est peut-être vrai, mais ce qui est encore plus vrai, c'est que l'évolution donne aux cerveaux complexes la capacité d'intégrer des données incroyablement hétérogènes. Les circuits cérébraux, qui s'organisent différemment selon les pressions du milieu, peuvent générer des troubles développementaux. La folie animale apparaît quand cette liberté neurologique aiguille une même information dans différentes directions[1]. Les bactéries sans cerveau s'adaptent sans difficulté à leur milieu,

1. Kreutzer M., *Folies animales*, Paris, Le Pommier, 2021, p. 187-194.

où elles ont des problèmes simples à résoudre : glucose, chaleur, humidité suffisent pour gouverner un destin de bactérie. Mais, plus le cerveau se complexifie, plus il cherche à résoudre des problèmes de plus en plus éloignés, augmentant ainsi la possibilité de « déraillement ». Quand le cerveau humain donne accès à des mondes impossibles à percevoir, le sujet remplit ce vide avec des représentations verbales et des récits qui désignent des faits qui existent ailleurs, mais parfois aussi il comble ce néant perceptuel avec des affirmations qui racontent des faits qui n'ont jamais existé. Qui saura faire la différence entre un monde mémorisé et un monde imaginé ? Pour un tel cerveau, il est facile de délirer. Les animaux connaissent des hallucinations ou des accès de confusion par trouble de l'aiguillage neurodéveloppemental, mais les humains, plus doués pour le délire, n'ont aucune difficulté à construire un monde coupé de toute réalité sensible.

Tous les êtres vivants – plantes, animaux et humains – sont altérés par l'altération du milieu. Un environnement appauvri, dépourvu de stimulations sensorielles, affaiblit le cerveau de tout mammifère, qu'il soit chat ou humain. Quand votre chat saute sur vos genoux, vous le caressez parce que vous croyez qu'il veut être caressé. Alors il vous mord, et vous pensez « ce chat ne sait pas ce qu'il veut ». Vous n'avez pas compris que votre chat veut simplement être sur vos genoux et que votre caresse est une intrusion contre laquelle il se défend[1]. Les enfants humains, en tant que petits mammifères, ont besoin de stimulations sensorielles pour éveiller et circuiter leur cerveau. Dans un milieu appauvri par l'abandon ou l'isolement sensoriel, leur cerveau s'atrophie et dysfonctionne. Mais quand ils arrivent à l'âge de la parole et de la représentation de soi, ils se pensent en tant qu'enfants abandonnés, alors ils donnent à leur sentiment une explication verbale : « Les adultes savent comment il faut vivre, s'ils m'ont abandonné, c'est qu'il y a une raison. J'ai dû commettre quelque chose de grave, je ne mérite pas d'être aimé. » Ces enfants commencent alors une existence d'autopunitions répétées. Ils sont angoissés quand ils reçoivent l'affection dont ils ont tant besoin. Ils agressent celui ou celle qui les angoisse en acceptant de les aimer. Le chat mord l'être humain qui le dérange en le caressant parce qu'il vit dans un monde de proximité sensorielle. Il veut simplement être tranquille sur les genoux chauds de cet être humain. L'enfant carencé agresse l'adulte affectueux parce que, par le passé, il a acquis la représentation de lui-même d'un enfant qui ne mérite pas d'être aimé : « Si vous m'aimez, je vais vous décevoir. Laissez-moi tranquille dans mon malheur, j'ai moins d'angoisses quand je souffre seul. »

En tant que mammifères, nous souffrons comme les chats, mais, en tant qu'êtres humains, nous ajoutons

1. Béata C., *La Folie des chats*, Paris, Odile Jacob, 2022, p. 143-144.

d'autres sources de souffrance. Nous sommes tourmentés, désespérés et humiliés par l'idée que nous nous faisons de ce que pensent les autres. « Ils pensent que les Noirs sont de grands enfants qui violent les femmes », « Comment vivre avec quelqu'un qui vous regarde avec dégoût parce qu'il croit que les Juifs polluent la société ? » Alors, nous inventons des récits qui génèrent des sentiments sur lesquels nous basons nos décisions comportementales. Parfois, ces récits promettent le bonheur à condition de prier, d'expier et de se sacrifier pour être heureux. Dans d'autres groupes, on explique que, pour obtenir le bonheur, il suffit d'éliminer les chats noirs, les Juifs, les étrangers qui nous envahissent et les sorcières qui empoisonnent notre âme. Aujourd'hui, les récits prometteurs viennent plutôt de philosophies orientales, de méditations transcendantales qui élèvent notre âme en la détachant des contraintes quotidiennes. À la quête de bien-être, qui est une valeur immédiate non négligeable pour les chats et les êtres humains, s'ajoute la recherche d'un bonheur transcendant, qui dépend des organisations culturelles. Elles disent que la rédemption permet le rachat des fautes, que la guerre contre le voisin menaçant nous apportera la paix et que la commercialisation des recettes de bonheur nous mènera au nirvana en échange d'un peu de monnaie. L'histoire est un produit dangereux quand elle trouve dans le passé des raisons d'espérer en se punissant, en tuant les méchants ou achetant des recettes ancestrales qui ont fait leurs preuves depuis Bouddha, les prophètes, les philosophes de l'Antiquité et quelques maîtres à penser modernes.

Quand on analyse l'évolution associée des cerveaux et des sociétés depuis Néandertal et *Sapiens*, on constate que la complexification des cerveaux permet de réaliser des tâches de plus en plus complexes qui modifient les cerveaux[1]. En inventant des outils et des récits qui modifient les milieux naturels et culturels, on sculpte des cerveaux différents. Il suffit de placer un bébé humain dans un milieu où l'on parle pour que l'interaction entre son cerveau humain et son enveloppe langagière lui apprenne à parler. Un chat dans un milieu où l'on parle n'apprend pas à parler puisqu'il a un cerveau de chat. Pourtant, ses interactions sont modifiées : il miaule et ronronne dans un monde interhumain alors qu'il se tait dans un monde interchat. Il a compris que dans les relations avec les humains, l'orifice buccal établit une relation privilégiée.

Si l'on place un bébé humain dans une bibliothèque, il n'apprend pas à lire parce que les mots écrits marquent leur empreinte dans une zone cérébrale autre que celle des mots parlés. Les mots parlés circuitent une zone antérieure, en bas de la frontale ascendante gauche proche des neurones capables de déclencher un acte de parole. Alors que les mots écrits s'imprègnent dans

1. Susanne C., Rebato E., Chiarelli B. (dir.), *Anthropologie biologique*, *op. cit.*

une zone cérébrale postérieure, proche de la région du cerveau qui traite les images. Cette donnée clinique, banale en neurologie, confirme qu'un cerveau humain est sculpté par son enveloppe verbale.

Comment peut-on penser qu'un cerveau sain pourrait se développer sans recevoir l'empreinte de son milieu ? Impossible ! Un cerveau sain et isolé n'a aucune chance de se développer. Il faut qu'une structure extérieure, multisensorielle, faite de bruits, d'odeurs, d'images et de mots, s'imprègne en lui pour le structurer. Pendant des millénaires, on a cru que le cerveau était enfermé à l'intérieur de sa boîte crânienne, mais on découvre aujourd'hui que c'est un organe incroyablement relationnel. Il nous met en contact avec le contexte immédiat et, grâce à son aptitude, à la mémoire et à l'imagination, il nous met en relation avec des événements passés et à venir.

Certains discours culturels ont tranquillement affirmé que « le cerveau sécrète la pensée comme le foie sécrète la bile[1] ». Pendant des millénaires, ceux qui ont pensé ainsi se sont demandé quelle serait la langue naturelle sécrétée par un cerveau que l'on aurait isolé[2]. Les expériences de « privation linguistique » ont été nombreuses et transculturelles. Aristote rapporte que

---

1. Cabanis G., *Traité du physique et du moral de l'homme*, Paris, Imprimerie Crapelet, 1802.
2. Bergougnoux G., « L'origine du langage : mythes et théories », *in* J.-M. Hombert (dir.), *Aux origines des langues et du langage*, Paris, Fayard, 2003, p. 41.

le pharaon Psammétique Ier (VIIe siècle avant notre ère) avait privé des enfants de toute relation humaine pour voir quelle langue apparaîtrait. Au XIIIe siècle l'empereur Fréderic II fit l'hypothèse que la langue originelle serait l'hébreu, le latin, le grec ou l'arabe. Des enfants furent isolés et tous sont morts sans avoir prononcé un seul mot. Au XVe-XVIe siècle, c'est Jacques IV d'Écosse qui, après avoir confié des enfants à une nourrice muette, est arrivé à la conclusion qu'ils avaient parlé hébreux. Et même en Inde, Akbar le Grand, au XVIe siècle, a enfermé des enfants dans une maison confortable où les serviteurs n'avaient pas le droit de parler. Tous ces enfants sont devenus idiots. Ces expériences cruelles vous paraissent stupides, et pourtant une grande partie de la population pense, encore aujourd'hui, qu'un cerveau peut fonctionner et faire de grandes performances intellectuelles sans tenir compte du milieu où il se développe. « Il a une bonne tête », disent les enseignants. Cette pensée a de graves conséquences. De nombreux enfants qui ont connu des difficultés de développement se retrouvent face à la justice et expliquent leurs « bêtises » en disant : « J'ai le cerveau monté à l'envers[1]. » Une telle phrase entraîne une résignation : « Je suis taré. Il n'y a rien à faire. » Alors que, justement, il y a à faire. Il suffit de changer le milieu qui façonne l'enfant pour lui offrir une possibilité de

1. Inès Bayle, communication personnelle, 28 décembre 2022.

reprendre un nouveau développement, ce qui définit la résilience. Or les milieux naturels ne cessent de changer, le climat alterne périodes de glaciation et de réchauffements, sécheresses et inondations. Quant aux milieux humains, avec leurs inventions techniques et narratives, ils ne cessent de modifier les niches sensorielles qui entourent les êtres vivants et d'échafauder des récits qui attribuent un sens aux faits.

La technologie nous a fait croire que nous sommes surnaturels

Qui a inventé l'art de vivre au néolithique ? On dit qu'il y a dix mille ans quelqu'un a mis au point les palissades pour concentrer les animaux que l'on venait de domestiquer. Un autre a eu l'idée de planter des graines sur une portion de terrain, ce qui a entraîné la nécessité de construire des maisons pour rester au plus près des animaux et des plantes. Cette nouvelle manière de vivre a engendré de nouveaux rituels sociaux pour structurer les groupes devenus sédentaires. Au lieu de déambuler par bandes de trente à quarante personnes, cueillant des fruits et attrapant des insectes, il a fallu se répartir les tâches, inventer des outils pour maîtriser les animaux, labourer la terre et bricoler les ustensiles de la maison. Dans des fours construits en dur, on a fabriqué des pots d'argile pour conserver l'eau et les soupes de légumes. Dès l'instant où ces innovations ont organisé le milieu, les comportements ont été modifiés par la technique. Les êtres humains n'étaient plus dans la nature parmi les animaux, ils se sont sentis au-dessus des autres êtres vivants. L'intelligence technique leur avait donné la possibilité de maîtriser certains animaux, de les chasser et de les encager pour les manger. Leur représentation du monde vivant était désormais hiérarchisée. Tout en bas, ils mettaient les plantes, un peu au-dessus les animaux animés par un principe vital appelé « instinct » pour donner l'impression d'une machine qui déroulerait un programme comportemental inexorable, que le milieu ne peut pas modifier. Mais quand nous, humains, nous nous élevons au-dessus de la nature et des animaux grâce à nos outils et à nos mots, nous cheminons vers Dieu, une entité invisible, toute-puissante, qui nous donne pour mission de dominer la nature. Cette représentation de nous-mêmes côtoyant Dieu nous a menés à croire que nous pouvions aussi maîtriser les forces surnaturelles. Avant le néolithique, les êtres humains avaient déjà compris que le mort était chose visible, fauché par la mort entité invisible. L'homme a dû mettre au point des incantations et des rituels susceptibles d'agir sur le monde surnaturel. Puisque certains êtres humains ont découvert comment on peut maîtriser le monde naturel en cultivant des plantes et en faisant cuire la soupe, d'autres ont pu influencer le monde surnaturel avec des prières et des objets de culte. À partir du néolithique, l'homme possède la méthode qui permet de structurer le groupe, de dominer le réel et d'accéder à la transcendance.

La compréhension préverbale des animaux et des bébés humains se fait au contact, par colle affective et imitation. Mais, dès que l'enfant parle, les mots que lui proposent les adultes composent une autre base de sécurité. L'effet sécurisant ou angoissant de ce qu'ils exposent s'ajoute à l'image familière de l'empreinte. Un rapport de maître à élève se met en place où la parole éclaire le monde et apprend au petit ce qu'il convient de faire. Beaucoup d'animaux inventent des outils pour aller pêcher des insectes dans les termitières ou les cavités de troncs d'arbres. Ils utilisent des marteaux de pierre pour casser des coquilles d'huître et entrelacent des brins d'herbe pour construire un nid[1]. Les outils d'animaux agissent sur le contexte immédiat alors que les petits humains observent comment leurs parents construisent des pièges pour y faire tomber, plus tard, les rennes et les chevaux qu'ils vont affoler pendant la chasse. Quand le monde néolithique s'est mis en place, les enfants ont vu que leurs parents plantaient des graines qui ont donné des légumes lors de l'été suivant.

1. McFarland D., *Le Comportement animal*, *op. cit.*, p. 552-555.

Une femelle toupaye qui met au monde cinq petits et mange les deux derniers ne commet pas d'infanticide. Elle répond à un contexte appauvri qui ne stimule plus assez sa sécrétion d'hormones lutéinisantes, si bien qu'elle ne peut marquer à son odeur que les trois premiers-nés dont elle va s'occuper maternellement, alors que les deux derniers, porteurs d'une autre odeur, seront ressentis comme un gibier. L'évolution humaine technique et narrative modifie l'environnement sensoriel des hommes et des animaux, ce qui métamorphose leur corps et leurs comportements. Les animaux humanisés qui vivent auprès de nous deviennent plus grands et vivent plus longtemps qu'en milieu naturel. Se sentant protégés, ils ressentent moins le stress de la vie quotidienne en milieu naturel, leurs télomères sont moins raccourcis, ce qui ralentit leur vieillissement[1]. Le fait de conserver des traits juvéniles est témoin de la prolongation de leurs apprentissages. En milieu naturel, beaucoup d'animaux vieillissent vite après la puberté, alors qu'en milieu humain la lenteur du développement de leur cerveau et la prolongation de leur longévité permettent de continuer à apprendre longtemps, parfois même tout au long de la vie. Mais l'allongement de la vie se paie par l'apparition de maladies de dégénérescence comme l'arthrose, l'excès de

1. Blackburn E., Epel E., *L'Effet télomère. Une approche révolutionnaire pour allonger sa vie et ralentir les effets du viellissement*, Paris, Trédaniel, 2017.

cholestérol et les cancers. En quelques millénaires après le néolithique, les animaux domestiques ont changé de morphologie, les aurochs sont devenus des vaches, les sangliers ont pris la forme de cochons, les mouflons ont donné les moutons et les loups se sont transformés en chiens[1]. Les êtres humains aussi ont changé car les progrès techniques et sociaux ont tellement amélioré l'existence que, en cent cinquante ans, l'espérance de vie des hommes a doublé et celle des femmes a triplé.

À cette évolution physique, les êtres humains ajoutent le bouleversement des valeurs culturelles qui donnent sens à l'existence. Après avoir connu les plaisirs immédiats de la cueillette, dès que les humains ont inventé le néolithique, le bonheur différé est apparu. La fabrication des armes, des outils, des fours, des poteries, la représentation d'une vie après la mort ont ajouté la recherche d'une autre forme de bonheur. À l'immédiateté de la jouissance de vivre, les humains ont adjoint le plaisir provoqué par la représentation d'un bonheur à conquérir. Selon le contexte écologique et social, ce bonheur à venir a pris la forme d'une utopie, l'espérance d'un paradis ou la crainte de l'enfer. Dans ce nouveau monde où les outils amélioraient l'existence et où les récits promettaient un éternel bonheur, les valeurs morales se sont métamorphosées. Avant le

1. Servigne P., Chapelle G., *L'Entraide. L'autre loi de la jungle*, Paris, Les Liens qui libèrent, 2017, p. 38.

néolithique, la qualité humaine la plus valorisée était celle du chasseur-coureur de fond. Après avoir blessé un animal, il fallait le suivre à la trace de sang, ce qui nécessitait une course d'endurance, jusqu'au moment où l'animal épuisé se laissait abattre, comme on le voit encore aujourd'hui dans les chasses à courre. Quand le néolithique est apparu, les valeurs de la nouvelle culture ont été celles du paysan qui comprend la terre et planifie la récolte et celles de l'éleveur qui maîtrise les animaux et favorise leur reproduction. Les maçons ont été des artisans admirés et les arts de la maison, le four, la cuisine, la couche, les vêtements et les bijoux sont devenus des artifices appréciés. Dans un tel contexte où les progrès technologiques imposaient une vie sédentaire, l'artisanat a suggéré que le bonheur pouvait se fabriquer.

Structure sociale, naissance du concept de père et nouvel éthos

Depuis les premières sépultures, la mort inspirait l'idée d'une vie spirituelle séparée des contingences matérielles. Dans ce nouvel éthos, rendu possible par l'invention des objets techniques, par des règles culturelles et par le sentiment de spiritualité, la notion de père s'est imposée comme une valeur suprême. Avant le néolithique, quand un enfant était mis au monde, il était accueilli dans un clan de quelques dizaines de jeunes gens qui mouraient vers la trentaine. Le groupe entier s'occupait du nouveau-né, chaque homme était un père. Mais, quand le néolithique a structuré le groupe familial autour de la ferme, quand la technologie a augmenté l'espérance de vie, quand les actions sur la nature se sont spécialisées, il a fallu inventer la coopération des spécialités. Celui qui avait construit l'araire, soc en bois non attelé comme une sorte de grosse pioche, a dû s'associer avec celle qui conservait les graines et les enfouissait dans la terre. La famille s'est adaptée à ce mode de travail qui visait à dominer la nature. Dans ce nouveau monde, les hommes et les femmes se spécialisaient et s'associaient pour créer de la famille. La notion de père devenait flagrante puisque, dans ces petites unités où l'on coopérait pour le travail, on savait qui était l'enfanteur. Dès lors, il a fallu énoncer l'inceste et décréter que c'était un crime majeur. Sans cet interdit, l'acte sexuel, réduit à la pulsion, n'aurait provoqué que de la violence, alors qu'avec l'interdit, la pulsion maîtrisée devenait une force qui ouvrait des circuits sociaux. Avec l'interdit de l'inceste, un acte sexuel biologiquement possible venait de devenir un crime contre la société. Dans ce nouveau contexte organisé par la technologie des paysans, des éleveurs et des maçons, les familles sont devenues stables. L'attachement intrafamilial qui se tissait au jour le jour engourdissait le désir sexuel, alors qu'en dehors de la famille rien n'inhibait la pulsion qui était gouvernée par les circuits du mariage organisés par les parents et par les prêtres. À ce processus psychoaffectif s'ajoutait l'énoncé de la prohibition qui déclarait que l'acte sexuel était un crime majeur quand il était intrafamilial, alors qu'il devenait une force socialisante en dehors de la famille. La pulsion sexuelle ainsi canalisée apportait la sécurité familiale et orientait vers l'aventure sociale.

Les animaux connaissent aussi l'engourdissement de la sexualité induit par l'attachement. « Nous fîmes une découverte intéressante : Fifi [femelle chimpanzé] répugnait beaucoup à s'accoupler avec ses frères. Elle empêche même le petit Flint [mâle chimpanzé] de la monter. [...] Les relations sexuelles entre les rejetons de Flo [la mère] s'espacèrent très vite pour tomber à rien. [...] Pas une fois nous ne vîmes Faben ou Figan essayer de s'accoupler avec leur mère[1]. » L'espacement et l'empêchement d'actes sexuels entre proches ont été confirmés en milieu naturel chez de nombreuses espèces animales[2]. En laboratoire, on a constaté que les rongeurs ne s'accouplent qu'avec des rongeurs dont l'odeur exprime une différence d'histocompatibilité, ce qui revient à dire que les animaux porteurs de mêmes

1. Goodall J., *Les Chimpanzés et moi*, Paris, Stock, 1971, p. 249-250.
2. Bischof N., « The biological foundation of the incest taboo », *Social Science Information*, 1973, 11 (6), p. 7-36 ; et « Éthologie comparative de la prévention de l'inceste », *in* R. Fox, *Anthropologie biosociale*, Bruxelles, Complexe, 1978.

gènes émettent une même odeur qui ne stimule pas la sexualité. L'empêchement de la sexualité entre animaux porteurs d'une biologie voisine explique la rareté des troubles de la consanguinité chez les animaux en milieu naturel. Un processus d'espacement génétique est déjà en place bien avant l'énoncé verbal humain[1].

Pendant dix mille ans, l'humanité a vécu dans cette direction impulsée par le néolithique. L'amélioration des techniques et la police des mœurs étaient source de progrès et de stabilité sociale. Les agriculteurs maîtrisaient les récoltes, les éleveurs sélectionnaient des animaux de plus en plus forts et de plus en plus dociles pour remplacer les hommes dans les travaux de force. Les maçons construisaient des merveilles de châteaux, de forts militaires et de cathédrales. Les arts de la maison embellissaient le quotidien. La police des mœurs veillait au respect des règles qui hiérarchisaient les humains et structuraient la société. La vie sexuelle était dite normale quand elle respectait les lois du mariage. Malgré les famines, les épidémies et les guerres répétées, ces pressions socialisantes se sont maintenues pendant dix mille ans.

En un éclair de deux siècles, cet ordre vient d'être bouleversé. Les animaux ont disparu du fond des mines, des transports urbains, et même des campagnes où on

1. Deputte B., « L'évitement de l'inceste chez les primates », *La Recherche*, 1987, 193, p. 1332-1342.

les enferme aujourd'hui dans des habitats industrialisés pour en faire des producteurs de lait, d'œufs et de viande. Les enfants de 8 à 10 ans ne travaillent plus dans les champs ou à l'usine. Les femmes deviennent des personnes qui veulent s'épanouir. Et les hommes se laissent moins escroquer par l'héroïsation qui les encourageait à travailler quinze heures par jour au fond des mines et à faire la guerre dans des conditions de torture pour défendre des causes souvent ridicules. Cette immense libération provoque des effets secondaires tragiques que nous commençons à payer. Les animaux sauvages tombent malades de nos progrès. Les hormones qui permettent aux femmes de maîtriser leur fécondité et les perturbateurs endocriniens de nos objets en plastique passent dans l'eau qu'absorbent les animaux, ce qui altère leur développement et modifie leurs comportements. Nous avons tellement amélioré le confort de nos maisons et de nos villes que le stockage des aliments a favorisé le développement de populations animales commensales qui, bien malgré nous, mangent à notre table et y invitent leurs bactéries. « Attirées par les stocks de denrées et les déchets de l'activité humaine, les souris envahissent les premières agglomérations[1]. » Plus nous intensifions nos relations avec les plantes et les animaux, plus nous favorisons

1. Morand S. *et al.* (dir.), *L'Homme et l'Animal. L'invention de nouveaux liens*, Paris, CNRS-Le Cherche Midi, 2023.

leur disparition. En modifiant leur anatomie et leur physiologie, nous inventons des pathologies sans frontières[1]. Les zoonoses venues des animaux constituent 70 % des maladies humaines, comme la tuberculose, la variole du singe, la brucellose venue du lait des chèvres ou les encéphalites virales souvent mortelles. Quand, dans nos élevages, les excréments de porc se mêlent aux fientes d'oiseaux, ce mélange invente de nouvelles structures virales contre lesquelles nous ne sommes pas immunisés. Il n'y a pas de frontières entre les maladies animales et les nôtres, ce qui revient à dire que si nous continuons à rendre malades les animaux pour notre grand profit, nous mourrons avec eux.

La déforestation entraîne la défaunation. Avec la diminution des oiseaux et l'extinction d'un grand nombre d'espèces, nous modifions l'équilibre de la biodiversité. Nous avons tellement favorisé le développement d'une vingtaine de mammifères domestiques pour les faire travailler, les manger et les aimer qu'ils représentent actuellement 90 % de la biomasse des mammifères. Les cinq mille espèces d'animaux sauvages qui sont en cours de disparition ne représentent que 10 % de cette masse vivante[2].

Plus nous nous attachons aux animaux familiers en gouvernant leur génétique, en améliorant leur

1. Brugère-Picoux J., « Maladies sans frontières », *in* B. Cyrulnik (dir.), *Si les lions pouvaient parler*, *op. cit.*, p. 789-819.
2. Morand S. *et al.* (dir.), *L'Homme et l'Animal*, *op. cit.*

confort et leur épanouissement affectif, plus nous leur donnons la possibilité de souffrir de troubles psychiques. En milieu naturel, dès qu'une altération apparaît, l'individu est éliminé. La moindre blessure attire un prédateur, la moindre défaillance désocialise le vieux qui perd ses combats hiérarchiques, ce qui rend probable l'accident. La vieillesse est un produit de la civilisation.

Quand les chiens et les humains se sont mutuellement apprivoisés, il y a quatorze mille ans, nous avons exploité leurs capacités physiques pour améliorer nos techniques de chasse, pour leur faire monter la garde pendant notre sommeil et pour surveiller nos troupeaux de vaches et de moutons. Le simple fait de vivre à nos côtés a produit en eux des troubles organiques et psychiques. Le fait d'aimer, nécessaire à la survie et à l'épanouissement, est porteur de souffrance puisque lorsque l'un des deux vient à manquer par mort ou par éloignement, l'autre souffre biologiquement et mentalement. La présence d'un autre est vitale aussi chez les oiseaux. Isolé, un petit apprend mal à chanter, et son système limbique n'ayant pas à mémoriser l'audition des chants des congénères s'atrophie[1]. Quand une altération du milieu isole un chien, son cerveau mal stimulé ne traite plus les informations nécessaires à sa vie

1. Nottebohm F., « Vocal track and brain : A search for evolutionary bottlenecks », *Ann. NY Acad. Sci.*, 1976, 280, p. 643-649.

quotidienne[1]. Il a peur de tout, du bruit comme de la nouveauté, d'une personne âgée dont la canne l'effraie ou du facteur qui porte une casquette. Au moindre événement il se cache derrière un fauteuil ou se réfugie sous un meuble. Toute information déclenche en lui une émotion insupportable qui sidère ses sphincters. L'énurésie et l'encoprésie souillent la maison quand le maître s'absente. Un tel chien dont le développement a été vulnérabilisé par un milieu appauvri ne supporte que les informations venues de son propre corps, sa seule familiarité. À force de se lécher, il se provoque des lésions cutanées. Tout ce qui vient de l'extérieur est un affolement. Aucune exploration, aucun jeu, il mange en avalant vite comme s'il avait peur d'être volé. Son sommeil est une alerte incessante à laquelle il répond par des sursauts et des gémissements provoqués par ses cauchemars, comme dans le syndrome post-traumatique. Quand il ose se déplacer, la queue entre les jambes et les oreilles couchées, c'est pour faire un trajet stéréotypé, le seul qu'il supporte. Dans ce désert affectif, il ne connaît qu'un seul objet sécurisant, son maître, envers lequel il manifeste un hyperattachement anxieux. Bondissements, cris suraigus de joie quand sa seule figure d'attachement est présente. Désespoir, gémissements, incontinence

1. Pageat P., « Les comportements troublés », *in* B. Cyrulnik (dir.), *Si les lions pouvaient parler*, *op. cit.*, p. 474-489.

sphinctérienne, déchiquetage de tout ce qui porte l'odeur de celui qui n'est plus là, et finalement prostration, nez contre un mur quand il n'y a pas de base de sécurité. Ces comportements de désespoir acquis évoquent celui des enfants humains isolés sensoriellement[1]. L'anaclitisme, l'absence de mimiques et de pleurs, la léthargie des enfants privés d'altérité sont les symptômes habituels.

Quand les troubles sont moins massifs parce que la privation sensorielle est intervenue plus tard, le même impact a des effets différents puisqu'il intervient sur un cerveau qui a commencé sa construction. D'autres manifestations psychopathologiques apparaissent, telles que les comportements hallucinatoires où l'animal suit des yeux, gronde, attaque ou se protège d'un agresseur que personne ne peut voir. Chez les mammifères supérieurs, le désert sensoriel provoque une atrophie cérébrale et une vulnérabilité émotionnelle si importante que, pour un tel organisme, toute information fait l'effet d'une agression. Cette malformation acquise est paradoxalement comparable à la dysfonction provoquée par un milieu trop stimulant où le cerveau épuisé par l'excès de stimulations finit par ressentir, lui aussi, toute information comme une agression.

1. Spitz R. A., Wolf K. M., « Anaclitic depression: an inquiry into the genesis of psychiatric conditions in early child. II », *The Psychoanalytic Study of the Child*, 1946, 2, p. 313-392. Et Spitz R. A., *La Première Année de la vie de l'enfant*, Paris, PUF, 1953.

Dans un monde humain, on pourrait dire que la complexification de la culture et les ruptures fréquentes des foyers familiaux demandent au cerveau de résoudre des problèmes de plus en plus variés et même embrouillés. Quand les 1 000 premiers jours ont construit dans l'enfant un soubassement de personnalité solide, cette stimulation est source d'éveil et de découvertes. Mais, quand le socle du développement a été fragilisé par un milieu instable et insécurisant, la même stimulation provoque une panique anxieuse. Le grand confort matériel et la richesse culturelle qui entourent les enfants aujourd'hui offrent une source d'épanouissement pour ceux qui sont bien partis dans l'existence, alors que c'est une cause d'affolement pour ceux qui ont acquis une vulnérabilité précoce. Les enfants sécurisés reçoivent ces stimulations comme une invitation au jeu et à la découverte, alors que les insécurisés interprètent la même situation complexe comme une agression par les parents, ou par la société. À chaque bouleversement social, qu'il s'agisse d'une guerre, d'une réforme bénéfique, d'une évolution des mœurs ou d'une épidémie qui empêche le fonctionnement des institutions, on note un pic de suicides[1] et une augmentation de toutes les formes de souffrance psychique qu'il s'agisse de dépression,

1. Courtet P. (dir.), *Suicides et tentatives de suicide*, Paris, Flammarion, 2010. Et Cyrulnik B., *Quand un enfant se donne « la mort ». Attachement et sociétés*, Paris, Odile Jacob, 2011.

d'angoisse, de violence impulsive, de délinquance, de décrochage social et même de bouffées délirantes schizophréniques. Les personnes qui, avant le trauma individuel ou social, avaient acquis des facteurs de vulnérabilité ne supportent pas cette avalanche de nouveaux problèmes à résoudre et décompensent selon les points faibles de leur personnalité. Il est possible de s'épanouir dans un milieu pauvre et sécurisant, comme c'était le cas dans les villages du début du XXe siècle. On mangeait peu, on marchait pieds nus, on ravaudait les chaussettes, les caleçons et les vestes, il n'y avait pas de déchets à cette époque, tout était recyclé. On allait peu à l'école après de longs trajets à pied, et pourtant les personnalités étaient solides et intéressées par la vie. Mais, dans un même contexte, quand le père était alcoolique ou violent, quand la mère était dépressive ou tuberculeuse, les enfants insécurisés, mal socialisés, étaient considérés comme des délinquants, ce qui les plaçait dans une trajectoire d'expulsion[1].

1. Pourtois J.-P. (dir.), *Blessure d'enfant*, Bruxelles, De Boeck Université, 2000.

Nos progrès changent la signification du travail

Depuis deux générations notre culture n'a plus les pieds sur terre. Finie l'époque où la moisson exigeait la coopération de tous les habitants, la moissonneuse-batteuse passait d'une ferme à l'autre, les hommes fauchaient les blés, les femmes liaient les gerbes, les enfants ramassaient les brins et tout le monde se retrouvait le soir pour assister au numéro de celui qui savait chanter, de l'autre qui racontait des blagues et de celle qui récitait des poésies. J'ai connu l'époque de ce travail joyeux, dans les années d'avant-guerre à Espiet, près de Bordeaux.

Aujourd'hui, les paysans sont en voie de disparition. Ils sont devenus ingénieurs chimistes, éleveurs-vétérinaires, biologistes, agronomes, mécaniciens et entrepreneurs. Ils adorent leur métier malgré les contraintes physiques, les dettes et la solitude qui les mènent souvent au suicide. Les ouvriers, de moins en moins nombreux, sont devenus des techniciens, des ingénieurs, informaticiens, qui commandent aux machines. On est loin du travail à la chaîne dénoncé par Charlot dans *Les Temps modernes*. L'école communale n'est plus ce lieu de rencontres où l'on apprenait à lire, à écrire et à compter, avant de se socialiser dès l'âge de 12 ans après le certificat d'études. J'appartiens à une génération où 3 % des enfants d'une classe d'âge allaient jusqu'au baccalauréat. Aujourd'hui, on entre en maternelle à 3 ans et on reste étudiant jusqu'à l'âge de l'indépendance sociale, 25 ans pour les filles, 27 ans pour les garçons. La religion, qui organisait la famille, le mariage, le baptême, la mort, l'instruction, l'aide sociale et la rencontre à la messe puis à la pâtisserie le dimanche matin, a cédé cette fonction à l'État. Depuis deux générations, on s'oriente plutôt vers les métiers du tertiaire, où les seniors n'ont rien à enseigner aux jeunes. Quand on passe des journées assis devant un écran, on améliore magiquement la communication mais on appauvrit tellement la relation que, au-delà de cinq heures par jour, on multiplie par trois le risque de dépression.

Les traumas sont flagrants en période de guerre, alors qu'ils sont plutôt insidieux quand la paix règne. Ils sont d'autant plus délabrants qu'on en prend mal conscience et qu'on s'en protège moins. On se sent mal sans comprendre que ce malaise est dû à des circonstances adverses. On serre les dents, jusqu'au moment où l'on s'effondre de manière surprenante. Notre confort est grand quand on le compare à celui des paysans, des ouvriers et des mineurs de fond du siècle dernier. Mais l'usure de l'âme, qu'on appelle aujourd'hui « burn-out », résulte de l'engourdissement du plaisir de travailler quand on est seul, sans rencontres, sans encouragements ni événements de vie. Les églises se vident alors que la spiritualité augmente, faisant croire au croyant qu'il n'a plus besoin de berger. On va chercher du sens dans les philosophies orientales ou dans l'exécution d'exercices de relaxation ou de méditation de pleine conscience, comme une sorte d'hygiène mentale accessible. « Si j'identifie le bonheur à des sensations agréables et fugitives [...], je n'ai d'autre choix que de les poursuivre constamment [...]. Cette vision bouddhiste du bonheur a bien des points communs avec la vision biochimique [...]. Mettre au point des produits ou écouter les moines dans leurs grottes himalayennes ou les philosophes dans leur tour d'ivoire [...] donne le pouvoir au mastodonte capitaliste[1]. » Que ce soit la gélule de tranquillisant ou le stage de pleine conscience, l'amélioration sera fugitive et facile à commercialiser[2].

Pourrait-il en être autrement ? Nous vivons dans un monde confortable, plus paisible et plus sain que lors des siècles passés. Nos ancêtres souffraient de maladies de peau et de caries dentaires dès l'âge de 25 ans. Un nouveau-né sur deux mourait de diarrhées avant l'âge de 1 an. Les femmes étaient souvent emportées dans le sang des accouchements avant l'âge de 36 ans et les hommes finissaient leur vie dans le pus des pneumonies

1. Harari Y. N., *Homo Deus. Une brève histoire de l'avenir*, Paris, Albin Michel, 2017, p. 54.
2. Marquis N., *Du bien-être au marché du malaise. La société du développement personnel*, Paris, PUF, 2014. Et Cabanas E., Illouz E., *Happycratie. Comment l'industrie du bonheur a pris le contrôle de nos vies*, Paris, Premier Parallèle, 2018.

et des blessures des bagarres et des accidents de travail. Les épidémies de peste étaient récurrentes[1] et les guerres incessantes ruinaient les aristocrates et provoquaient la famine de populations entières. Alors pourquoi, aujourd'hui, nos souffrances psychiques sont-elles si grandes[2] ? Aux souffrances provoquées par le réel, comme les épidémies, les accidents et les famines, s'ajoutent les souffrances provoquées par nos progrès psychologiques et sociaux. Notre cerveau nous donne accès à des représentations de vie parfaite où l'on connaîtrait un bonheur ineffable. Qu'aurait-on à dire dans un monde parfait ? Une telle aspiration au bonheur mène à l'amertume de la déception. Les contraintes du réel empêchent l'idéalisation du bonheur mais donnent le plaisir de triompher des malheurs. Presque toutes nos œuvres d'art illustrent cette idée. Les romans racontent des enfances saccagées qui parviennent à se libérer du malheur. Les films montrent des images de généraux glorieux et de poilus courageux qui se remettent à vivre quand la paix est revenue. Mais seules les études psychologiques et sociales nous font voir à quel point nos progrès ont rompu les amarres naturelles. Notre civilisation technique nous permet d'aller si vite que l'excitation déborde les rythmes physiologiques qui alternaient l'effort et le repos, le jour

1. Lannoy F. de, *Pestes et épidémies au Moyen Âge*, Rennes, Éditions Ouest-France, 2016.
2. Leboyer M., Llorca P.-M., *Psychiatrie : l'état d'urgence*, Paris, Fayard, 2018.

et la nuit, le gavage et le jeûne. Nous dormons moins bien que nos anciens parce que l'hyperstimulation des sociétés techniques nous empêche, le soir, de nous laisser aller au plaisir de l'endormissement. Nos progrès intellectuels, qui ont été rendus possibles grâce aux livres, aux films, aux rencontres et aux moyens de communication, nous font vivre aujourd'hui dans une noosphère, un monde de l'esprit élargi, encombré de mille richesses qui nous submergent d'informations passionnantes et contradictoires. Or nous ne pouvons voir le monde qu'à condition de réduire les informations. Notre système nerveux sélectionne les stimulations qui sont pertinentes pour faire voir un monde humain et notre parole, en articulant des récits, met en conscience ce qui est pensé. Notre mémoire individuelle donne forme à l'histoire, qui fait de nous un être à nul autre pareil, et la mémoire collective, parmi les milliards de milliards de faits qui ont existé dans le réel, n'en retient que quelques-uns pour les mettre en lumière. C'est en racontant ces morceaux de vérité que se constitue l'identité collective qui nous exalte et nous sécurise en créant un sentiment d'appartenance agréable et fortifiant. Quand nous faisons ce travail psychologique, nous ne mentons jamais (si peu), nous inventons la chimère qui nous représente[1]. Tout est

1. Taylor S. E., Brown J. D., « Illusion and well-being : A social psychological perspective on mental health », *American Psychological Association*, 1988, 103 (2), p. 193-210.

vrai dans cette chimère, ses pattes sont d'un lion, ses ailes d'un aigle, ses cornes d'un taureau, tout est vrai dans cet animal qui est imaginaire.

Quel dommage que les gens de l'autre village, de l'autre nation, de l'autre religion aient composé une autre chimère ! Elles vont entrer en conflit. Quand les guerres de croyances sont sacrées, on ne peut pas négocier puisqu'elles sont sacrées. Toute divergence fait l'effet d'un blasphème qui légitime la mise à mort de celui qui voit un monde différent. Mais il existe aussi des guerres de croyances idéologiques, économiques, politiques et scientifiques, où chacun se croyant dans son droit et dans sa vérité ressent l'autre comme un agresseur. La paix se négociera quand une des deux chimères sera morte et quand les deux seront ruinées.

Quand les groupes sociaux sont organisés selon la loi du plus fort la solution est simple : le plus faible est éliminé ou se soumet pour ne pas mourir. Mais quand un progrès démocratique met en place un grand nombre de lois pour éviter la guerre, les sujets de cette société ne peuvent pas les connaître toutes. La complexité sociale, qui autorise mille développements différents, augmente la possibilité de déraillements sociaux et psychologiques. Un schizophrène dans un village doit effectuer chaque jour une dizaine de rituels pour établir ses relations suffisantes. Il ne dit pas « bonjour » à ses parents de la même manière qu'à son médecin, c'est moins éprouvant d'acheter son pain dans une petite boutique que dans une grande surface. Mais, dans une grande ville surpeuplée par des habitants frénétiques, il aura beaucoup de mal à s'adapter à cent rituels différents. Il préfère régresser et se réfugier dans un délire protecteur[1]. La surstimulation due à l'urbanisme, à l'amélioration des transports et aux offres de distraction provoque souvent des décompensations psychotiques. Ils tombent malades en ville alors qu'ils se calment à la campagne. Ces progrès épuisent des gens équilibrés qui préfèrent se relaxer par des séances de *mindfulness* plutôt que par l'alcool ou les médicaments. Dans ce nouveau monde que nous venons d'inventer, rapide, surstimulant et hypertechnique, le développement personnel devient une priorité dans la hiérarchie de nos valeurs d'existence.

Pendant des millénaires, il a fallu, pour survivre, être dur au mal et bien fait de ses membres. Presque toutes les civilisations se sont fondées en utilisant la violence des hommes pour en faire une force socialisante. Les femmes devaient accoucher dans la douleur, servir un mari et mettre au monde le plus d'enfants possible. Voilà, c'était simple. Notre passage sur terre pendant les cinquante ans d'existence qui étaient dus aux plus chanceux devait se passer dans une vallée de larmes. On ne pensait pas à lutter contre la souffrance

1. Goffman E., *La Mise en scène de la vie quotidienne*, Paris, Minuit, « Le sens commun », 1973, 2 tomes.

puisqu'elle avait une valeur rédemptrice, c'était même immoral. C'est ainsi qu'on a fabriqué de la survie, de l'aristocratie, de la nation, de la famille, de la société, de l'industrie et de l'argent qui structurait les classes. Le seul soulagement venait de l'obéissance à Dieu qui légitimait les hiérarchies sociales, apaisait les angoisses et donnait sens aux malheurs. Depuis la Seconde Guerre mondiale, les travaux de psychologie, les philosophies humanistes et le souci des familles désirant offrir à leurs enfants le plus grand épanouissement possible alimentent un énorme courant de la littérature. Dans cette nouvelle vague de la pensée sont apparus des livres qui donnent des recettes éducatives et qui prescrivent des exercices de bien-être. Parler de soi dans un contexte de guerre fait l'effet d'une indécence, seuls les militaires et les héros sont dignes de littérature. Alors que parler de soi dans un contexte de paix offre un modèle de réflexion pour mieux se comprendre et s'épanouir. En Europe et en Amérique du Nord, les livres de méditation de pleine conscience, d'art de la relation et de sagesse orientale remplissent les bibliothèques. Pendant des millénaires, le sacrifice a été la valeur morale la plus admirée par les religieux, les soldats et les familles. Les femmes étaient aimées quand elles se dévouaient à la maison, et les hommes étaient admirés quand ils mouraient au combat ou au fond des mines. Dans le nouveau monde rendu possible par les machines qui remplacent la force musculaire des hommes et par la biologie qui libère les femmes en leur donnant le pouvoir de maîtriser leur fécondité, la valeur suprême de ce nouvel éthos, c'est le développement personnel[1]. Faire de sa vie une aventure, contrôler l'angoisse, vivre le mieux possible ici et maintenant est devenu un organisateur de notre personnalité et un sens donné à notre passage sur terre. Pour légitimer ce projet d'existence, les neurosciences, la psychologie et toutes les sciences humaines sont appelées à l'aide.

1. Vulpian A. de, Dupoux-Couturier I., *Homo Sapiens. Collapse or Fulfillment*, Paris, Happymorphose, 2019, p. 126-129.

CHAPITRE 4

« LES PROUESSES TECHNOLOGIQUES RENFORCENT L'ESPRIT MAGIQUE »

Technologie, démocratie et esprit magique

Ce nouvel éthos qui vient de se mettre en place ne convient pas à tout le monde. Certains éprouvent un grand plaisir à découvrir d'autres cultures, d'autres mondes mentaux et d'autres théories. Mais la partie fixiste de la population est effrayée par ces explorations déstabilisantes. Ils voient le monde comme une hiérarchie justifiée par la religion, la nature, la société ou par un philosophe qui dit la vérité. Pour eux, rien ne doit bouger. Le fixisme est sécurisant, le monde est clair : ceux qui sont en haut sont les plus forts, on admire les dominateurs, on hiérarchise la vie, l'ordre règne, la certitude est apaisante. Éliminons les faibles pour demeurer entre forts, ainsi la société plus facile à gérer produira mille ans de bonheur, des lendemains qui chantent et des paradis éternels. L'artisanat scientifique et ses constantes remises en question empêchent le bonheur simple de ceux qui préfèrent penser : « Derrière ce qu'on nous raconte, il y a des vérités cachées. » Ce qu'ils appellent « doute » est en fait une conviction qu'on les trompe. C'est alors que naissent les mouvements antisciences et les partis extrêmes sources de malheur.

Ce n'est pas suffisant pour opposer clairement un « rationalisme progressiste à un obscurantisme rétrograde[1] ». Les deux peuvent s'associer. J'ai connu de grands scientifiques qui avaient gardé au fond de leur âme le charme de l'esprit magique. L'un d'eux, qui avait fait des découvertes fondamentales sur l'épigenèse, venait à des réunions sur le plateau de Valensole pour attendre les Martiens. Une autre, qui avait dosé la modification des neuromédiateurs sous l'effet de pressions du milieu, proposait à son entourage de calculer les déterminants astrologiques de leurs enfants, et une excellente physicienne synthétisait les religions afin de développer la naturopathie. Ces croyances métaphysiques ne les empêchaient pas de faire de vraies publications scientifiques. Toute découverte provoque de l'hostilité car la nouveauté bouscule les certitudes. Seule la transcendance qui élève l'esprit est un sentiment qui nous rapproche

1. Lecourt D., *Introduction à Alexandre Moatti. L'avenir de l'antiscience*, Paris, Institut Diderot, 2014.

de Dieu. Les croyants ont le mépris facile envers ceux qui n'ont pas les mêmes croyances. Ils pensent dans une sorte de réalisme naïf : « Puisque je pense ainsi, c'est donc la vérité. Ceux qui pensent autrement sont des mécréants qui méritent mon mépris. » Mais, quand une culture hypertrophie sa composante scientifique, elle humilie involontairement ceux qui n'ont pas pu acquérir ces connaissances. Pour se redonner un peu de dignité, certains humiliés se regroupent dans des démarches de sectes antisciences. Dans les années d'après-guerre, les scientifiques ont vraiment cru que le progrès allait exploiter des richesses naturelles infinies, supprimer la maladie et diminuer la pauvreté. Jusqu'au moment où il a bien fallu reconnaître que les progrès génétiques avaient favorisé l'eugénisme, que la production de médicaments provoquait beaucoup d'effets secondaires et polluait l'eau, et que des performances scientifiques pouvaient donner la mort par les radiations nucléaires. On a même pensé que l'esprit scientifique menait à la mort de Dieu. La critique du progrès a caractérisé le régime de Vichy avec son retour à la terre et la réduction des femmes à la condition maternelle. Bernanos critiquait le « machinisme », René Barjavel voulait empêcher la construction de centrales nucléaires et René Dumont espérait que la paysannerie lutterait contre la croissance.

Ces réactions confuses surgissaient avec une facilité déconcertante, même chez les scientifiques. J'ai côtoyé un médecin compétent qui, lors d'une réunion à l'hôpital, avait invité une femme pour qu'elle nous explique comment elle parvenait à guérir l'autisme grâce à un régime de carottes râpées. « Comment a-t-elle fait pour découvrir ça ? » s'émerveillait ce praticien expérimenté. Lors d'une conférence sur la transmission des traumas, j'avais louangé les vaccins qui avaient fait disparaître la poliomyélite et la variole, lorsque j'ai entendu un auditeur s'exclamer : « Il ne sait même pas qu'il suffit de se laver les narines avec de l'eau salée ! » Il a été applaudi.

Peut-être faut-il poser le problème autrement ? La moindre invention technique modifie la manière de voir le monde. La découverte de l'étrier, en donnant aux petits guerriers mongols une assise solide sur leur cheval, en a fait des conquérants qui ont envahi l'Europe. Le blocage de l'ovulation chez les lapines a mené à la commercialisation de la pilule qui a métamorphosé la condition des femmes. Elles se pensent aujourd'hui comme des personnes et non plus seulement comme des porteuses d'enfants. La découverte de l'imprimerie a répandu sur la planète le *Malleus maleficarum*, que j'ai eu l'occasion de voir à Carthagène en Colombie. Il enseignait comment torturer les mécréants pour les convertir au catholicisme. En même temps, les imprimeries toulonnaises publiaient des leçons qui apprenaient aux marins à faire le point. Ce partage du savoir a modifié la hiérarchie à bord des bateaux et a constitué les premiers pas vers la démocratie. Quand on met dans la culture une découverte technoscientifique on ne sait pas ce que la société va en faire : une libération ou un asservissement ? Peut-être les deux, après tout ! La pénicilline qui guérissait une méningite syphilitique en cinq semaines a sélectionné des bactéries qui provoquent aujourd'hui des infections que l'on ne peut plus soigner. Les écrans qui nous rendent capables de communications magiques entraînent chez les enfants des retards de langage parfois importants, chez les ados de graves dépendances, chez les adultes des dépressions par isolement social[1] et chez les âgés une entrée précoce dans la maladie d'Alzheimer.

Outils-prothèses et récits métaphysiques

Dans le monde vivant, tous les cerveaux ne donnent pas accès à l'intelligence technique. Quand un organisme ne peut traiter que les informations proches, c'est le corps qui sert d'outil avec les dents, le bec, les griffes ou les membres. Mais plus le cerveau en cours d'évolution devient capable de traiter des informations éloignées dans l'espace et le temps, plus il peut mettre au point des outils pour profiter de cette aptitude. Dès lors, toute invention technique, source

1. Desmurget M., *La Fabrique du crétin digital*, Paris, Seuil, 2019, p. 91-94.

de libération du corps, modifie la construction du psychisme et l'aptitude du groupe à créer de la culture.

Le processus vivant qui consiste à échapper aux contraintes sensorielles proches pour fabriquer un monde de représentations éloignées est illustré par l'évolution des outils, qui d'abord appartiennent au corps, puis s'en éloignent jusqu'à devenir virtuels. Les écureuils ont des pattes antérieures pour immobiliser les noisettes et des dents pour ouvrir la coque. Les animaux inexpérimentés rongent au hasard, et rapidement découvrent qu'en introduisant les incisives dans un sillon de la coque et en faisant levier ils peuvent casser la noix sans trop d'efforts. Après s'être nourris, ils vont cacher les noisettes dans un creux d'arbre et rongent l'écorce selon leur style, réalisant ainsi une véritable signature[1]. Les mésanges anglaises sont devenues célèbres grâce à leur technique de décapsulage des bouteilles de lait que les livreurs déposent le matin sur le pas des portes, alors que les mésanges françaises n'ont jamais eu l'opportunité de faire cette découverte. Quand le pinson des Galápagos repère un ver enfoui dans une écorce, il va chercher une épine de cactus, la casse et en fait un pic pour empaler le ver inaccessible à son bec trapu. Le corbeau, pour construire son nid, ramasse des matériaux divers, des branches, des bouts

1. Eibl-Eibesfeldt I., *Éthologie. Biologie du comportement*, Jouy-en-Josas, Naturalia et Biologia, 1972, p. 219-222.

de bois et des boîtes de conserve, mais il comprend rapidement qu'il vaut mieux n'utiliser que les feuilles et les bouts de bois et éliminer les boîtes en fer. « La structure du corps suffit [...] pour expliquer pourquoi un chat se comporte comme un chat[1]. » Avec l'évolution des cerveaux, l'outil s'éloigne de l'organisme et l'animal utilise des objets pour les agencer afin d'en faire un véritable instrument. Une ancienne expérience montre comment un chimpanzé, percevant en hauteur un régime de bananes inaccessible, remarque autour de lui des cageots en bois. Il les rassemble puis les empile pour grimper dessus et se rapprocher des bananes qui sont encore trop éloignées. Alors, il va chercher un bâton, grimpe à nouveau sur les cageots et tape sur le régime pour faire tomber quelques fruits[2]. Ces séquences comportementales ne sont pas apprises par essais/erreurs, comme l'écureuil qui ronge une noisette au hasard avant de découvrir la fente qui permettra de la casser. Pour construire un outil « caisses-empilées-bâton », il faut que le cerveau du singe soit capable d'agencer des représentations spatiales. C'est un concept géométrique qui lui fait comprendre qu'en empilant des cageots il pourra réduire la distance. Une telle résolution d'un problème spatial résulte d'un traitement cognitif d'informations abstraites qui provoque

1. *Ibid.*, p. 224.
2. Kohler W., *The Mentality of Apes*, New York, Harcourt Brace, 1925.

une compréhension soudaine, une sorte d'« *eurêka !* » de singe. Quand un chimpanzé est placé derrière une grille qui le sépare d'une pomme et qu'on lui donne deux morceaux de bambou trop courts pour ratisser la pomme, il emboîte les deux morceaux pour en faire un râteau plus long. Des expérimentations récentes ont rendu observables comment des loups qui coopèrent pour la chasse ont compris qu'en s'associant pour tirer ensemble sur un bâton éloigné ils pouvaient ratisser à deux des aliments qu'ils n'auraient jamais pu atteindre s'ils étaient restés seuls[1]. En milieu naturel, les chimpanzés parviennent même à fabriquer des armes pour agresser des léopards, leurs ennemis héréditaires. Ils s'emparent d'un long bâton, pour les frapper de loin, ils lui jettent des pierres et… des feuilles, pour lui assener des coups à distance[2].

Dans une optique évolutive on peut intégrer ces observations naturelles et expérimentales, en disant que les humains ont été contraints, pour ne pas disparaître, à inventer des outils comme prothèses à leur faiblesse naturelle. Nos dents et nos ongles ne sont pas des armes terribles, en revanche nous sommes capables de transformer des pierres rondes en couteaux tranchants et des os en flèches plus redoutables que des dents et

1. Waal F. de, *L'Âge de l'empathie. Leçons de la nature pour une société solidaire*, Paris, Les Liens qui libèrent, 2010.
2. Kortland A., *How Do Chimpanzees Use Weapons, When Fighting Leopards*, Philadelphie, American Philosophical Society, 1965, p. 327-332.

des griffes. Nous inventons des voitures qui rattrapent à la course les animaux les plus rapides, nous fabriquons des machines qui volent comme des oiseaux ou nagent comme des poissons. Notre aptitude à traiter des informations d'espace et de temps nous donne une puissance inattendue. Grâce à la pince du pouce et de l'index, associée à un cerveau décontextualisateur, nous pouvons agencer des représentations abstraites pour fabriquer des outils : « L'homme peut imaginer des mouvements inattendus et les exécuter selon ses conceptions intellectuelles[1]. » Nous pouvons imaginer un outil et le fabriquer, nous pouvons penser qu'un récit raconte une réalité passée, nous pouvons rêver une utopie et la mettre en chantier. Cette puissance de la pensée nous fait échapper au contexte, réaliser des merveilles techniques et des prodiges culturels. Nous partageons l'intelligence technique avec un grand nombre d'espèces animales[2], mais seule notre intelligence verbale peut créer des mondes virtuels qui ont rompu les amarres avec les mondes réels. Alors nous dérivons au gré des vents où nous emportent nos délires collectifs, nous éprouvons au plus profond de nous des émotions provoquées par des représentations sans fondement.

Les animaux se bagarrent pour défendre un territoire, protéger un petit menacé par un prédateur ou réagir

1. Eibl-Eibesfeldt I., *Éthologie*, *op. cit.*, p. 486.
2. Lestel D., *Paroles de singes*, Paris, La Découverte, 1995, p. 117-118.

à un rituel d'interaction mal effectué. Les hommes se font la guerre à cause d'une croyance, élaborée comme un concept logique parfois coupé de toute réalité sensible. Ce processus de libération des contraintes naturelles a commencé par l'invention du premier outil et l'élaboration du premier récit. « Où l'homme taille des pierres pour frapper, trancher, transpercer, découper ou gratter, [...] où l'homme apprivoise la nature, domestique les animaux, maîtrise le feu et dresse des mégalithes, [...] l'histoire peut commencer[1]. » C'était au Proche-Orient, il y a un peu plus de deux millions et demi d'années quand les homininés sont entrés dans l'âge de la pierre taillée, et quand il y a un million et demi d'années la domestication du feu a été « source de sécurité et de lumière, mise à profit pour le durcissement de pointes d'épieux, l'éclatement des pierres et la cuisson des viandes[2] ». Plus tard, quand les civilisations se sont organisées, quand les peuples se sont rassemblés autour d'une même croyance qui leur servait d'étendard, il a fallu donner sens à la manière de vivre ensemble. La chasse, la construction des abris ou des ateliers de production d'armes n'étaient plus suffisantes pour donner sens à l'existence. À l'adaptation physique au contexte pour survivre, les humains ont ajouté un

1. Marchand P. (dir.), *L'Aube des civilisations*, Paris, Gallimard/Larousse, « Découverte Junior », 1991, p. 96.
2. Berthelet A., Chavaillon J., Picq P., « Des hominidés et des outils. Le début de la préhistoire », *in* Y. Coppens, P. Picq (dir.), *Aux origines de l'humanité*, t. 1 : *De l'apparition de la vie à l'homme moderne*, Paris, Fayard, 2001, p. 300-314.

sens métaphysique qui donnait une forme verbale à la sensation miraculeuse d'être en vie. Ce qu'on ne voit pas et qui pourtant existe, de l'autre côté de la montagne, de l'autre côté de la mort, gouverne la direction qu'il faut donner à l'existence. « Dieu lui dit : "Soyez féconds, multipliez, remplissez la Terre, et l'assujettissez, dominez sur les poissons de la mer, sur les oiseaux du ciel et sur tout animal qui se meut sur la terre[1]." »

Ces consignes venaient d'une entité toute-puissante et invisible et nous avions les moyens techniques de les réaliser. L'éducation et l'obéissance prenaient une valeur transcendante. Il ne suffisait plus de s'adapter à l'immédiat pour survivre, il fallait en plus donner sens à la vie. À l'accès au monde noétique de la spiritualité sacrée, qui nous a fait côtoyer les divinités, s'est ajoutée la spiritualité profane de la vie courante. L'intelligence du monde vivant se mettait en place de manière évolutive. Les animaux vivent dans un monde mental constitué de représentations sensorielles qu'ils peuvent agencer pour résoudre des problèmes[2], alors que les humains peuvent en plus être coupés de la réalité perceptible.

Un chimpanzé dominant était irrité par la rivalité d'un jeune qui attirait de plus en plus l'attention des

1. Genèse 1, 28.
2. Vauclair J., « Représentation et intentionnalité dans la cognition animale », *in* M. Siguan (dir.), *Comportement, cognition et conscience*, Paris, PUF, 1987, p. 59-87.

membres du groupe. À l'occasion d'un rituel raté par le jeune qui avait trop lentement effectué un comportement de soumission, le vieux mâle l'a attaqué et cruellement mordu. Cette agression a provoqué l'imitation des autres mâles, qui ont lynché le jeune rival. Il s'est enfui en boitant et s'est caché pour mourir d'hémorragie et de stress[1]. Le mâle dominant qui a déclenché l'assassinat n'avait pas un territoire à défendre, ni un aliment à conserver, ni une femelle à côtoyer, il a simplement répondu à une rivalité qui avait provoqué son hostilité. Le fait d'accéder au stade abouti de la théorie de l'esprit où il a compris que le jeune avait l'intention de prendre sa place a déclenché son attaque[2].

Grâce à son cerveau décontextualisateur, l'homme traite des informations de plus en plus éloignées

Les hommes, grâce à leur cerveau décontextualisateur, ont pu passer la convention du signe. Les enfants comprennent très tôt qu'en pointant de l'index ils vont piloter le monde mental de l'autre en direction de l'objet indiqué. Forts de ce succès désignatif,

1. Desportes C., Thierry B., *Destins de singes*, Paris, Acropole, 1990, p. 71-73.
2. Woodruff G., Premack D., « Intentional communication in the chimpanzee. The development of deception », *Cognition*, 1979, 7, p. 333-362.

ils pensent qu'en associant ce geste du doigt avec une sonorité de la bouche « bron bron », l'Autre comprendra que cet ensemble comportemental désigne le biberon convoité. Deux cerveaux décontextualisateurs peuvent ainsi convenir d'un signe arbitraire qui désigne un objet. Plus tard, en grandissant, les enfants pourront agencer des récits auxquels les autres croiront ou ne croiront pas. Dès le stade évolutif où un être vivant devient capable de se représenter les représentations d'un autre, il peut apprendre des mots convenus et inventer des histoires qui construisent des mondes mentaux variés. À l'intelligence technique que nous partageons avec beaucoup d'animaux s'ajoute l'intelligence verbale qui crée des mondes de merveilles et d'horreur. La technologie nous permet de maîtriser la nature en contrôlant certaines contraintes matérielles, et la verbalité nous offre la possibilité d'inventer mille théories euphorisantes ou terrorisantes, pour lesquelles nous sommes capables de mourir et de tuer.

L'intelligence technique nécessite une sorte d'empathie d'objet où celui ou celle qui invente un outil comprend en l'imaginant qu'il suffit de taper sur un silex avec un autre silex selon un certain angle pour que la pierre éclatée fasse un tranchant dont on pourra se servir pour attaquer un animal. En percevant côte à côte la peau de l'animal tué et le tranchant de la pierre, quelqu'un comprendra préverbalement qu'on peut racler la peau avec ce silex pour préparer un vêtement. Un pinson qui aperçoit un ver au fond d'une écorce comprend qu'avec son bec trop court il ne pourra pas l'attraper. Mais, percevant aussi une épine de cactus, son empathie d'objet lui fait saisir, sensoriellement, qu'en cassant cette épine, il pourra la glisser sous l'écorce et transpercer le ver. Dans les deux cas, c'est l'agencement d'images qui a donné accès à une représentation spatiale qui lui permet de résoudre un problème de géométrie. C'est avec son corps, sa main ou son bec, que l'être vivant agit sur la matière pour la façonner en outil selon ses intentions.

D'agencement en agencement, on se sert d'outils pour fabriquer d'autres outils, jusqu'au moment où « le trait caractéristique, majeur, des techniques d'aujourd'hui ne porte plus sur le travail manuel, mais sur l'organisation et l'agencement des machines entre elles[1] ». L'évolution de la technologie humaine se fait par une cascade d'objets qui, graduellement, traitent des informations de plus en plus éloignées de la perception du réel. Jusqu'au moment où les machines fabriquent des machines qui agissent sur la matière et inventent des armes qui tuent des êtres humains qu'on ne voit pas et qu'on ne connaît pas, empêchant ainsi tout sentiment de crime.

L'évolution technologique fut lente jusqu'à la fin du XVIIIe siècle où, en quelques décennies, l'expansion

1. Ellul J., *La Technique ou l'Enjeu du siècle*, Paris, Economica, 2008, p. 11.

des objets techniques a organisé les sociétés. Vers 1750, l'hydraulique, le charbon et l'électricité sont devenus des forces qui ont donné le pouvoir à ceux qui possédaient ces outils et aux techniciens qui savaient les faire fonctionner. Les prolétaires, ne possédant rien, furent contraints de louer leurs bras. L'homme s'efface devant la puissance de la technique qui, désormais, gouverne les corps et les âmes. L'imprimerie, l'art, les livres et le cinéma structurent l'esprit de ceux qui vivent dans cet univers. La technique crée un environnement où les enfants se développent de plus en plus loin de la sensorialité. Ils ont la tête dans les machines et n'ont plus les pieds sur terre. Dans ce nouveau monde, les muscles des hommes et le ventre des femmes changent de signification. Avant l'ère industrielle, on mourait dans le lit où l'on était né, on parlait une seule langue, on se référait à la place du village autour de l'église et de la mairie, on habitait une seule croyance. Les femmes, réduites à la maternité, servaient les hommes, les enfants et la basse-cour. La société ainsi structurée donnait une vision claire du monde, mais c'était l'ordre des cimetières puisqu'il n'y avait qu'une seule manière de se développer.

Depuis quelques décennies, les travailleurs restent dans leur fauteuil, devant un écran qui leur sert de bureau planétaire. Le monde humain s'est tellement dilaté que ce ne sont plus les colporteurs qui transportent les histoires d'un village à l'autre, ce sont les machines qui diffusent les récits au moyen de radios, de télés, de smartphones, de réseaux sociaux et d'intelligence artificielle. Pour prendre sa place dans un réseau d'amis, il faut parler la même langue, partager les croyances et porter les vêtements d'un même style. Au Moyen Âge, les habits et la coupe de cheveux constituaient une écriture qui affichait sa place dans la hiérarchie sociale. Seul un aristocrate avait le droit de porter une culotte qui moulait ses fesses, mais un manant était pénalisé quand il transgressait cette mode. Les poils aussi étaient socialisés : un laquais rendait publique sa fonction en portant des rouflaquettes, un militaire laissait pousser une moustache en pointe, un clerc de notaire une barbichette, une bourgeoise donnait à ses cheveux un aspect de pièce montée, une servante les lissait et une paysanne les enfouissait sous un foulard. Grâce à cette sémantique des poils, on savait à qui on avait affaire, on pouvait se hiérarchiser[1]. Ces repères ne sont pas visibles dans les réseaux sociaux. C'est une publicité ou une croyance qui rassemble les groupes le temps d'une manifestation qui ne tisse aucun lien. Ainsi se crée un univers verbal coupé de toute réalité. Quand notre esprit est structuré par des récits plutôt que par l'expérience vécue, on croit ce qu'on nous dit, bien plus que ce qu'on voit.

1. Waresquiel E. de, *L'Histoire à rebrousse-poil*, Paris, Fayard, 2005.

La civilisation technique n'a pas supprimé la mort, mais elle a tellement allongé la vie qu'elle a fait apparaître un continent âgé qui pèse sur la société et modifie le sens donné à l'existence. Le sacrifice était héroïsé parce qu'il protégeait les proches et les vulnérables. Aujourd'hui, en Occident, le don de soi est devenu une valeur désuète, une escroquerie culturelle. Le loisir a pris sa place en donnant un sens à l'immédiat, en pratiquant un sport de petit niveau ou en organisant ses futures vacances. La machine qui nous libère des contraintes du réel nous soumet à l'impératif de jouissance. Sans plaisir aujourd'hui la vie n'a plus de sens, alors qu'hier cet agrément offrait simplement quelques bouffées de bonheur, lors des cérémonies religieuses et des fêtes de village.

Quel est le prix de cette immense victoire technique ? Existe-t-il un progrès sans effet secondaire ? La civilisation qui allonge la vie produit la vieillesse, qui pèse lourdement sur les aidants et la société. L'impératif de jouissance change les projets existentiels et les images identificatoires. Nous n'admirons plus le héros qui meurt pour nous, nous envions l'aventurier qui triomphe de tous les obstacles, conduit de belles voitures et fait de confortables croisières aux innombrables rencontres sexuelles. L'épanouissement d'une telle catégorie sociale désespère et humilie ceux qui n'ont pas accès à ces petits bonheurs. La haine des élites constitue presque toujours l'indice prémonitoire d'une explosion sociale irrationnelle.

Comme d'autres espèces, nous possédons un cerveau capable d'accéder à une intelligence géométrique préverbale qui imagine des outils. Mais nous sommes la seule espèce apte à produire une intelligence verbale qui compose des récits que nous habitons. Est-ce à dire que le monde mental serait le produit de l'évolution ? Existe-t-il un « pourquoi biologique de l'esprit[1] » ? Quand on s'entraîne aux raisonnements développementaux, on décrit l'augmentation phylogénétique du cerveau à travers les espèces et la croissance ontogénétique de la masse cérébrale à partir du fœtus jusqu'à l'âge de 25 ans. On découvre alors que l'encéphalisation croissante traite des informations de plus en plus éloignées de l'organisme. Les oiseaux répondent à une distance de fuite quand on s'approche trop près d'eux, les mammifères perçoivent l'expression de nos émotions et devinent nos intentions, les grands singes sont capables de se représenter les représentations d'un autre puisqu'ils mentent pour manipuler leur monde mental. Au moyen de mimiques, de cris et de postures, ils savent induire de fausses croyances dans le monde mental des autres[2]. Nous, êtres humains, nous faisons ça très bien puisque nous y ajoutons la puissance de

1. Attili G., *Attachement et théorie de l'esprit*, Paris, Fabert, 2013, p. 85.
2. McFarland D., *Le Comportement animal. Psychologie, éthologie et évolution*, Bruxelles, de Boeck, 2020, p. 535.

la parole qui peut créer mille mondes mentaux. Cette pensée turbulente, sans cesse révolutionnaire, n'est pas soumise aux pressions de la sélection naturelle, elle est façonnée par des récits d'images et de mots, des scénarios, des métaphores, des mythes, des légendes et des rumeurs, des tourbillons de pensée qui échappent aux pressions du contexte[1].

Comprendre au-delà des mots : le monde noétique

Quand un enfant débarque dans le monde des mots, c'est avec les récits qu'il a entendus, ceux de sa mère, de son école et de sa culture qu'il va apprendre à naviguer dans les flux verbaux qui l'entourent. S'il a été exposé à la violence conjugale, à la séparation ou à la maltraitance, il fera un récit de son épreuve avec les mots dont il dispose à son âge. Pour l'aider, Claude de Tichey propose l'amorce d'un conte afin qu'il puisse exprimer sa manière de voir l'événement : « Le cerf et la biche avaient un petit appelé Bambi. [...] Chacun allait dans son coin [...] pour brouter ou grimper dans les rochers. [...] Une fée passait par

1. Cyrulnik B., « Production de la pensée et pensée produite », *in* F. Fédida, D. Lecourt (dir.), *La pensée est-elle le produit de la sélection naturelle ?*, Paris, PUF, « Forum Diderot », 1990, p. 53.

là. [...] Je te donnerai ce que tu voudras... » L'enfant poursuit le conte en inventant : « Bambi veut escalader les rochers pour que son père et sa mère soient tout le temps ensemble[1]. » C'est plus facile pour un enfant malheureux de raconter les malheurs de Bambi que de parler de lui et de ses parents séparés.

À l'adolescence, le jeune entend des récits sociaux : « Il faut aller à Jérusalem pour libérer le tombeau du Christ que les Arabes ont volé », a dit le pape Urbain II à Clermont-Ferrand en 1095. Cette phrase a provoqué une indignation suffisante pour déclencher la première croisade. Impossible de voir le tombeau, impossible de savoir si cette phrase disait le vrai, d'ailleurs personne n'a vérifié. Elle a pourtant suffi à mettre en marche quinze mille pauvres gens qui ont tout abandonné pour se rendre à Jérusalem, massacrer en passant quelques milliers de Juifs et libérer le tombeau dans un bain de sang.

Grâce à notre aptitude cérébrale à combler avec des représentations le vide d'un monde impossible à percevoir, l'évolution humaine nous entraîne à vivre dans un espace noétique composé de pensées coupées de toute perception. Les mots ne sont plus utiles à cette compréhension soudaine. « Le noème est une

1. Tichey C. de, *Test des contes et clinique infantile*, Paris, InPress, 2012. Et Renauld J., Laurent M., Demogeot N., Tichey C. de, « Violence conjugale, maltraitance, séparations et résilience de l'enfant », *Neuropsychiatrie de l'enfance et de l'adolescence*, 2023, https://doi.org/10.1016/j.neurenf.2023.01.002.

unité de sens, inanalysable, indépendante de tout signe linguistique[1] », comme si nous pouvions comprendre au-delà des mots, alors que les animaux parviennent à comprendre en deçà des mots. Cette intelligence fulgurante se repère dans la compréhension instantanée d'un animal qui évalue la distance de ses bonds, de l'intelligence technique de la fabrication d'un outil et de l'*eurêka* mathématique. Elle se manifeste aussi dans l'*insight* psychanalytique, quand notre pensée flotte autour d'une énigme qui soudain s'éclaire, ou quand on s'émerveille du miracle d'être au monde qu'aucune pensée rationnelle ne peut expliquer et que surgit soudain la révélation d'une force supérieure qui nous gouverne, ou quand une angoisse nous torture et que tout à coup on a la conviction d'être protégé par Dieu. Une telle compréhension instantanée n'a pas besoin de l'outil verbal, elle se produit comme un jaillissement de lumière dans tout être vivant, un animal, un bébé ou un adulte. Il y aurait donc un en deçà et un au-delà de la parole, une forme d'intelligence émergeant du monde vivant et créant autour de la planète une noosphère, un réseau d'idées, une enveloppe immatérielle[2]. Apparaissant après la géosphère matérielle, après la biosphère vivante, se tisserait

1. Rey A. (dir.), *Dictionnaire historique de la langue française*, t. 2, Paris, Le Robert, 2012, p. 2250-2251.
2. Van Eersel P., *Noosphère. Élément d'un grand récit pour le XXIe siècle*, Paris, Albin Michel, 2021.

« une sphère humaine de la réflexion, de l'invention, des âmes conscientes[1] ».

Freud n'était pas loin de ce processus de soudaine compréhension métaverbale, à la suite et au-dessus de la parole. Quand il parle de sentiment « océanique », il suggère qu'il se représente lui-même comme une goutte en son milieu[2]. Pour certains, il s'agit d'un monde spirituel divin, mais Freud se pense dans un univers sans dieu, infiniment plus grand que lui, une goutte dans l'océan. Romain Rolland, qui a joué un important rôle dans l'introduction de la psychanalyse en France, avait écrit à Freud une lettre où il employait cette métaphore venue de Spinoza qui invitait à « voir les choses sous leur aspect éternel ». Cette vision n'est pas nécessairement religieuse[3], elle se situe au-dessus des perceptions sensorielles, comme lorsque dans la théorie de l'esprit un observateur attribue à l'autre un état mental impossible à percevoir[4]. La circulation des idées parties de Spinoza le Hollandais, transmises à Freud l'Autrichien par Romain Rolland le Français, illustre bien l'idée de noosphère, de cerveau global, d'intelligence collective circulant dans un réseau planétaire. Aujourd'hui, Internet et l'intelligence artificielle

1. Teilhard de Chardin P., *Le Phénomène humain*, Paris, Seuil, 1955.
2. Freud S., *Malaise dans la civilisation* [1930], Paris, Payot, 2010.
3. Comte-Sponville A., *L'Esprit de l'athéisme. Introduction à une spiritualité sans Dieu*, Paris, Albin Michel, 2006.
4. Darmaillacq A. S., Lévy F. (dir.), *Éthologie animale. Une approche biologique du comportement*, Bruxelles, De Boeck, 2019, p. 220-223.

structurent ce nouveau règne de la circulation des idées où se bâtit la transcendance. Les créations de l'esprit n'ont plus besoin de l'expérience. C'est pourquoi elles côtoient facilement le délire qui, quoique logique, est coupé de la réalité.

Quand, dans un monde noétique, la spiritualité est sacrée, elle postule qu'elle sent qu'une force invisible nous gouverne. Cette force a créé le monde, y a mis des êtres vivants et a orienté leur destin vers la mort. Cette entité on la ressent, mais on n'a pas la possibilité de la juger, on ne peut qu'y croire. Je sens, comme une évidence, la force d'une essence à laquelle on a donné le nom de Dieu, d'Allah ou de Bouddha. Je peux interdire la représentation de son visage comme le font les juifs et les musulmans de façon à ce que l'abstraction augmente l'invisibilité de son pouvoir. Je peux, à l'inverse, dessiner sans cesse et sculpter son image, comme le font les chrétiens et les cultures africaines de façon à faire sentir sa présence autour de nous. Ces pressions s'organisent selon la politique religieuse du contexte. Le sentiment de transcendance dépend de l'évolution des cerveaux et du développement des personnes. Mais les cadres religieux sont déterminés par les contextes culturels qui prescrivent les comportements de croyance. La spiritualité est une élation humaine, alors que la religion prescrit comment il faut croire et prier pour rassembler ceux qui partagent la représentation d'un même dieu. Le sentiment d'appartenance ainsi provoqué est tellement euphorisant et sécurisant qu'il dérive facilement vers l'organisation d'un clan. On se réunit, on porte les mêmes vêtements, les mêmes insignes pour mieux se repérer, on récite les mêmes mots, on fait les mêmes gestes évocateurs d'élévation, on chante les mêmes chansons et, créant ainsi un sentiment à l'unisson, on en déduit qu'on ne se sent bien qu'entre nous, qu'on se comprend, qu'on est frères de croyances, qu'on est en famille, ce qui exclut les étrangers. Ce processus confortable, qui engourdit la pensée, évite la rencontre, la surprise, l'exploration d'autres mondes. Quand le clan se clôture autour des mêmes ancêtres et des mêmes croyances, toute divergence fait l'effet d'un blasphème. Le dissident, le mécréant veut certainement nous détruire. Nous sommes en légitime défense quand nous l'excluons et quand nous le détruisons sans culpabilité.

Pour éviter la clôture du clan, qui mène au mépris et à la haine de ceux qui n'ont pas les mêmes croyances, il est nécessaire d'organiser des rencontres entre religions. Puisque l'accès à la transcendance est une composante essentielle de la condition humaine, puisque la religion apporte le bénéfice de l'appartenance, de la solidarité et de la culture, il n'est pas difficile d'éviter la dérive clanique, il suffit que chacun conserve sa manière d'accéder à Dieu et s'intéresse au chemin que d'autres ont trouvé pour le côtoyer.

Devenir soi-même dans le fleuve de la doxa

Lors de l'ontogenèse, le sentiment d'appartenance est nécessaire au développement de l'individu. Tous les nouveau-nés – oiseaux, mammifères et êtres humains – ont besoin d'être étayés par leurs congénères afin d'obtenir une autonomie relative dans le groupe. Les adultes qui entourent le petit émettent un langage compréhensible d'odeurs, de couleurs, de sonorités et de postures signifiantes qui construisent une enveloppe sécurisante. Quand ce contenant vient à manquer le petit, privé de tuteurs extérieurs, ne manifeste que des comportements autocentrés puisqu'il n'y a rien autour de lui. Comme tout être vivant, il a besoin d'un autre pour devenir lui-même, puis, quand une base de sécurité extérieure aura été intériorisée dans sa mémoire, il aura besoin d'une pression autonomisante pour devenir lui-même parmi les autres. L'oiseau adulte accompagne l'oisillon au bord du nid afin qu'il se lance en l'air. La mère mammifère menace son petit quand il devient trop lourd et que ses jeux prennent l'effet d'une agression. La mère macaque emporte le jeune au milieu du groupe et profite d'un moment d'inattention pour s'enfuir en le laissant seul.

Chez les petits humains, ce processus d'autonomie se manifeste dans les comportements et dans la parole. À l'âge de 3 ans, l'enfant est fier de dire « non » à sa mère qui l'entoure de soins. À l'adolescence, il s'imagine quittant le foyer qui l'a sécurisé et construisant une existence différente de celle de ses parents, mais à partir de ses parents. Quand ce couple de forces opposées et associées d'attachement qui mène à l'autonomie se met mal en place, c'est la haine qui prend un effet séparateur : « Vous ne m'avez pas armé pour la vie », « Je vous en veux de me sentir si faible et craintif face à l'existence », « Vous voulez me garder pour vous », entend-on quand ce processus de séparation affectueuse a été dysfonctionnel.

Dans les sociétés totalitaires, l'État enlève les enfants à leur famille et les inscrit dans un clan qui les rend follement heureux. Quand on se soumet à la seule vérité, on arrête sa pensée pour se mettre au diapason du groupe. On apprend une seule langue, une seule croyance, on quitte ses parents, espérant devenir autonome, et on découvre alors qu'on n'a fait que s'asservir à un chef vénéré qui nous indique le chemin. Croyant accéder à la liberté, nous venons de changer de chaînes, escroqués par un récit totalitaire. On se sent tellement bien dans cet esprit de clan que tout questionnement brise le charme de l'emprise. La moindre critique, le plus petit jugement fait l'effet d'une dissidence qui mérite le mépris et devient source de haine quand l'hérésie fait peur. La récitation et l'obéissance sont les armes du clan qui nous rend heureux en masquant la réalité et en nous soumettant à un récit qui prépare la guerre. Les Jeunesses hitlériennes, les Pionniers communistes, les jeunes djihadistes, les miliciens du Hezbollah et tous ceux qui s'engagent dans une pensée extrême connaissent l'euphorie méprisante des engagements sectaires. Quand un récit découpe un monde abusivement clair, la vérité entière se tient dans le discours du conducteur. La moindre tentative de jugement est ressentie comme une attaque contre le chef vénéré. Quand l'accès au langage nous fait vivre dans un monde passionné qui induit l'amour du Même et la haine de l'Autre, on comprend tristement que « l'évolution ne conduit pas au meilleur des mondes possibles[1] ». Parfois, le progrès a tellement d'effets secondaires qu'il disqualifie les bénéfices. Quand un récit n'est plus amarré au réel, il dérive là où l'emporte le vent. Il peut flotter vers la transcendance artistique qui transforme le malheur en beauté, mais il peut aussi se laisser prendre dans un engagement totalitaire qui érotise la haine. Le délire logique possède un pouvoir euphorisant quand il désigne celui par qui le malheur arrive et qu'il donne de l'espoir en affirmant qu'il suffit de l'éliminer pour retrouver le bonheur. Notre aptitude cérébrale à vivre dans un monde noétique nous mène

1. *Ibid.*, p. 279.

à la merveille autant qu'à l'horreur, nous transcende et nous exalte en nous préparant à la guerre, comme on le voit dans tous les engagements extrêmes.

Cette compréhension soudaine est un *insight* plus proche de la sensation que de la réflexion. Le travail de la pensée est une aptitude acquise dans la relation quand, pour s'adresser à un autre, il faut faire des gestes et des phrases, trouver les arguments qui vont modifier son monde mental dans le sens que l'on souhaite. Puis il faut, à son tour, entendre l'expression des sentiments et des idées de l'Autre. C'est dans une relation d'échange qu'on élabore une pensée. Ce qui implique que lorsqu'on ne parle qu'entre partenaires d'un même clan, on empêche l'élaboration, on renforce la récitation des slogans, on freine l'empathie, on empêche la découverte d'autres mondes mentaux. C'est ainsi que, dans un monde sans altérité, on peut tuer pour s'amuser, comme cette gardienne SS du camp d'Auschwitz qui pour montrer à ses amis son habileté au fusil jouait à abattre quelques déportés par la fenêtre de son salon. « Quand l'Autre n'est pas vraiment un être humain, ce n'est pas vraiment tuer », devait penser cette dame. L'histoire de l'humanité, avec ses innombrables massacres et génocides, témoigne que des dizaines de millions de personnes ont été capables de telles performances psychiques. Quand on se soumet totalement à une seule représentation qui monopolise la conscience, il n'y a plus d'altérité, on peut tuer sans éprouver le sentiment de crime.

Pour éviter le piège de la pensée close, pour amarrer au réel les mondes noétiques que nous inventons, nous disposons de quelques outils :

- L'expérience du terrain nous donne un savoir préverbal. C'est l'œil du maquignon qui fait voir que son cheval boite alors que les observateurs inexpérimentés ne voient rien. C'est le praticien, la mère ou l'aide-soignante qui sont les seuls à percevoir l'aggravation ou les signes d'amélioration, non perçus par les autres.
- Le scientifique, par sa méthode et son milieu, arrache quelques brins de réel momentanément vrais et soulève mille questions pour préparer d'autres expérimentations.
- Et chacun d'entre nous, dans la vie quotidienne, quand nous ne nous laissons pas entraîner dans le courant de la doxa, quand nous demandons à rencontrer pour vérifier, à voyager pour comparer et à lire pour juger, nous arrachons une petite élaboration qui nous donne le plaisir de la découverte et la liberté intérieure qui s'oppose au langage totalitaire.

Ce cheminement qui nous permet de respecter les contraintes biologiques pour avoir la possibilité de vivre, puis de leur échapper en inventant les mondes noétiques des pensées abstraites et des spiritualités, nous mène à un choix terrible. Pour prendre une place dans la structure sociale qui nous environne, nous devons obéir. Mais quand nous obéissons sans juger, nous nous faisons complices du langage totalitaire. Alors, nous devons nous opposer pour garder un peu de liberté intérieure, ce qui risque de nous désocialiser. Et si, par malheur, nous triomphons en désorganisant la société qui nous opprime, nous provoquons une angoisse sociale qui pousse les foules à se réfugier dans les bras d'un dictateur qui les emprisonne et les escroque en leur promettant la sécurité et en désignant celui par qui le malheur arrive. Débrouillez-vous avec ça : les pulsions contraires, opposées et associées sont la règle dans le monde vivant autant que dans le monde noétique, celui que les êtres humains placent au-dessus de la réalité sensible[1].

Sans amour, le désert. Trop d'amour, la prison

Chez les animaux, « la présence ou l'absence, les caractéristiques des soins maternels affectent fortement l'ontogenèse des comportements. Les célèbres travaux de Harlow (1961) chez les macaques rhésus ont mis en évidence les effets délétères à long terme d'une séparation précoce[2] ». Les réactions cliniques comportementales et neurologiques sont exactement les mêmes chez

1. Teilhard de Chardin P., *Le Phénomène humain*, *op. cit.* Et Van Eersel P., *Noosphère*, *op. cit.*
2. Darmaillacq A. S., Lévy F. (dir.), *Éthologie animale*, *op. cit.*, p. 64.

les enfants humains. Une privation précoce, intense et durable d'attachement provoque une augmentation très nette des comportements autocentrés, un arrêt de l'élan vers l'autre, une atrophie des deux lobes préfrontaux, des deux circuits limbiques surtout à droite et une hypertrophie des amygdales rhinencéphaliques[1]. Puisque sans amour le cerveau s'atrophie, la réaction naïve consiste à donner toujours plus d'amour. C'est une erreur car l'excès freine le développement de l'enfant. Dans un désert affectif, rien ne stimule le cerveau mais, dans une prison affective, la stimulation est monotone, engourdissante même. Dans les deux cas, le cerveau dysfonctionne, les neurohormones sont moins sécrétées, et la diminution d'hormones de croissance explique la petite taille liée aux carences affectives chez les animaux comme chez les êtres humains. Chez les enfants s'ajoute un retard de langage mais, quand le milieu est enrichi par la parole, on assiste à une résilience linguistique surprenante[2].

Ce qui s'exprime par des comportements de mise à distance chez les animaux se manifeste par des comportements analogues chez les êtres humains auxquels s'ajoute l'articulation de l'adverbe de négation :

1. Nelson C. A., Zeanah H., Fox N. A. *et al.*, « Cognitive recovery in socially deprived young children : The Bucharest early intervention project », *Science*, 2007, 318 (5858), p. 1937-1940.
2. Cyrulnik B., « Narrative resilience. Neurological and psychotherapeutic reflections », *in* M. Ungar (dir.), *Multisystemic Resilience*, Oxford, Oxford University Press, 2021, p. 100-110.

« Non ! » Quand ce processus d'autonomie ne se met pas en place, la non-séparation des partenaires du lien provoque l'hostilité et parfois même la haine de ceux qui, en s'aimant trop, se dépersonnalisent. Il est donc nécessaire de s'attacher pour acquérir la force de desserrer le lien. J'ai intérêt à obéir pour devenir autonome, mais si je ne fais qu'obéir, ma soumission fera de moi l'agent d'un système. Quand une théorie est totalitaire ou trop hiérarchisée pour autoriser la discussion, l'obéissance fait de nous des agents irresponsables : « Je n'ai fait qu'obéir », disent les génocidaires. « Je ne suis pas l'auteur de mes actions… Je ne suis que l'agent exécutif de la volonté d'un autre. Je n'ai aucune autonomie donc aucune responsabilité[1]. » Quand une éducation n'apprend pas à juger, elle exige que l'enfant récite sans poser de questions, comme on le constate dans les dictatures où une grande partie de la population déresponsabilisée adore le despote et s'arrange pour ne pas ouvrir les yeux. « On ne savait pas », disent-ils en découvrant les crimes. Et ils ont raison puisqu'ils ont tout fait pour ne pas savoir. Un système trop hiérarchisé désengage les agents qui y participent. Les médecins ne se sentent pas responsables de la toxicité des médicaments que la faculté leur a appris à prescrire, les agriculteurs appliquent les consignes quand

1. Lepage J., « Soumission à l'autorité et destructivité : approches comportementale et neurologique », *in* R. Coutanceau, S. Lemitre (dir.), *Violences ordinaires et hors normes. Aux racines de la destructivité humaine*, Paris, Dunod, 2017, p. 127.

ils inondent le sol de produits toxiques que l'entreprise qui les paie leur ordonne de répandre pour améliorer la production. L'obéissance libère de l'angoisse du choix et de la responsabilité de la faute. Nous avons intérêt à bien obéir, la servitude est tellement confortable : « J'obéis pour apprendre mon métier », « J'obéis pour gagner le paradis », « J'obéis pour donner la victoire à mon chef dont le programme permet de réaliser mes fantasmes inavouables… Tuer les Juifs… Ne pas donner d'aide sociale aux Noirs… » De grands scientifiques ont dit que ça ne servait à rien puisque l'élite intellectuelle est blanche et que « les Noirs ont un QI très bas qui explique leur délinquance[1] ». Il n'est pas rare que des concepts scientifiques soient détournés pour légitimer un concept raciste. Le regard évolutionniste sur le monde vivant a été modifié pour parler de la « sélection du plus fort », alors que Darwin parlait de « sélection du plus apte », qui n'est pas forcément le plus fort. Ce détournement a permis aux nazis de faire une représentation hiérarchisée du monde vivant qui donnait à voir des animaux supérieurs et des hommes supérieurs. Ce biais de formulation légitimait la théorie raciste. Les méthodes éducatives autoritaires enseignent la théorie qui dit la seule vérité. Le dogme qui s'inscrit dans la vive mémoire des enfants entraîne leur conviction et

1. Herrnstein R. J., Murray C., *The Bell Curve : Intelligence and Class Structure in American Life*, New York, Free Press, 1994.

les empêche d'apprendre à juger puisqu'ils n'ont pas de choix. Quand on ne cherche pas ailleurs, on ne se décentre pas de soi, on arrête le développement de son empathie[1]. Ce qui revient à dire qu'il y a deux méthodes pour apprendre à ne pas inhiber la pulsion. La première, c'est la carence affective qui provoque une dysfonction cérébrale. L'amygdale rhinencéphalique est tellement hypertrophiée que le sujet ne peut pas s'empêcher d'agresser. Il connaît la loi, mais rien ne peut freiner sa pulsion. La deuxième condition éducative qui facilite l'impulsion au crime sans culpabilité, c'est l'énoncé de la seule vérité qui soit. Elle est ressentie comme une évidence puisque rien d'autre n'est donné à penser. L'énoncé dogmatique met à l'écart toute autre réflexion et c'est le plus logiquement du monde qu'on programme l'élimination des Juifs, des Tsiganes, des malades mentaux et des homosexuels. « Soyez heureux, ayez bonne conscience, il vous suffit de tuer quelques millions de personnes pour que l'humanité connaisse mille ans de bonheur », disait le projet nazi de *Mein Kampf*. De nombreux peuples cultivés ont accepté cette consigne.

L'esprit humain a horreur du vide. Un deuil provoque un douloureux sentiment de perte, une carence affective appauvrit le milieu au point de déclencher

1. Moll J., Oliveira-Souza P., « Moral judgements, emotions and the utilitarian brains », *Trends in Cognitive Science*, 2007, 11 (8), p. 319-331.

l'angoisse du vide. Alors, pour se sentir mieux, il faut vite combler l'absence avec une représentation qui dit que de l'autre côté de la montagne, il y a une vallée luxuriante où le bonheur est facile… De l'autre côté de la vie, après la mort, il y a un paradis où nous ne pouvons qu'être heureux. Notre capacité métacognitive de se représenter un autre monde nous amène à vivre dans un imaginaire où nous croyons ce que notre pensée produit. Nous imaginons un monde et puis nous y habitons. Cette capacité est attribuable à un cerveau capable de mettre une représentation à la place de l'objet absent. Grâce au jeu de la bobine, Freud a rendu son petit-fils célèbre. L'enfant s'étonne quand l'objet disparaît et s'émerveille quand il la voit revenir. Ce petit jeu nous fait comprendre que l'enfant sent que la bobine est ailleurs quand il ne la voit pas et que, en réapparaissant dans son champ visuel, elle confirme sa théorie, sa recherche spéculative : « J'avais donc raison quand je pressentais qu'elle était ailleurs. » Piaget observe ce phénomène chez des enfants de 8 à 12 mois qui se représentent par la pensée ce qu'ils ne voient pas avec leurs yeux. Tous les parents qui ont joué à faire « coucou » avec leur bébé ont constaté le bonheur épistémologique de l'enfant ravi de confirmer sa théorie quand le visage de papa surgit au-dessus de la serviette derrière laquelle il s'était caché.

De nombreux animaux sont capables d'effectuer une telle performance métacognitive. Le chien, derrière un grillage, s'oriente vers le morceau de viande qu'il voit mais qu'il ne peut pas saisir. Après quelques tentatives, il comprend qu'il doit s'éloigner de l'objet convoité et ne plus le voir pour s'en approcher, en contournant l'obstacle. Mais, quand il mange le morceau de viande, le chien sait qu'un autre chien pourrait convoiter le même aliment. Il lui attribue son propre appétit. Alors qu'un petit humain, dès la deuxième année, comprend qu'un autre peut ne pas aimer l'aliment que lui-même adore[1]. La capacité à comprendre que nos états mentaux peuvent être analogues ou différents de ceux des autres se met en place très tôt, vers la quatrième année, au cours des interactions avec nos figures d'attachement. L'aptitude à mentaliser résulte d'un tricotage constant entre le développement du cerveau et la structure du milieu[2]. Un enfant sans Autre n'a aucune possibilité de se développer, mais quand sa famille et sa culture disposent autour de lui des mimiques, des gestes, des comportements et des mots, le petit se développe le long de ces tuteurs. C'est nécessaire et suffisant pour qu'un enfant de 4 ans accède à l'empathie[3] et comprenne ce que les autres croient.

1. Repacholi B., Gopnik A., « Early reasoning about desires : Evidence from 14- and 18-month-olds », *Development Psychology*, 1997, 33 (1), p. 12-21.
2. Allen J. G., Fonagy P. (dir.), *The Handbook of Mentalization : Based Treatment*, New York, John Wiley and Sons, 2006.
3. Wimmer H., Perner J., « Beliefs about beliefs : Representations and constraining functions of wrong beliefs in young children understanding of deception », *Cognition*, 1983, 13 (1), p. 103-128.

En jouant la comédie, il peut amener un autre à se construire une représentation à partir de ce qui n'est pas, « pour tromper sur ce qu'il y a à signifier[1] ». L'aptitude à bâtir une représentation qui n'a aucun rapport avec le réel peut créer des merveilles imaginaires, des œuvres d'art, un royaume des cieux, une magnifique utopie. Mais cette capacité métacognitive peut tout autant construire une représentation d'horreur, décrire un monde hostile qui n'existe pas et contre lequel il est légitime de se défendre : les Juifs complotent pour s'emparer du monde, les Ukrainiens réalisent un génocide contre les Russes, les Tutsis nous envoient le mauvais œil. Ces représentations fondées sur rien, formulées verbalement par une croyance délirante, provoquent des émotions très fortes qui peuvent pousser à l'acte les psychotiques, les fanatiques et même des gens bien élevés. Il suffit de croire que les Noirs veulent voler notre portefeuille pour que, voyant passer un Noir, notre cerveau déclenche une alerte : le système de récompense s'éteint tandis que l'amygdale affole les émotions[2]. Dans le réel, rien ne justifie une telle réaction, un Noir simplement passait par là, et pourtant le cerveau de celui qui croit que cet homme est dangereux se prépare à la bagarre.

1. Lacan J., *Le Séminaire*, livre 3 : *Les Psychoses*, Paris, Seuil, 1981, p. 211.
2. Allen J., Hart P. *et al.*, « Differential response in the human amygdala to racial outgroups *vs* ingroup face stimuli », *Neuroreport*, 2000, 11 (11), p. 2351-2355.

L'interdit est une structure affective qui socialise

Pour ne pas réagir ainsi, il suffit de se familiariser avec un Noir. Quand un lien d'attachement se tricote au jour le jour, il acquiert un effet sécurisant, amusant ou parfois irritant, comme dans toute vie quotidienne. Progressivement la couleur se banalise puisqu'elle n'évoque plus l'alerte. Dans une telle relation familière, le système de la récompense s'active et l'amygdale s'éteint[1] puisque l'émotion n'est plus provoquée par la représentation d'un danger. L'imaginaire modifie le fonctionnement cérébral des êtres humains. Nous n'avons pas besoin de beaucoup de réel pour nous affoler ou nous euphoriser. Quelques brins d'images et de mots suffisent pour agencer une représentation qui nous fera passer de l'angoisse à l'extase[2], de la terreur de la mort imminente à la croyance en une vie éternelle, de la protection des nôtres à l'assassinat des autres, comme on le voit régulièrement au cours des guerres et des génocides.

1. Hart P. *et al.*, « Differential response in the human amygdala to racial outgroups *vs* ingroup face stimuli », art. cit. Et Fried I., Berthoz A., Mirdal M. (dir.), *The Brains that Pull the Triggers*, Paris/New York, Odile Jacob Publishing, 2021, p. 245.
2. Janet P., *De l'angoisse à l'extase*, t. 1 : *Études sur les croyances et les sentiments*, [1926], Paris, L'Harmattan, 1975.

Une constante apparaît dans le monde vivant quand on constate qu'un animal ou un être humain ne peut pas vivre sans les autres, mais qu'il ne peut pas non plus vivre avec les autres. Sans les autres, son cerveau s'atrophie, mais avec les autres il entre en rivalité puisque chacun désire ce que son congénère désire[1]. Les neurones miroirs rendent observable la façon dont les neurones de l'observateur s'activent et le préparent à faire le même geste que l'observé[2]. Ce qui explique que tous les individus d'un banc de poissons ou d'un vol d'oiseaux synchronisent leurs mouvements et que, dans une foule humaine, les émotions de chacun se synchronisent avec celles de son voisin.

Pour contrôler ce couple d'opposés, d'attraction et d'agressivité, l'évolution a mis au point les rituels d'approche. Un goéland mâle, courtisant une femelle, est attiré par certains signaux de son corps, auxquels il a été rendu sensible par sa sécrétion d'hormones[3]. Quand il s'approche d'elle, la femelle non motivée ressent sa proximité comme une intrusion. Elle peut s'enfuir ou l'agresser, ce qui empêche l'acte sexuel. Alors le mâle s'approche en tenant un poisson dans son bec si bien que la femelle, percevant l'offrande alimentaire, se sent moins agressée. Les êtres humains

1. Girard R., *La Théorie mimétique. De l'apprentissage à l'apocalypse*, Paris, PUF, 2010.
2. Rizzolatti G., Sinigaglia C., *Les Neurones miroirs*, Paris, Odile Jacob, 2008.
3. Tinbergen N., *L'Univers du goéland argenté*, Paris, Elsevier, 1975.

connaissent eux aussi ces méthodes d'apprivoisement. On ne peut pas s'approcher brutalement de la personne qu'on désire côtoyer. Il faut des gestes, des mots et des conventions comportementales pour se présenter sans l'effrayer. Mais les rituels humains ne sont pas simplement harmonisés, ils sont aussi historisés. Nous écrivons notre statut social avec nos vêtements, nos insignes et nos coiffures qui permettent au colocuteur de savoir, d'un seul coup d'œil, quel est le statut de celui ou celle qui s'approche. Nous devons manifester des intentions non intrusives, il faut sourire, pas trop, s'incliner, regarder sans insister pour ne pas donner à l'autre l'impression qu'on le scrute, ensuite seulement nous entrons dans le vif du sujet, nous pouvons parler.

Parfois ces rituels fonctionnent mal. Quand un animal a été isolé au cours de son développement, il n'a pas appris, en jouant, à effectuer ces rituels d'approche. Quand l'offrande alimentaire est mal réalisée, quand la danse de parade n'est pas harmonisée, les partenaires se bagarrent au lieu de s'accoupler. Il arrive qu'un rituel se déroule mal et que l'animal recommence comme s'il doutait de lui-même. On voit alors des chiens tourner sur eux-mêmes, mordre le tapis et recommencer à tourner, témoignant par ce comportement stéréotypé que le rituel n'a pas acquis sa fonction d'apaisement. Chez les humains, une approche brutale, un vêtement provoquant, une coupe de cheveux non conventionnelle révèlent que le sujet ne veut pas ou ne sait pas accepter la conformité qui permet de vivre ensemble. L'énonciation est imprécise, un geste ou un mot de travers provoquent une crispation qui altère la rencontre.

L'ontogenèse des comportements et des mots, même quand ils sont arbitraires, doit s'apprendre avec précision pour harmoniser la coexistence. Quand les enfants vivent dans un milieu qui ne leur apprend pas ces conventions, ils ont du mal à se socialiser. Il est donc utile de les élever correctement, c'est-à-dire conventionnellement pour leur donner le code, l'aisance relationnelle qui les aidera à prendre place dans leur groupe. La contrainte éducative, en polissant le rituel, la manière de dire, donne une liberté intérieure. Nous retrouvons ici le principe fondamental de la théorie de l'attachement : un enfant a besoin de recevoir l'empreinte d'un autre pour se construire, ce qui lui donne la force de s'en émanciper. C'est à partir de ses parents qu'il peut partir à la conquête de son existence, à condition qu'ils se soient constitués en base de sécurité, et que la culture accueille les adolescents. Sans la contrainte de l'attachement, un enfant ne peut pas se structurer. Sans altérité, il devient autocentré, errant, mal socialisé. Ce qui revient à dire que deux dangers menacent l'éducation : le premier, c'est l'absence de contrainte ; le deuxième, c'est la présence de trop de contrainte ! Un jeune a besoin de l'empreinte d'un autre pour devenir lui-même… et s'en libérer !

Est-ce ainsi que l'on pourrait expliquer le développement des incivilités ? Le futur citoyen ne reçoit pas les pressions tutorisantes qui l'orientent vers le partage de la cité. L'incivilité détruit l'art de la relation, alors que la courtoisie, les bonnes manières, même quand elles sont gnangnan, facilitent l'accueil du petit. La plupart des enfants acquièrent, vers le dixième ou douzième mois, l'aptitude au tour de parole, bien avant d'avoir appris la parole. Ils s'orientent en toute confiance vers l'adulte, lui font un sourire, une offrande alimentaire et lui adressent un babil, alors qu'ils ne savent pas encore parler. Il est difficile pour un adulte de ne pas être charmé et, à la fin de ce petit scénario, de ne pas répondre à son babillage. Le bébé, très intéressé par la réponse, ne comprend pas les mots, mais comprend que l'adulte s'adresse à lui, ce qui constitue une relation affective qui renforce son aisance. « Les bébés entrent en phase, ils se synchronisent aux adultes par leur expression corporelle, et en particulier vocale[1]. » Quand le parent est malheureux parce qu'il y a eu une tragédie dans son existence, quand le parent attribue à l'enfant la signification d'un persécuteur (à cause de toi, j'ai dû renoncer à ma carrière de chanteuse), quand le petit altéré par un trouble neurodéveloppemental ne sait pas s'expliquer ou ne perçoit pas l'expression

1. Gratier M., « Harmonies entre mère et bébé. Accordage et contretemps », *Enfance et psy*, 2001, 13, p. 9-15.

de l'autre, le rituel du tour de babil se met mal en place, et tout le monde se crispe. Cette structure interactive nécessite un code et un respect de l'autre : « Si je babille pendant qu'elle me parle, on ne pourra pas s'entendre », pourrait dire le bébé. Il faut donc un tour de parole préverbal : « Je me tais quand elle s'adresse à moi, comme elle se taira à son tour. Je m'interdis de parler, comme elle se l'interdira. » Ce processus qui donne de l'aisance dans l'interaction nous fait comprendre que l'interdit est une structure affective qui facilite la socialisation, comme si le bébé pensait : « Je ne peux pas tout me permettre si je veux vivre avec elle, je dois être attentif à son monde pour comprendre quand je pourrai babiller à mon tour. » Quand l'empathie ne se met pas en place, l'enfant ne saisit pas ce scénario préverbal, il répond à sa pulsion et la mère se crispe[1]. La relation altérée va cheminer jusqu'à l'adolescence où le jeune qui n'a pas appris à réguler sa pulsion aura tendance à bousculer l'autre. La relation non harmonisée aboutit au silence de l'un des deux, ou parfois des deux : « On ne peut rien lui dire », « Il n'écoute pas », affirment les parents ou les enseignants exaspérés. L'interdit n'est donc pas un empêchement, c'est le circuitage d'un élan vers l'autre pour établir une relation de parole, de socialité et plus tard de sexualité.

1. Cosnier J., « Synchronisation et copilotage de l'interaction conversationnelle », *Protée*, 1992, 20 (12), p. 33-39.

« Tu peux t'exprimer, mais pas n'importe comment, il y a des cadres rituels pour ça. »

L'empêchement c'est la loi du plus fort. Deux types d'entourage peuvent empêcher la mise en place d'un rituel conversationnel : soit l'environnement n'est pas structurant quand il n'est pas structuré, ce qui est la définition de l'anomie ; soit, à l'opposé, il y a une structure sociale étouffante comme la dictature où le chef impose le seul discours possible, le sien ! La moindre suggestion, le plus petit questionnement fait l'effet d'une transgression pénalisable. Pour prendre sa place dans un tel groupe, il faut se taire et se soumettre. L'ordre règne, comme dans un cimetière. Rien ne doit bouger, affirment les fixistes, c'est la loi de Dieu qui a fait la nature, c'est la loi du chef qui a fait la société. Quand le contexte anomique n'organise ni le lien familial ni la structure sociale, c'est la pulsion qui gouverne le sujet. Le rituel d'interaction et d'interverbalité ne se met pas en place, les partenaires ne peuvent coordonner ni leurs gestes ni leurs mots. C'est ce qui se passe lors des passages à l'acte incestueux où l'homme (parfois la femme) n'attache aucune importance à l'énoncé culturel qui dit que c'est un crime. Rien ne peut interdire sa pulsion.

Il se trouve que, dans les sociétés où la technologie fait des merveilles, le travail du corps a moins d'importance. Quand la machine libère des contraintes physiques, le corps change de signification. Il n'agit plus comme un outil, il commande à la machine grâce au diplôme et à la maîtrise technique. Le corps est réduit à sa fonction d'apparence et de consommation. Le corps des femmes devient un portemanteau et celui des hommes exprime un discours social. L'épanouissement personnel et la jouissance immédiate deviennent des valeurs primordiales. Dans un tel contexte technoculturel, l'interdit devient un petit frein. Le rituel humain perd de son importance puisque ce qui compte, c'est l'épanouissement personnel.

Les merveilles technologiques mènent à la jouissance sans frein et à l'arrêt de l'empathie

Quand la technologie a explosé au XIXe siècle, il a fallu inventer des machines pour faire le travail et mettre au point des machines pour fabriquer d'autres machines, forger des armes pour tuer à distance et imaginer des récits pour justifier les guerres. La violence humaine peut trouver son seul fondement dans le monde des idées, des mots, de l'intelligence technique et des dossiers administratifs. L'agressivité qui consiste à aller vers l'autre pour marquer une limite et interdire son franchissement s'acquiert au cours du développement des animaux comme des petits humains. La violence humaine, elle, s'enracine dans un monde de représentations qui, lorsqu'elles sont coupées de la réalité sensible, n'ont plus de freins. Rien ne peut l'arrêter puisqu'il n'y a pas d'altérité.

Nous partageons avec les animaux les violences nécessaires pour ne pas mourir, puis nous y ajoutons les violences noétiques, où nous obéissons à une entité qui nous raconte que nous sommes menacés. La soumission à un récit nous aide à organiser un groupe d'appartenance qui nous protège et nous prépare à haïr ceux qui ne partagent pas notre mythe. Les narrations peuvent être sacrées, profanes ou scientifiques. On se sent facilement persécuté par ceux qui adorent un autre Dieu, par ceux qui adorent le même Dieu d'une autre manière, par ceux qui croient en des doctrines économiques auxquelles on ne croit pas et par ceux qui obéissent à une autre autorité scientifique[1]. La haine arrive vite quand on ne partage pas les mêmes croyances. Notre capacité cérébrale à habiter un monde abstrait donne accès à la transcendance autant qu'à l'interprétation persécutive. Il y aurait deux origines à la violence humaine : l'une enracinée dans la biologie, une carence affective qui altère le cerveau, l'autre dans

1. Bègue L., Vezirian K., « Sacrificing animals in the name of scientific authority : The relationship between pro-scientific mindset and the lethal use of animals in biomedical experimentation », *Personality and Social Psychology*, 2022, 48 (10), p. 1483-1498.

la culture qui réduit la conscience en imposant une seule vérité, celle du chef.

Il n'y a pas longtemps qu'on pense que la violence est destructrice. Depuis l'aube de l'humanité, la violence a plutôt constitué une valeur socialisante. Il y a quelques décennies, on trouvait normal qu'un professeur batte ses élèves, les enferme dans une pièce noire avec du pain et de l'eau pendant plusieurs jours, achète des martinets pour les fouetter de loin. À l'époque où il était normal d'imposer sa loi et ses désirs par la force physique, la violence était une valeur morale puisqu'elle traçait des frontières et donnait cohérence au groupe. S'imposer par la crainte et soumettre les dissidents avaient un effet adaptatif. Il convenait de fouetter les garçons pour en faire des chefs et leur donner le sens des responsabilités, et d'entraver les filles pour leur apprendre à obéir au prêtre et au mari. Depuis quelques années, on assiste à un renversement de la valeur de la violence. Certaines associations exigent qu'on demande à un enfant la permission de le prendre dans les bras et soutiennent qu'en supprimant les contraintes éducatives on fera disparaître les névroses et les souffrances psychiques.

Une démarche scientifique, biologique et sociologique pourrait-elle apporter un éclaircissement ? Une simple consultation de biologie hormonale montre que la violence a un âge et un sexe. « Elle apparaît dans la préadolescence, croît rapidement lors de l'adolescence, puis décroît rapidement[1]. » La courbe qui manifeste un pic à l'adolescence est la même pour les filles, mais à un niveau très inférieur. La testostérone qui serait à la source de la violence masculine ne peut pas être la seule cause. Les études longitudinales montrent l'apparition de la violence dès les premières années de l'existence. À la crèche, elle est déjà le fait des petits garçons plus que celle des filles. L'éducation pourrait-elle apprendre aux garçons à contrôler la violence ?

Très tôt, bien avant l'apparition de la parole, 4 % des bébés poussent les autres à la crèche[2], ils obéissent mal aux adultes, ils mordent leurs petits camarades et provoquent sans cesse des ruptures de jeu. Les petits compagnons évitent ces enfants aux relations brutales. Les bébés bousculeurs sont isolés, ce qui altère leurs interactions et provoque un retard d'apprentissages. À l'école, ces enfants ronchons tissent moins de liens d'amitié socialisante, ils alternent des moments d'isolement avec des explosions de cris et de gestes. On pourrait désigner cette difficulté relationnelle par le terme d'ontogenèse troublée de la socialisation qui touche plus les garçons que les filles. Ces comportements bousculeurs diminuent après l'âge de 8 ans comme si les interdits éducatifs (« Il ne faut pas faire ça… ») suffisaient pour apprendre aux enfants les rituels d'interaction, à moins

1. Tremblay R. E., Hartup W. W., Archer J. (dir.), *Developmental Origins of Aggression*, New York, The Guilford Press, 2005, p. 86.
2. *Ibid.*, p. 88.

que ce soit un apaisement hormonal ? Ce manque de contrôle de la pulsion peut être dû aussi à un accident de la vie des parents, une maladie de la mère, à l'hospitalisation de l'enfant, à la violence paternelle d'un homme rendu malheureux par son propre développement ou à un métier torturant. Les garçons, plus sensibles que les filles à ces altérations quotidiennes, réagissent par des comportements impulsifs que la niche sensorielle altérée ne parvient pas à apaiser[1]. Le développement du cerveau des garçons ne se fait pas au même rythme que celui des filles, ce qui induit des périodes sensibles qui n'apparaissent pas au même moment[2]. Une petite altération de la niche sensorielle au cours de la première année touche plus les garçons que les filles, déjà en avance et plus stables. Ce petit trouble est réparable quand les parents sont paisibles et quand les éducateurs savent interdire et sécuriser les garçons. Mais quand le foyer est malheureux et quand la culture encourage la brutalité des garçons, la violence virile devient une valeur socialisante. Dans les années d'après-guerre, quand un garçon refusait la bagarre, on entendait sa mère et les éducateurs reprocher à l'enfant d'être une « femmelette ». Aujourd'hui encore, dans les familles malheureuses qui ont du mal à s'occuper de leurs enfants et dans les quartiers déculturés

---

1. Smith J., *Le Grand Livre des 1 000 premiers jours de vie*, Paris, Dunod, 2021, p. 146-152.
2. Tremblay R. E., Hartup W. W., Archer J. (dir.), *Developmental Origins of Aggression*, *op. cit.*, p. 431-434.

qui ne peuvent pas sécuriser les garçons, la seule fierté de ces enfants consiste à prouver leur courage et leur force au cours de bagarres, de vols et d'actes de délinquance qui servent de rituels d'intégration dans un groupe de garçons déjà antisociaux[1]. On n'a pas besoin d'apprendre à pousser, à mordre et à taper, ça vient tout seul, mais il est nécessaire que le milieu parental, périfamilial et culturel apaise les enfants en les sécurisant et leur apprenne à exprimer leurs pulsions autrement que par la violence.

Les filles ont moins de mal à contrôler leurs pulsions, mais depuis une ou deux décennies on voit apparaître chez les adolescentes un phénomène inattendu : elles deviennent fières de se socialiser, comme les garçons, par la bagarre et la délinquance[2]. Elles forment des bandes, brutalisent les dames âgées, rackettent les enfants et entrent dans les maisons pour cambrioler. Avant l'émancipation, quand les femmes entravées sentaient monter une pulsion violente, c'est contre elles-mêmes qu'elles orientaient la rage. Elles se frappaient, se mutilaient ou tentaient de se tuer. Depuis que la culture les laisse s'exprimer, et même les y encourage, c'est contre les autres qu'elles dirigent leurs pulsions. Les cambriolages féminins, les vols simples ou avec agression,

1. Rholes W. S., Paetzold R. L., Kohn J. L., « Disorganised attachment mediates the link from early trauma to externalizing behavior in adult relationships », *Personality and Individual Differences*, 2016, 90, p. 61-65.
2. Daligand L., « La violence des femmes », *in* R. Coutanceau, S. Lemitre, *Violences ordinaires et hors normes*, *op. cit.*, p. 23.

en augmentant en flèche, prouvent leur libération[1]. Dans tous les cas, il y a eu une altération de la niche sensorielle précoce, une dépression maternelle et une absence de père, c'est-à-dire d'une autre figure que la mère à aimer. Il suffirait donc, comme nous l'avons pensé lors de la commission des 1 000 premiers jours, d'augmenter le congé paternité pour diminuer les dépressions postnatales. La surprise de la première évaluation, c'est que les pères ont été les premiers bénéficiaires de ce congé ! Ils découvrent le plaisir, la fatigue et l'immense bonheur de s'attacher à un enfant. À l'époque où les chefs de famille n'étaient jamais dans leur foyer parce qu'ils étaient à la guerre ou au fond des mines, les mères géraient la maison, le bien-être domestique du mari et l'épanouissement des enfants, ce qui provoquait des épuisements maternels et un sentiment d'injustice. Depuis que les jeunes pères participent au foyer, ils découvrent que l'attachement donne un bonheur plus agréable que le statut de gagneur de paye et de Père fouettard. Mais les psychologues mettent en lumière un fait inattendu, c'est que les petites filles maternées par leur père acquièrent une grande confiance en elles, alors que les petits garçons développent plutôt un sentiment de rivalité. Décidément, la parité est difficile alors que la disparité vient toute seule.

1. Moyano O., *Violences infantiles et adolescentes. Propositions cliniques sur l'enfant violent et l'adolescent délinquant*, Montréal, Liber, 2013.

Les hormones, principalement œstrogènes et testostérone, sont indispensables à l'apparition du comportement sexuel mâle ou femelle. L'ablation des gonades résulte en une baisse drastique, voire une absence de ce comportement : le traitement avec des stéroïdes sexuels (testostérone chez le mâle, œstradiol et progestérone chez la femelle) le restaure. Une femelle chienne à qui on injecte de la testostérone se met à uriner en levant la patte, tandis qu'un mâle à qui on injecte de la progestérone urine en s'accroupissant. Voilà, c'est simple ! Eh bien non, ce n'est pas simple ! D'autres déterminants interviennent. L'effet des hormones est de moins en moins net quand l'animal vieillit, et la même dose modifie les comportements différemment selon que le milieu est stimulant ou apaisant. Chez les humains, la plupart des études concluent que la testostérone augmente l'agressivité, mais que la variabilité des effets est grande[1]. On dit aussi que, en voyant tous les jours des films de violence à la télévision, les garçons apprennent à imiter les comportements violents. Quand ils vieillissent, ils ont forcément vu un nombre plus important de films violents, et pourtant leur brutalité diminue après l'adolescence, ils supportent de moins en moins le spectacle de bagarres et de viols quand ils s'insèrent dans un réseau amical. L'effet brutalisant des hormones

1. Borod J. C., *The Neuropsychology of Emotion*, New York, Oxford University Press, 2000, p. 326-327.

mâles serait donc atténué par la maturité neurologique, par les relations amicales et la paternité affective.

Depuis une quinzaine d'années, une expérimentation tragique utilise énormément d'hormones sexuelles. Les adolescents qui veulent changer de sexe se font prescrire des injections qui peuvent durer toute leur vie. Les garçons qui se représentent eux-mêmes comme femme prennent des hormones féminines qui font disparaître leurs poils, provoquent une petite poussée mammaire et induisent des moments d'humeur alanguie. Les filles qui prennent de la testostérone voient les muscles de leurs épaules et de leur clitoris grossir, s'expriment d'une voix plus grave et se sentent plus agressives[1]. C'est prendre beaucoup de risques pour obtenir peu d'effets. En revanche, la constante qu'on retrouve chez ces jeunes des deux sexes, c'est que ce désir de changement apparaît à un moment vulnérable de leur développement, à l'adolescence, quand l'incertitude des lendemains rend les orientations sexuelles angoissantes et témoigne d'un moment douloureux de leur existence. Chez les animaux, on ne peut tout de même pas expliquer l'effet des hormones qui orientent les comportements sexuels en affirmant qu'il s'agit d'une construction sociale. Mais, chez les humains, les préjugés éducatifs et les stéréotypes de genre ajoutent

1. Eliacheff C., Masson C., *La Fabrique de l'enfant transgenre*, Paris, Éditions de l'Observatoire, 2022, p. 71-73.

d'autres déterminants. Les hormones n'ont pas le même effet selon le sexe génétique et selon le stade de développement de l'organisme, ce qui explique pourquoi lorsque la société valorise la violence, les garçons acquièrent des comportements agressifs plus facilement que les filles. Avec une même injonction à la brutalité, les filles répondent en cherchant une solution alternative. Quand elles sentent que la fureur monte en elles et risque de les embarquer, elles téléphonent à leur meilleure amie et s'apaisent en disant du mal de celui qu'elles rêvent d'exterminer. Toutes les cultures ont encouragé les hommes à faire la guerre et à subir sans un mot le travail qui les torturait, mais quand ils deviennent malheureux et qu'ils se sentent vulnérables, ils trouvent les mêmes solutions consolantes que les filles : ils écrivent à leur mère ou à leur femme, « réservant ainsi le partage social de leurs émotions à la personne à laquelle ils se montrent nus[1] ».

En admettant que l'impact des hormones ne soit pas exactement le même selon le sexe génétique et que la société encourage des développements différents selon ses besoins et ses préjugés, un consensus apparaît dans le monde vivant : qu'il s'agisse d'hommes, de femmes ou d'animaux, quand un organisme a besoin d'un autre pour s'épanouir et que cet autre n'est pas là, l'arrêt développemental qui s'ensuit provoque des troubles

1. Rimé B., *Le Partage social des émotions*, Paris, PUF, 2005, p. 95.

neurologiques et relationnels qui s'expriment par la violence contre les autres et contre soi-même.

Conflit ridicule entre la psychanalyse et les sciences naturelles

L'attachement qui tisse un lien entre deux sujets n'est pas un phénomène exclusivement humain. Dans les années 1930, les psychanalystes acceptaient volontiers l'idée d'Imre Hermann, qui expliquait que l'agrippement d'un petit singe à la fourrure de sa mère était de même nature que le *grasping* du nouveau-né humain qui saisit le doigt de tout adulte qui prend soin de lui[1]. Dans les années d'après-guerre, René Spitz et Anna Freud, dans leur merveilleux petit livre, poursuivaient la même idée en s'appuyant sur un grand nombre de données venues de l'éthologie animale[2]. Ce courant avait commencé au XIXe siècle quand Geoffroy Saint-Hilaire (1772-1844), dans une optique évolutionniste proche de celle de Lamarck, avait affirmé qu'en étudiant les animaux dans leur milieu naturel on soulevait des problèmes profondément humains. Dans cette

1. Dupont J. (dir.), « Imre Hermann et la théorie de l'agrippement », *Le Coq-Héron*, 2007, 188.
2. Spitz R. A., *La Première Année de la vie de l'enfant*, préface d'Anna Freud, Paris, PUF, 1958.

optique, Darwin avait bouleversé la manière d'observer et de penser la proximité entre les hommes et les animaux : « Avec les humains, certaines expressions comme le hérissement des poils sous l'effet d'une terreur extrême ou l'exhibition des dents à cause d'une rage furieuse se comprennent difficilement, sauf si l'on croit que l'homme a existé un jour dans une condition comparable à celle de l'animal[1]. » Sigmund Freud s'est inscrit dans cette lignée en lisant régulièrement les publications de Darwin que lui envoyait Carl Claus, son professeur de zoologie[2]. Pendant ce temps, l'éthologie animale s'élaborait sur le terrain grâce à l'impulsion de Konrad Lorenz (1903-1989) et de Nikolaas Tinbergen (1907-1988), couronnés par le prix Nobel de médecine en 1973. Les fondateurs de la discipline éthologique proposaient, dans une approche naturaliste, de remplacer les « expérimentations » par des « observations dirigées », qui convenaient parfaitement à la clinique humaine[3] où les « manipulations expérimentales » se font au lit du malade (réflexe rotulien, palpation du foie, « Toussez »), quitte à les préciser parfois par des recherches de laboratoire[4]. Tout un courant de chercheurs et de praticiens cheminait dans la même direction pour comprendre le

1. Darwin C., *Expression des émotions chez l'homme et les Animaux* (1872), cité *in* D. McFarland, *Le Comportement animal, op. cit.*, p. 15-16.
2. Ritvo L. B., *L'Ascendant de Darwin sur Freud*, Paris, Gallimard, 1992.
3. Cyrulnik B., « Éthologie clinique : 14 textes originaux », *Psychologie médicale*, 1984, 16 (2).
4. Eibesfeldt I., *Éthologie, op. cit.*

monde vivant, dans une attitude intégrative où chaque discipline doit compléter et stimuler les autres.

Que s'est-il passé dans les années 1970 pour que la psychanalyse, qui participait à ce mouvement, se mette à haïr la biologie, les sciences naturelles, et particulièrement « la ridicule éthologie qui rabaissait l'homme à l'animalité », phrase sans cesse répétée par des psychanalystes qui ignoraient que Freud et Lacan en avaient fait le fondement de leur théorie[1] ? John Bowlby avait construit sa vision du monde en travaillant sur le terrain quand il était éducateur. Il s'était formé à la psychanalyse auprès de Melanie Klein et participait à ces travaux au point de devenir président de la Société britannique de psychanalyse. Mais les idées qui circulaient dans les colloques et publications étaient de plus en plus éloignées de son expérience de terrain. Quand il a publié ses livres fondateurs de la théorie de l'attachement[2], il a été saboté par ses collègues, qui l'ont privé d'enseignement et ont cherché à empêcher ses traductions. La psychanalyse était hégémonique à cette époque. Elle dominait l'enseignement dans les universités et dans les lycées, elle participait aux comités de lecture de grandes maisons d'édition, elle servait de référence à de nombreux médias pour structurer leurs

1. Lacan J., *Le Séminaire*, livre 1 : *Les Écrits*, Seuil, 1975, p. 157-159 ; livre 3 : *Les Psychoses*, Seuil, 1984, p. 107-110.
2. Bowlby J., *Attachement et perte,* 3 tomes : *L'Attachement* ; *La Séparation. Angoisse et colère* ; *La Perte*, Paris, PUF, 1978, 1978, 1984.

articles et même des postes mal payés d'attaché dans les hôpitaux leur étaient réservés. À cette époque, les psychanalystes couvraient de sarcasmes tout écrivain qui ne suivait pas le même chemin qu'eux, comme ce fut le cas du docteur David Servan-Schreiber[1].

Bowlby, dès 1944, avait publié ses « Quarante-quatre jeunes voleurs et leur caractère dans la vie familiale[2] ». Le journal de Freud avait accepté son travail de terrain qui soutenait que ces jeunes gens étaient devenus délinquants parce que leur vie de famille était désorganisée. Le contexte des idées d'après-guerre soutenait que ces jeunes étaient délinquants à cause de tares héréditaires qui leur avaient donné une mauvaise qualité biologique. Le racisme qui flottait dans l'air du temps n'avait pas contaminé que les nazis, il servait de stéréotype pour expliquer les souffrances de ces adolescents. Les psychanalystes kleiniens goguenards citaient le travail d'« Ali Bowlby et ses quarante voleurs » et déconseillaient de faire une psychanalyse avec lui, tandis que Melanie Klein, qui avait suivi Bowlby en psychanalyse, lui demandait de s'occuper de ses propres enfants et de lui rapporter ce qu'ils allaient dire en séances, ce que Bowlby ne pouvait pas accepter.

Ces remarques malveillantes disqualifiaient un travail qui pourtant orientait la psychologie vers une

1. Servan-Schreiber D., *Guérir*, Paris, Pocket, 2011.
2. Bowlby J., « Forty-four juvenile thieves : Their characters and home-life », *The International Journal of Psychoanalysis*, 1944, 25, p. 19-53.

démarche scientifique. En tant qu'éducateur, Bowlby avait soulevé une hypothèse : « Les adolescents délinquants étaient sombres et évitants, pleins de colère rentrée, mais avides d'attention[1]. » Certains paraissaient « sans affection » et sans empathie, mais tous avaient un facteur commun dans leur développement : ils avaient subi une séparation précoce et durable dans leur petite enfance. Ces personnalités antisociales étaient impulsives, irritables et passaient à l'acte sans éprouver la moindre culpabilité. Déjà Bowlby constate que les garçons sont plus sensibles que les filles à la privation affective puisque, dans ce petit groupe d'adolescents voleurs, il y avait sept fois plus de garçons que de filles qui avaient pourtant subi le même isolement[2].

Bowlby n'était pas le seul à établir une relation entre les troubles psychiques et la séparation, mais ce constat entrait mal dans la culture où la doxa affirmait qu'un enfant qui se développait mal était une mauvaise graine. Cette métaphore raciste induisait l'idée que la famille et la société n'avaient rien à voir avec un trouble du développement. Pourtant de nombreux psychanalystes avaient souligné que, pendant la guerre, les enfants privés de famille étaient en grande difficulté[3]. Leurs publications avaient peu d'écho dans

1. Guedeney A., *Du bon usage des pères*, Paris, Odile Jacob, 2023, p. 145.
2. Bowlby J., *La Séparation. Angoisse et colère*, *op. cit.*
3. Burlingham D., Freud A., *Young Children in War-time*, Londres, Allen and Unwin, 1942. Et *Infants without Families*, Londres, Allen and Unwin, 1944 ; traduction française : *Enfants sans famille*, Paris, PUF, 1949.

un récit culturel charpenté par la métaphore de la mauvaise graine.

James Robertson, engagé par Bowlby, avait réalisé des films où l'on pouvait voir le désespoir d'un enfant déposé à la crèche[1]. John, âgé de 17 mois, est placé en crèche après l'hospitalisation de sa mère. Il manifeste un désespoir durable parce qu'il ne rencontre aucune figure d'attachement sécurisante. Lucy, 17 mois elle aussi, s'attache aussitôt à une infirmière qu'elle ressent comme un substitut affectif. John, en quelques jours, devient apathique alors que Lucy, lorsqu'elle retrouve sa mère, se jette dans ses bras et exprime un petit chagrin quand elle doit quitter son substitut maternel. Ces films sont l'illustration spectaculaire qu'un enfant ne peut se sentir bien que s'il trouve autour de lui quelques figures sécurisantes. James et Joyce Robertson furent accusés de vouloir empêcher les femmes de travailler alors que, au contraire, ils démontraient qu'il suffisait d'offrir aux enfants des figures d'attachement secondaires, comme le sont souvent les professionnelles de la petite enfance.

Quand Bowlby en 1945 a rencontré Spitz, ce psychanalyste qui travaillait dans la même direction que lui, ils sont tout de suite tombés d'accord pour souligner l'importance de l'affectivité dans le développement

1. Robertson J., Robertson L., série de films *Jeunes enfants au cours de brèves séparations*, Tavistock Institut, 1967-1973.

d'un enfant, à une époque où les dirigeants d'institutions demandaient aux éducateurs et aux infirmières d'avoir un minimum de contact, ce qui aggravait la détresse abandonnique des enfants. Cette carence institutionnelle mettait les garçons sur le chemin de la violence et de la délinquance et orientait les filles vers la dépression et l'autoagression[1].

Psychisme et sciences naturelles

Après la Seconde Guerre mondiale, soixante millions d'adultes avaient été tués, il y avait en France trois cent mille orphelins, et tous les pays ruinés tentaient de remettre en place des systèmes d'éducation. Le rapport que Bowlby a remis à l'OMS[2] fut très bien accepté par les praticiens, mais il fut critiqué par des chercheurs qui le jugeaient trop clinique et pas assez scientifique. Spitz, Bowlby, Goldfarb et bien d'autres psychanalystes s'orientaient alors vers l'éthologie animale pour faire des expérimentations qu'éthiquement ils ne pouvaient pas faire avec des enfants. Et pourtant la guerre,

1. Ritchie K., Villebrun D., « Suicides et événements de vie stressants », *in* P. Courtet (dir.), *Suicides et tentatives de suicide*, Paris, Flammarion, 2010, p. 66-70.
2. Bowlby J., *Soins maternels et santé mentale. Contribution de l'Organisation mondiale de la santé au programme des Nations unies pour la protection des enfants sans foyer*, Genève, Organisation mondiale de la santé, 1951.

la précarité sociale, la violence conjugale, l'abandon et bien d'autres malheurs de l'existence avaient réalisé des situations cliniques observables bien plus cruelles que le plus cruel des laboratoires.

Les primatologues furent donc sollicités pour analyser expérimentalement comment des êtres vivants réagissaient dans des situations d'agression ou d'isolement sensoriel et comment les scientifiques pouvaient expérimentalement réparer ce qu'ils avaient provoqué dans leurs recherches[1]. Ces expérimentations lumineuses ont provoqué l'indignation de ceux qui postulent que l'homme n'a aucun point commun avec les animaux et ont attisé la haine de ceux qui n'y voyaient que la torture d'êtres innocents. Avec le recul du temps, on pense aujourd'hui que ces manipulations expérimentales ont éclairé justement ce qu'il y a de commun aux hommes et aux animaux : la structure de leur cerveau structure le monde qu'ils perçoivent et tous ces êtres vivants tissent entre eux des liens affectifs. Les agressions expérimentales subies par ces animaux ont prouvé qu'ils sont des êtres sensibles et non pas des meubles que l'on peut casser, jeter ou disposer en batteries de centaines d'individus sacrifiés pour réaliser des expériences inutiles[2]. Quant

1. Harlow H. F., « The formation of learning sets », *Psychol. Rev.*, 1949, 56, p. 51-65. Et Harlow H. F., Harlow M. K., Hansen E. W., « The maternal affectional system of rhesus monkeys », *in* H. L. Rheingold (dir.), *Maternal Behavior in Mammals*, New York, John Wiley and Sons, 1963, p. 254-281.
2. Leveneur L. (dir.), *Code civil*, Paris, Lexis/Nexis, 2015. Ce Code reconnaissant le caractère d'être vivant et sensible des animaux.

aux différences qui existent entre les mondes animaux et humains, elles mettent en lumière l'évolution des cerveaux graduellement décontextualisateurs qui donnent accès à la parole, essence de l'espèce humaine.

Aujourd'hui, les neurosciences prolongent ces acquisitions expérimentales. Quand on altère le milieu d'un animal, on altère le développement de son système nerveux, ce qui dégrade ses relations avec ses congénères. Quand un milieu est malformé, l'animal acquiert des rituels malformés qui provoquent des bagarres à la moindre interaction. La solidarité habituelle dans un grand nombre d'espèces ne peut plus se mettre en place et le groupe désorganisé vit dans un état de stress constant. Quand les enfants sont agressés physiquement, sexuellement ou verbalement, leur cerveau dysfonctionnel ne peut pas acquérir la maîtrise des émotions. Leur impulsivité les met sur le chemin d'une socialisation brutale et hors la loi.

Une altération du milieu provoque une dysfonction cérébrale qui trouble la socialisation. Ce genre de raisonnement écosystémique n'est pas facilement accepté par la culture. Dans les années 1960, les ophtalmologues savaient déjà opérer les cataractes. En enlevant le cristallin devenu opaque, ils permettaient à nouveau aux rayons lumineux d'arriver sur la rétine, et la vision claire revenait aussitôt. Ce n'était pas le cas quand ils enlevaient les cataractes congénitales qui avaient altéré la vue des bébés dès leur naissance. Vingt ans plus tard, deux neurophysiologistes (Hubel et Wiesel, prix Nobel de physiologie en 1981) ont apporté la réponse. Ils ont mis une œillère sur l'œil gauche d'une série de chatons dès le début de leur développement. Quand ces chatons sont morts, il fut aisé de constater que leur lobe occipital droit, qui traite les informations de lumière, était atrophié. Un cache sur l'œil droit d'une autre série de chatons a provoqué une atrophie du lobe occipital gauche. Ils ont ainsi démontré que lorsque les neurones ne sont pas stimulés par une information venue du milieu extérieur, la zone cérébrale correspondante s'atrophie[1].

Nous savions depuis longtemps que certaines zones cérébrales étaient atrophiées et nous pouvions les photographier lors des encéphalographies gazeuses : en enlevant le liquide céphalorachidien, l'air moins opaque que le liquide donnait à voir un espace noir sur les radiographies. On décrivait alors des atrophies corticales, ventriculaires ou périaqueducales. Quand il fut ainsi prouvé que l'appauvrissement du milieu, par manque de stimulations sensorielles et affectives, était la cause des atrophies, la réponse populaire fut simple : « Il faut donner de l'amour, toujours plus d'amour, pour que tout se remette en ordre. » Ce gentil raisonnement était trop simple.

1. Hubel D. H., Wiesel T. N., *Brain and Visual Perception : The Story of a 25 years Collaboration*, New York, Oxford University Press, 2005.

Dans les années 1960, il n'était pas rare, dans les laboratoires, de faire des expérimentations sur les rats en leur envoyant des chocs électriques. Contrairement à l'interprétation populaire du « toujours plus d'amour », les expérimentateurs ont rendu observable et chiffrable que les ratons constamment protégés par leur mère résistaient moins aux chocs que les ratons brièvement séparés[1]. Il a fallu aussitôt ajouter deux précisions : plus un organisme est jeune, plus la trace est durable si on laisse l'organisme seul, et l'hyperprotection devient un facteur de vulnérabilité. Ces informations venues des expérimentations sur les rats pourraient-elles expliquer une part de la condition humaine ? Dans un milieu en paix, de brèves épreuves renforcent la résistance aux séparations mais, quand la séparation durable devient un trauma, le cerveau éteint ne peut plus fonctionner[2]. Plus le cerveau est jeune, plus la résilience neuronale est facile à déclencher. Dans une manipulation expérimentale moins cruelle, de petits singes-écureuils ont été contraints par un espace clos à ne jamais se séparer de leur mère. D'autres petits ont été expérimentalement séparés de leur groupe pendant une heure par jour. Quand, plus tard, ces deux groupes ont été soumis à un stress, les « brièvement séparés » se sont calmés et

1. Levine S., « The effects of early shocks and handling on later avoidance learning », *Journal of Personality*, 1956, 24, p. 475-493.
2. Nelson C. A., Nathan A. F., Zeanah C. H., *Romania's Abandoned Children : Deprivation, Brain Development, and the Struggle Recovering*, New York, Harvard University Press, 2015.

leurs apprentissages ont redémarré plus vite que les « jamais séparés ». Un processus résilient, évalué par des comportements d'apaisement, de jeux, d'exploration et par des sécrétions neurohormonales, était réapparu plus tôt chez les séparés que chez les fusionnés. La résilience des « brièvement séparés » avait été renforcée[1].

Il est démontré que les brèves séparations activent l'attachement mais lorsqu'elles sont trop longues, elles font l'effet de privations qui s'inscrivent dans la mémoire et provoquent un sentiment d'abandon qui est un grave facteur de vulnérabilité. On a pu évaluer comment certains maris violents avaient appris à mal aimer lors de leur petite enfance. Presque tous avaient acquis un attachement désorganisé-confus[2], indice fiable de départ difficile dans la vie. Les tests psychologiques ont révélé une importante angoisse d'abandon. Ces hommes vulnérables sont affolés à l'idée d'être abandonnés. Ils cherchent à maîtriser leur partenaire pour la garder près d'eux comme une base de sécurité. Une telle stratégie relationnelle est une grande violence pour celle qui est ainsi aimée. C'est la peur de perdre qui effraie ces hommes plus que le désir de dominer. De même, une femme abandonnique fait beaucoup de concessions pour garder près d'elle un mari volage

1. Lyons D. M. *et al.*, « Animals models of early life stress : Implications for understanding resilience », *Developmental Psychology*, 2010, 52, p. 616-624.
2. Lyons-Ruth K., Jacobvitz D., « Attachment disorganization », *in* J. Cassidy, P. R. Shaver, *Handbook of Attachment*, New York, The Guilford Press, 1999, p. 545.

ou difficile à vivre. Les deux sexes, affolés par la perte, alternent une soumission dépersonnalisante avec des explosions de violence extrême.

Le modèle animal est pertinent tant qu'il s'agit d'expliquer la partie développementale de la condition humaine. Nous avons les mêmes principes d'évolution biologique, cérébrale et affective[1]. Tous les mammifères animaux et humains vivent d'abord dans un monde aquatique où ils traitent déjà des informations venues de leur monde extérieur. Après la naissance, ils poursuivent leur développement dans un monde aérien affectif où les visages, les voix et les manipulations corporelles structurent les interactions et marquent leur empreinte dans le psychisme débutant des petits.

Nos représentations d'images et de mots sculptent notre cerveau

Mais quand, vers l'âge de 6-8 ans, les enfants humains débarquent dans le monde des récits, ils se soumettent avec un sentiment de victoire aux pressions verbales de la famille, du quartier et de la culture.

1. Thapar A., Rutter M., « Using natural experiments and animal models to study causal hypotheses in relation to child mental health problems », *in* Thapar A., Pine D. S. *et al.*, *Rutter's Child and Adolescent Psychiatry*, New York, Wiley-Blackwell, 2018, p. 154-155.

Le monde noétique participe au fonctionnement du cerveau et organise une vision du monde. Il est possible de provoquer des émotions avec des substances comme les amphétamines, l'alcool, le cannabis et bien d'autres, mais ce déclenchement est différent des sentiments, qui sont des émotions induites par des représentations d'images et de mots. Chez les êtres humains, de nombreuses représentations abstraites participent, elles aussi, à la sculpture cérébrale. Les mots parlés stimulent et fortifient la partie antérieure de la frontale ascendante gauche, les mots entendus sont traités par la partie postérieure de cette scissure frontale et les mots lus sont presque des images qui stimulent une zone proche du lobe occipital. Quant aux mots qu'on va dire intentionnellement pour raconter une histoire, ils stimulent particulièrement les circuits limbiques de la mémoire et les associent aux lobes préfrontaux, socle neurologique de l'anticipation[1]. Cela explique pourquoi raconter son histoire éveille autant les souvenirs que l'imagination. Rappeler un souvenir qui dort et l'associer avec une intention non consciente crée une fabulation sincère. Daniel Schacter a fait entendre différentes voix à des étudiants. Puis il leur a montré de beaux visages et des visages patibulaires en demandant de retrouver la voix correspondante. Quand le visage paraissait hostile, les étudiants se souvenaient des voix criardes ou brutales et

1. Dehaene S., *Face à face avec son cerveau*, Paris, Odile Jacob, 2021, p. 58-59.

les associaient aux visages patibulaires, alors que les voix harmonieuses étaient accordées aux visages attrayants. On a tous tendance à donner cohérence à nos souvenirs, quitte à s'arranger avec la réalité. À un visage patibulaire réellement perçu, il est logique d'associer une voix brutale réellement entendue. C'est cohérent, mais c'est faux ! La distorsion de mémoire, les événements dont on se souvient et qui pourtant ne sont jamais arrivés peuvent être attribués au rôle constructif de la récupération de l'information[1]. Un faux souvenir peut donner cohérence à la représentation du passé ! Pas facile à accepter quand on écrit son autobiographie ! La neuro-imagerie aggrave cette idée : un faux souvenir déclenche une émotion vraie qui stimule pour de bon l'amygdale rhinencéphalique. Alertée, elle passe au rouge ! Le menteur sincère éprouve réellement une émotion déclenchée par un faux souvenir.

Le pouvoir émotionnant des représentations est tel que même une production noétique, l'invention d'un scénario d'images et de mots abstraits peuvent déclencher un vrai sentiment. Ceux qui aiment regarder des films pornographiques savent que ce qu'ils voient n'est pas pour de bon, ça ne les empêche pas d'éprouver dans leur corps une véritable émotion érotique. La perception du drapeau qui représente notre pays suffit

1. Tulving E., *Elements of Episodic Memory*, Oxford, Oxford University Press, 1985, cité *in* D. L. Schacter, *À la recherche de la mémoire*, Bruxelles, De Boeck, 1999, p. 90.

à nous émouvoir, c'est ainsi que les symboles nous bouleversent réellement.

Les délirants, eux aussi, sont perturbés par leurs propres représentations, même quand elles n'ont aucun rapport avec la réalité. Les psychopathes se sont développés dans un milieu familial et culturel qui ne les a pas orientés vers la découverte du monde mental des autres, ils restent soumis à leurs pulsions qu'ils n'ont pas appris à freiner. Leur sentiment d'altérité n'a jamais abouti à la représentation des représentations des autres[1]. La honte, l'extase, la haine naissent dans un monde noétique qui n'a plus besoin de perceptions réelles pour déclencher des sentiments qui nous embarquent. Quelques brins de réel suffisent pour éveiller l'amour ou la haine : « Je ne pourrai jamais vivre sans elle », dit cet homme frappé par la foudre en croisant une dame dans l'escalier. « Je déteste les Juifs, il faut exterminer cette race inférieure[2] », dit Drieu la Rochelle, en épousant une femme juive qu'il considère comme supérieure.

La théorie de l'esprit observée chez les animaux permet d'excellentes performances mentales[3]. Un très grand nombre d'espèces savent attribuer à autrui des états mentaux. Ces animaux perçoivent les émotions

1. Viding E., McCrory E., « Developmental risk for psychopathology », *in* A. Thapar, D. S. Pine *et al.*, *Rutter's Child and Adolescent Psychiatry*, *op. cit.*, p. 973.
2. Drieu la Rochelle P., *Carnets intimes*, Paris, Gallimard, 2021.
3. Darmaillacq A. S., Lévy F., *Éthologie animale*, *op. cit.*, p. 220-223.

des autres avec une extrême acuité. Ils se représentent les intentions des autres à partir du moindre indice d'agression ou d'affiliation. Ils parviennent même à se représenter leur état mental puisqu'ils mentent pour manipuler leurs représentations. Ils savent effectuer les comportements qui les induisent en erreur en leur faisant croire qu'ils sont blessés ou en faisant semblant d'enfouir de la nourriture à un endroit alors qu'ils l'ont cachée ailleurs. Mais les animaux sont-ils capables de se représenter les représentations des autres ? Une louve apprivoisée habituée à vivre dans l'appartement du couple qui prenait soin d'elle a été capable de comprendre que l'homme se mettait en danger en se penchant au bord du balcon. Elle s'est précipitée pour l'attraper par son pantalon et le tirer en arrière[1]. Mais aurait-elle pu comprendre que cet être humain voulait mourir parce qu'il avait trop de dettes ou parce que sa femme venait de le quitter ?

Seuls les êtres humains sont capables de se représenter une entité impossible à percevoir : Dieu, la mort ou l'univers infini. Une telle aptitude métaphysique est due à un cerveau humain décontextualisateur, capable de se faire une représentation coupée des informations du réel. La louve est capable de comprendre que l'homme, son chef de meute, risque de tomber

1. Jouventin P., *Kamala, une louve dans ma famille*, Paris, Flammarion, 2012, p. 242-243.

du balcon, mais peut-elle se représenter ses motivations invisibles ? Grâce au pouvoir noétique du cerveau humain, toutes les religions se sont posé le mystère de la vie après la mort : « Où irai-je après ma mort ? Où étais-je avant ma naissance ? » Les sépultures sont des œuvres d'art qui représentent le mort et sa mort et les mythes des origines alimentent des récits qui donnent une forme verbale à sa vie avant la naissance.

Les représentations sensorielles et verbales provoquent autant de merveilles que d'horreur : « Après ma mort, j'irai au paradis parce que je me suis sagement soumis aux règles de la vie en société. Mais il m'arrive de penser que j'irai en enfer souffrir mille morts éternelles parce que j'ai parfois transgressé ces règles. Mes origines expliquent et légitiment mon existence dans ce village et dans cette famille, j'ai besoin de savoir de qui je suis issu pour me sentir à ma place. Ma passion généalogique participe à la construction de mon identité. Je suis fier de moi quand je remonte à Saint Louis… Je me sens chez moi quand je découvre que mes ancêtres étaient des paysans provençaux, comme moi. Mon sentiment d'appartenance ne peut être qu'imaginaire puisque j'ai beau savoir que je remonte à Saint Louis, je n'ai jamais rencontré cet ancêtre. » L'aptitude à se faire de soi une représentation majestueuse est une illusion généalogique qui crée un sentiment de confiance et organise des comportements relationnels bons et condescendants, comme il sied à une telle filiation. Il arrive que l'ADN ou les archives précisent que celui qui remonte à Saint Louis est un bâtard ou un enfant adopté, mais le simple fait d'avoir cru qu'il descendait d'un roi a suscité son estime de soi et ses comportements de descendant de roi. Dans d'autres cultures, certains hommes appartiennent à la classe des intouchables. Ils acceptent l'idée qu'ils sont une souillure pour les autres, alors ils restent entre eux et ne tentent même pas l'aventure sociale.

Dans l'histoire humaine, le monde de l'esprit est une source de connaissance et de créativité, il construit des cathédrales et accouche de monstres. On ne peut pas ne pas donner cohérence à ce qu'on ressent quand on est malheureux, alors on explique son malaise en inculpant un voisin qui nous a jeté un sort, un groupe humain qu'on ne comprend pas, un étranger qui n'a pas la même couleur que nous ou qui adore des dieux ridicules. Leur étrangeté explique notre malheur. Pour que tout aille mieux, il suffit de chasser ces hommes ou de les exterminer. C'est logique mais c'est faux, et ça ne fait qu'ajouter du malheur au malheur.

CONCLUSION ÉCOSYSTÉMIQUE

RIEN N'EST PLUS NATUREL QUE LA BAGARRE, RIEN N'EST PLUS CIVILISÉ QUE LA GUERRE

Depuis l'origine de l'humanité, les guerres de croyances ont été déclenchées pour protéger les siens et faire triompher la morale. Ainsi se sont construites les civilisations. « Les cités-États sumériennes (4000 à 5000 avant aujourd'hui) cultivent déjà la guerre. [...] On se dispute des territoires, on s'empare des troupeaux d'autrui, on tente de récupérer par la force les richesses de la ville la plus proche[1]. » On massacre les villageois, on égorge les prisonniers, on s'empare de leurs beaux objets, on sculpte les armes, on décore les tombes. Donner la mort et piller la ville devient la preuve de la force et de la beauté de la civilisation naissante. L'homme guerrier incarne l'intelligence et la grâce quand il domine les animaux, les femmes et les hommes vaincus. L'agressivité (je vais l'affronter)

1. Guilaine J., Zammit J., *Le Sentier de la guerre. Visages de la violence préhistorique*, Paris, Seuil, 2001, p. 13.

et la violence (je vais le détruire) sont à l'origine des civilisations. Un petit garçon qui rêve de s'épanouir dans son groupe d'appartenance s'applique à acquérir les qualités du guerrier.

Lors des deux guerres mondiales du XXe siècle, pendant que les hommes s'entre-tuaient, les femmes ne faisaient que des « missions secondaires » : elles entretenaient des familles sans hommes, enseignaient dans des écoles, soignaient dans les hôpitaux, moissonnaient dans les fermes et fabriquaient des obus dans les usines. Les hommes partaient à la guerre pour tracer des frontières, s'emparer des biens du voisin, imposer leur loi et fonder leur civilisation. La complémentarité des rôles sociaux donnait aux hommes l'éclat du héros qu'on admire parce qu'il accepte de tuer ou de mourir pour que l'on vive selon nos valeurs et nos croyances et entravait les femmes consacrées au bien-être des guerriers et des enfants. Quoi de plus glorieux que de mourir au combat ? Les sculptures de bas-reliefs, les mythes, les romans et les films sont peuplés de ces héros. Quoi de plus attendrissant que la douce servitude des femmes ?

Les soixante « conflits armés » qui occupent les hommes depuis 1945 ont changé de forme grâce à la technologie. Les soldats deviennent des techniciens difficiles à tuer, et les populations civiles sont intentionnellement massacrées afin de faire plier les ennemis. Les guerres de religion que l'on disait d'un temps passé demeurent plus motivantes que les raisons matérielles.

Les facteurs identitaires deviennent des arguments passionnels qu'aucune raison ne peut apaiser. Demain, l'intelligence artificielle et les drones prendront leur place dans les états-majors. La robotisation sera une arme moderne[1] au service de la passion pour gagner la guerre. Ces derniers temps, un grand nombre de femmes ont demandé à être incorporées dans des commandos et à participer aux sports violents. Elles revendiquent la fierté de se battre, comme un homme, et de risquer la mort pour être leurs égales dans l'héroïsation et dans la violence créatrice.

La guerre est à l'origine de pratiquement toutes les civilisations, alors que la bagarre témoigne plutôt d'une impulsion mal maîtrisée par l'éducation et la culture. L'entreprise guerrière est déclenchée par une représentation abstraite, pour sauver l'honneur d'un Dieu blasphémé, pour défendre une identité compromise ou pour s'emparer du pétrole du voisin.

Il n'y a pas plus civilisé que la guerre, il n'y a pas plus naturel que la bagarre.

Les êtres humains, comme les animaux, manifestent une courbe croissante d'agressivité jusqu'à la puberté, plus haute chez les mâles que chez les femelles. Cette courbe, qui décroît avec l'âge, s'élève moins quand le milieu est stable et s'apaise facilement quand l'amygdale

1. Tertrais B., « Qu'est-ce qu'une guerre ? », *Sciences humaines*, 2022, 6 (348), p. 21.

rhinencéphalique n'est pas surstimulée[1]. Quand un milieu est stimulant, comme un stress supportable, l'amygdale et le système limbique s'adaptent en alertant l'organisme, ce qui est un signe de santé. Mais, quand le milieu a été appauvri au cours du développement précoce, les neurones mal entraînés et mal connectés réagissent en s'affolant pour un stimulus bénin. Un rien provoque une réponse excessive, le raton sursaute et convulse au moindre bruit, le jeune homme qui s'est développé dans un milieu altéré tressaille et se sent agressé au moindre mot de travers. Quand la niche sensorielle a été affaiblie par une défaillance écologique, un isolement accidentel, une mère morte, déprimée ou effrayée par un mari violent, par un père mal défini par la culture ou par une famille éparpillée, les garçons, plus que les filles, érotisent la violence.

La bagarre est presque toujours provoquée par un stimulus du contexte et par des réponses organiques plus ou moins adaptées à l'espace restreint, la surdensité, la compétition pour la nourriture, les rivalités sexuelles et les mésententes affectives.

La guerre est un aboutissement qui met en jeu tous les domaines culturels. La technologie des armes ne cesse de progresser, les communications s'améliorent, l'économie sait trouver l'argent et les tribunaux,

1. Ochsner K. N., Schacter D. L., « A social cognitive neuroscience. Approach to emotion and memory », *in* J. C. Borod, *The Neuropsychology of Emotion*, New York, Oxford University Press, 2000, p. 182-183.

en distinguant ce qui est crime de guerre, définissent ce qui est droit de tuer légalement. Dans la condition humaine, c'est une structure de langage qui déclenche la haine, enflamme l'imagination, désigne celui par qui le malheur arrive et trouve les rationalisations pour légitimer la guerre. La procédure est simple, il suffit d'employer un langage totalitaire qui, en imposant un seul récit, appauvrit la culture. Une telle manière de parler oblige à un récit collectif qui donne aux individus des convictions sans choix ni jugement. La perte de liberté intérieure donne au groupe une force tragique et fabrique une loi coupée de toute réalité. La soumission au « chef qui sait tout et ne se trompe jamais » n'est pas remise en question puisque les contradicteurs sont déjà en prison. Un récit exclusif galvanise ses adhérents et crée un sentiment d'union euphorisant. Il suffit d'être tous ensemble pour ne plus avoir besoin de délibérer, il suffit de réciter. Le turlupin qui pose des questions et invite à penser par soi-même se retrouve en situation d'agresseur ou de traître. Faisons-le taire pour conserver le charme des convictions fortifiantes. Le langage totalitaire est une bonne affaire tellement il galvanise, euphorise et déculpabilise. Quand l'extase s'éteint, le sujet dégrise et découvre que le chef lui a donné de mauvais ordres. C'est lui qui est coupable, nous, on n'a fait qu'obéir, n'est-ce pas ? C'est ce qui se passe au cours des guerres de religion, sacrées ou profanes. Chaque réciteur, enflammé par sa foi, soumis à une conviction sans preuve, a assassiné les mécréants avec joie, sans aucune culpabilité[1].

La violence humaine aurait deux racines : l'une, venue du ciel, plongée dans la transcendance, invite à se soumettre à une foi indémontrable, à un récit qui ne désigne rien du réel et qui pourtant déclenche une transe dans l'âme du croyant. Cette manière d'inventer une représentation et de l'habiter organise toutes les sociétés. Dans ce domaine noétique, il n'y a pas de modèle animal.

L'autre racine de la violence est enfoncée dans le développement des organismes qui vivent tant bien que mal dans des milieux appauvris. Là, les animaux et les humains ont un programme commun. Quand un environnement défaillant stimule mal un cerveau, des troubles relationnels s'installent. Les animaux et les êtres humains, ainsi altérés, sont engagés dans une direction développementale où chaque rencontre fait l'effet d'une alerte. Les vétérinaires décrivent des sociopathies chez les animaux familiers, des chats qui entrent en fureur contre leurs propriétaires[2], des chiens qui détruisent le salon d'où l'homme, sa figure d'attachement, vient de sortir, des singes qui se rongent une patte postérieure ou se plantent les doigts dans les yeux parce qu'on les a enfermés dans une cage isolée.

1. Holeindre J. V., Testot L. (dir.), *La Guerre. Des origines à nos jours*, Auxerre, Sciences humaines, 2014, p. 39-40.
2. Béata C., *La Folie des chats*, Paris, Odile Jacob, 2022.

Ces troubles sont les mêmes chez les enfants humains privés d'altérité. Quand un garçon, mal étayé par sa famille et sa culture, arrive à l'adolescence en n'ayant pas appris à maîtriser ses pulsions, il ne peut que souffrir et faire souffrir. La délinquance des jeunes, qui touche principalement les garçons, trouve ses racines dans l'acquisition précoce de facteurs de risque dans un milieu appauvri qui n'a jamais appris aux enfants à cadrer l'expression de leurs émotions pour en faire des rituels culturels. Dans l'ensemble, ces jeunes vivent dans une famille précaire, une grande fratrie, un logement trop petit, en surdensité, loin de toute culture. La mère, trop jeune pour son premier enfant, a été dépressive, mal entourée par un compagnon brutal et une famille dispersée. L'école n'a pas été un lieu de résilience pour ces garçons, fiers de s'opposer à toute forme d'autorité. Leur vie quotidienne n'était faite que de conflits et d'échecs répétés. Leur seul orgueil a été la bagarre, qui les a désocialisés en réparant momentanément leur estime de soi[1].

Depuis une ou deux décennies, la neuro-imagerie précise le dysfonctionnement cérébral qui a été acquis dans un milieu dysfonctionnel. L'empathie s'est mal développée parce qu'il n'y avait pas d'altérité dans ce milieu disloqué. Les deux lobes préfrontaux

1. Young S., Church R., « Forensic psychiatry », *in* A. Thapar, D. S. Pine *et al.* (dir.), *Rutter's Child and Adolescent Psychiatry*, *op. cit.*, p. 638-639.

fonctionnent au ralenti dans un climat peu stimulant. L'amygdale, non freinée par les lobes préfrontaux, réagit vivement, rendant explosive la moindre rencontre. La partie antérieure de l'aire cingulaire antérieure concentre et aggrave les informations douloureuses venues du corps et des relations. Le garçon, plus que la fille, rendu prisonnier de ses pulsions ne perçoit pas les mimiques de douleur exprimées par les autres, il ne se rend pas compte du mal qu'il fait[1]. Le manque d'empathie et l'absence de culpabilité ont des racines neurologiques dans un cerveau mal circuité par un milieu défaillant. Quand on parvient à régulariser l'entourage, le cerveau s'adapte et est entraîné à fonctionner paisiblement. Les progrès sont rapides quand le sujet est jeune, ils sont plus lents mais encore possibles quand la plasticité cérébrale diminue avec l'âge.

Le modèle animal est pertinent quand il s'agit de décrire des difficultés développementales, en précisant qu'un cerveau n'extrait de son milieu que les informations nécessaires à son fonctionnement. Les mondes sensoriels sont propres à chaque espèce et à chaque individu, mais le principe général, c'est qu'une altération du milieu altère le développement cérébral qui, dès lors, provoque des réponses comportementales et affectives qui troublent les relations.

1. Viding E., McCrory I., « Developmental risk for psychopathy », *in ibid.*, p. 973-974.

Le monde noétique qu'on ne peut pas voir, qu'on ne peut qu'imaginer et raconter, caractérise l'espèce humaine. Quand une personne bien développée et bien socialisée se soumet à une représentation totalitaire, un langage sans altérité, un délire explicatif impossible à remettre en question, elle est délicieusement subjuguée et perd sa liberté intérieure. Celui ou celle qui vit dans un monde verbal réduit à un seul récit ne peut pas développer son empathie pour visiter le monde d'un autre. Il assassine en souriant celui qui vit dans une autre représentation, dans laquelle il projette ses fantasmes persécutifs. « Ceux qui vivent de l'autre côté de la montagne me veulent du mal, ils m'effraient puisque je ne les comprends pas. Je suis en légitime défense quand je les tue, pourquoi voulez-vous que je me sente coupable ? » Le processus totalitaire provient d'un seul récit qui prend le monopole de la pensée et auquel on se soumet. Les animaux ne savent pas faire ça.

Les immenses crimes contre l'humanité ou les incroyables massacres des génocides sont commis sans émotion par des personnes qui ne souffrent d'aucun trouble psychique[1]. Les inculpés de Nuremberg avaient tous reçu une éducation sévère mais correcte, les massacreurs à coups de machette du Rwanda prenaient une

1. Sironi F., « Violences collectives et hommes systèmes », *in* R. Coutanceau, S. Lemitre, *Violences ordinaires ou hors normes*, Paris, Dunod, 2017, p. 265.

douche le soir et redevenaient de bons papas après leur « corvée de tuerie[1] » et le gentil Douch au Cambodge a assassiné méthodiquement des milliers de personnes qu'il égorgeait avec un canif parce que les balles d'un fusil auraient coûté trop cher au Parti communiste. Ce bon élève, après avoir été Khmer rouge, s'est converti au christianisme où il s'est tout autant appliqué. Tous ces hommes, bien éduqués, éprouvent un étonnant plaisir à obéir, à réciter les mots d'une idole. Les femmes ressentent le même bonheur à défendre leur Dieu ou leur maître à penser. Catherine de Médicis a ordonné le massacre de la Saint-Barthélemy (1572) pour que son Dieu triomphe, les femmes allemandes se sont laissées embarquer dans l'euphorie mortifère du nazisme tout autant que les hommes, lors de « l'éducation d'un corps féminin SS véritablement convaincu et pénétré de la vision du monde national-socialiste et de l'esprit de la SS[2] ». Créée par Himmler en 1942, la SS a rendu ces femmes fières et heureuses de se soumettre à une idéologie qui les rendait cruelles… en toute innocence. Le point commun de ces criminels obéissants, c'est leur désir intense de fabriquer une société selon les principes du maître. Ces hommes et ces femmes ont renoncé avec soulagement à leur liberté intérieure trop coûteuse[3]. C'est difficile de penser à contre-courant, alors

1. Hatzfeld J., *Une saison de machettes*, Paris, Seuil, 2003.
2. Kandel L. (dir.), *Féminismes et nazisme*, Paris, Odile Jacob, 2004, p. 89.
3. Arendt H., *La Crise de la culture*, Paris, Gallimard, 1961, p. 192-193.

qu'il est facile de se laisser porter par la doxa, la pensée paresseuse qui nous procure pleins d'amis avec lesquels nous pouvons partager la joie de l'appartenance.

Chez les animaux comme chez les humains, une défaillance éducative, en altérant la niche sensorielle qui tutorise les développements, empêche l'apprentissage des rituels qui circuitent l'affectivité. Chez les humains élevés pour n'acquérir qu'une seule représentation du monde, l'effet de langage totalitaire donne la force des convictions et l'aveuglement des récits totalement explicatifs. Une narration cohérente dépourvue de racines matérielles constitue un délire logique non psychotique qui provoque des sentiments intenses, sans discussions possibles.

La pédagogie, l'enseignement de l'école et des cultures de quartier seront source de liberté en donnant aux enfants la possibilité de choisir la vision du monde qu'ils habiteront au mieux pour eux. Il suffit pour cela de proposer plusieurs récits, plusieurs religions, plusieurs cultures à visiter. Alors le jugement ne sera pas une sanction, mais donnera accès à la liberté intérieure et au respect des autres.

L'histoire humaine est remplie de catastrophes climatiques, épidémiques et guerrières. Quand tout est détruit, il faut bien reconstruire. Plusieurs chemins s'offrent alors :

• Remettre en place les conditions qui ont mené à l'effondrement.

- Tomber amoureux d'un dictateur qui promet le bonheur à condition de tuer des milliers de mécréants.
- Ou bien se remettre à vivre dans une autre direction.

Devinez quel est mon choix.

TABLE

DU MÊME AUTEUR
CHEZ ODILE JACOB

Pour une nouvelle psychiatrie. Propositions (dir. avec Patrick Lemoine), 2023.

Le Laboureur et les Mangeurs de vent. Liberté intérieure et confortable servitude, 2022.

Des âmes et des saisons. Psycho-écologie, 2021.

Chérif Mécheri. Préfet courage sous le gouvernement de Vichy (avec José Lenzini), 2021.

France-Algérie. Résilience et réconciliation en Méditerranée (avec Boualem Sansal), 2020.

Sport et résilience (dir. avec Philippe Bouhours), 2019.

Préparer les petits à la maternelle (dir.), 2019.

La nuit, j'écrirai des soleils, 2019.

Histoire de la folie avant la psychiatrie (dir. avec Patrick Lemoine), 2018.

Psychothérapie de Dieu, 2017.

La Folle Histoire des idées folles en psychiatrie (dir. avec Patrick Lemoine), 2016.

Ivres paradis, bonheurs héroïques, 2016.

Les Âmes blessées, 2014.

Résilience. De la recherche à la pratique (dir. avec Marie Anaut), 2014.

Résilience et personnes âgées (dir. avec Louis Ploton), 2014.

Sauve-toi, la vie t'appelle, 2012.

Résilience. Connaissances de base (dir. avec Gérard Jorland), 2012.

Quand un enfant se donne « la mort ». Attachement et sociétés, 2011.

Famille et résilience (dir. avec Michel Delage), 2010.

Mourir de dire. La honte, 2010.

Je me souviens..., « Poches Odile Jacob », 2010.

Autobiographie d'un épouvantail, 2008.
École et résilience (dir. avec Jean-Pierre Pourtois), 2007.
Psychanalyse et résilience (dir. avec Philippe Duval), 2006.
De chair et d'âme, 2006.
Parler d'amour au bord du gouffre, 2004.
Le Murmure des fantômes, 2003.
Les Vilains Petits Canards, 2001.
Un merveilleux malheur, 1999.
L'Ensorcellement du monde, 1997.
De l'inceste (avec Françoise Héritier et Aldo Naouri), 1994.
Les Nourritures affectives, 1993.

Cet ouvrage a été composé
en Adobe Garamond Pro
par Nord Compo
à Villeneuve-d'Ascq (Nord).

Cet ouvrage a été imprimé sur du papier
dont les fibres de bois proviennent
de forêts durablement gérées

IMPRIM'VERT®

Cet ouvrage a été achevé d'imprimer
sur Roto-Page
par l'Imprimerie Floch à Mayenne
en août 2023

N° d'édition : 4150-0396-X – N° d'impression : 103012
Dépôt légal : septembre 2023

Imprimé en France